※ 이 책은 관훈클럽 신영연구기금의 도움을 받아 저술, 출판되었습니다.

유곽의 역사
— 아미산하 유곽에서 파주 용주골까지, 집창촌 100년의 기록

초판 1쇄 발행 | 2007년 8월 30일
초판 2쇄 발행 | 2007년 10월 20일

지은이 | 홍성철
펴낸이 | 최용범
펴낸곳 | 페이퍼로드

기 획 | 송병규
편 집 | 김형종, 허슬기
마케팅 | 김경훈

주 소 | 서울시 마포구 연남동 563-10번지 2층
전 화 | 326-0328, 6387-2341
팩 스 | 335-0334
이메일 | paperroad@hanmir.com
출판등록 | 2002년 8월 7일 제10-2427호

ISBN | 978-89-958266-9-0 03900

* 책값은 뒤표지에 있습니다.
* 잘못 만들어진 책은 구입하신 곳에서 바꾸어드립니다.
* 이 책은 저작권법에 따라 보호받는 저작물이므로 무단전재와 무단복제를 금합니다.

유곽의 역사

홍성철 지음

페이퍼로드
paperroad

| 프롤로그 |

집창촌 100년의 시간여행

서울 용산 기차역에서 한강로를 따라 걷다보면 도로 옆 붉은 불빛이 야릇하게 쏟아지는 곳에서 누군가에게 손짓하는 여성들을 쉽게 만날 수 있다. 그녀들은 마치 여름 해변에 놀러 온 여인처럼 1년 내내 몸의 일부분만 가린 채 지나는 이들에게 윙크를 하며 이렇게 말한다.

"오빠, 어디가? 잠깐 놀다가~."

가슴을 살짝 가린 이들의 유혹은 비가 오거나 눈이 내리는 밤이면 더욱 강렬하게 느껴진다. 텔레비전에 나오는 탤런트나 모델 못지않은 미모에 몸매도 늘씬한 소위 '쭉빵 아가씨'들의 유혹은 뇌쇄적이라고 할 만하다. 이는 비단 용산역만의 풍경이 아니다. 청량리 588과 파주 용주골, 평택 쌈리, 부산 완월동, 전주 선미촌, 원주 희매촌, 춘천 난초촌 등 전국 어디서나 쉽게 만날 수 있다.

흔히 사창가로 불리던 이 골목들은 성매매특별법이 시행된 지

3년이 지나면서 점차 '집창촌' 또는 '성매매 집결지'로 불리고 있다. 그렇다고 그동안 광범위하게 사용됐던 '사창가', '윤락가', '매음굴' 이라는 단어가 사라진 것은 아니다. 사실 집창촌(集娼村)이란 한자어를 그대로 풀어 쓰자면 '노는 계집', 즉 창녀(娼女)가 모여 사는 마을이라는 뜻이 된다. 또한 이들 공간은 그 지역주민들이 사창가 또는 윤락가로 인식하는 지역을 말하기도 한다. 그러나 비록 집창촌이라는 말이 가치중립적 용어로 포장되었다 하더라도 그 부정적인 뉘앙스는 여전하다.

집창촌의 운영 형태는 다양하다. 쇼윈도에 진열된 상품처럼 성매매 여성들이 '유리방' 속에서 직접 호객행위를 하는 경우도 있고, 무릎 높이의 온돌방에서 앉아 있으면 속칭 '이모'들이 남성고객과 흥정을 벌이는 경우도 있다. 또 성매매 이전에 술을 파는 곳도 있다.

운영 형태가 다양한 만큼 성매매 여성들의 생활 또한 다양하다. 서울 등 대도시 집창촌 성매매 여성들은 오피스텔 등에 거주하며 직장인들이 회사에 다니듯 출퇴근을 한다. 그들에게는 그곳이 하나의 직장인 셈이다. 반면 지방도시의 집창촌은 성매매 여성들이 어린 자녀들, 심지어 친부모와 함께 거주하는 생활공간의 역할을 담당하기도 한다.

과연 이들 집창촌은 언제, 어떻게 형성됐을까. 또 주민들로부터 성매매 집결지로 인정을 받게 된 시점은 언제일까. 매우 당연한 질문임에도 불구하고 제대로 된 답을 찾기란 쉽지 않다. 전국의 웬만한 도시 치고 집창 골목이 없는 곳이 없을 만큼 집창촌은 우리 생활

속 깊숙이 뿌리를 내리고 있다. 하지만 집창촌에 대해서 얘기하는 것은 점잖지 못한 행동이나 일종의 금기처럼 여겨지는 게 현실이다. 여성학이나 사회학, 역사학 등에서 종종 성매매 현상이나 성을 판매하는 여성들에 대한 연구나 조사를 진행하긴 했지만 성매매 현장인 집창촌에 대한 조사는 거의 이뤄지지 않았다.

대부분 '역 근처라서', '주변에 터미널이 있어서 자연발생적으로 생겼다'는 말로 얼버무리는 경우가 많다. 일부 자치단체의 시사(市史)나 구지(區誌) 등에서 다뤄지고는 있지만 대부분 감추고 싶은 역사라고 판단한 탓인지 집창촌의 존재만 슬쩍 언급할 뿐 어떻게 형성됐는지에 대해서는 전혀 기술하지 않고 있다.

일제시대 공창에 대한 일부 연구가 있기는 하다. 하지만 단순히 일본 식민지 통치의 수단으로 보는 시각이 우세한 형편이다. 한국전쟁 이후의 사창 역시 공간으로서의 의미보다는 군사정권의 성 통제 방식에 주목한 연구들이 주종을 이룬다. 집창촌은 반드시 없어져야 할 사회악임에도 불구하고 정권 등에서는 다른 목적을 위해 존속, 발전시켰다는 설명들이다. 이런 설명들은 집창촌과 그 거주민들을 '우리'와는 다른 '그들'과 '그들의 공간'으로 구분하면서 의미 없는 것으로 평가절하시켜왔다.

2007년은 집창촌 역사에 있어서 매우 특별한 해이기도 하다. 현재 가장 오래된 사창 골목인 부산 완월동이 생겨난 지 100년이 되는 해이기 때문이다. 완월동은 근대시설이라는 이름으로 식민지시대에 설치되어 일본 패망과 한국전쟁, 군사혁명, 경제성장 등 격동의

한 세기를 거치면서 100년 동안 윤락업을 지속해왔다. 한때 동양 최대의 사창가로 명성을 날렸던 완월동뿐만 아니라 인천 옐로우하우스, 대구 자갈마당 등도 그 뿌리를 따지면 이미 100년을 넘어섰거나 100년에 가까운 흔적을 간직하고 있다. 대전 중동이 현재의 위치에 들어선 지도 벌써 90년이 됐다. 그나마 가장 최근에 생긴 서울의 미아리 텍사스와 천호동 텍사스 등도 이미 한 세대를 넘어섰다.

타락한 성의 배출구인 이들 업소들은 1970~1980년대 고속 경제성장의 한 그늘로서 그 역할을 해왔다. 사실 이들 성매매 업소들은 지난 한 세기 한국인들의 삶의 궤적을 그대로 반영하고 있는 역사의 현장이기도 하다. 그렇기에 부끄럽다고 감추기만 할 것이 아니라 있는 그대로 받아들이고 고찰하는 성숙한 자세가 필요한 것이다.

이 책은 성매매 현장인 집창촌이 어떻게 생겼고, 어떤 변화의 과정을 겪었는가에 대한 짤막한 보고서이다. 필자는 지난 2003년 출입기자로 경찰청에 드나들며 집창촌에 대한 자료를 모으기 시작했다. 그리고 국립도서관과 국회도서관을 비롯한 여러 도서관의 각종 논문과 서적을 통해, 또 당시 집창촌을 보도한 신문을 통해 '과거 집창촌의 모습이 어땠을까'와 그 복원을 고민했다. 그렇다고 단순히 서적에만 의존한 것은 아니다. 지난 2006년, 3개월간 전국의 집창촌을 돌아다니면서 그곳에 거주하는 사람들과 이웃들에게 집창촌에 대한 역사와 기억을 물으며 그 모습을 되살리려 했다. 그러나 이미 100년 동안 철저하게 무시됐던 부분의 흔적을 찾기란 그리 쉽지 않은 과정이었다. 그렇기 때문에 여전히 불완전한 모습이며, 모자이크 맞추는 작업은 늘 진행형일 수밖에 없는 한계를 갖고 있다.

성매매특별법이 발효된 지 3년이 지났다. 그래서일까. 성매매 특별법 이후 집창촌 성매매가 크게 위축됐다는 이유로 일부에서는 집창촌 문제를 과거형으로만 바라보려 한다. 하지만 이는 바람직하지 않다. 전국 35곳의 집창촌이 단순히 지역주민들에 의해 사창가 혹은 윤락가로 인식되는 공간이 아니라 대한민국 성매매 공간의 대명사이기 때문이다. 그렇기에 성매매가 지속되고 젊은 여성들이 성판매에 나서고 있는 한 한국사회의 집창촌 문제는 여전히 살아 있는 현재의 문제일 수밖에 없다. 따라서 지난 100년간 한국의 집창촌이 어떠한 과정을 통해서 변모해왔는지 살펴보는 것은 단순한 과거의 정리가 아니라 살아 꿈틀거리는 현 욕망의 거리에 대한 진단이라고 볼 수 있다.

집창촌 100년의 역사를 얘기한다고 해서 성매매에 찬성하는 것은 아니다. 집창촌을 합법화하자는 얘기는 더더욱 아니다. 그럴만한 이유도 명분도 없다. 선과 악의 관점에서 본다면 집창촌이나 성매매는 결코 선이 될 수 없는 존재이기 때문이다. 그러나 그렇다고 반드시 사라져야 할 절대악으로만 바라본다면 성매매 문제의 해결은 요원해진다. 과거 성매매 정책들이 그러했다. '반드시 뿌리째 뽑겠다'며 강도 높은 '성매매 근절'을 외쳤지만 실제로는 아무것도 해결하지 못했다. 집중단속에 따른 일시적인 위축현상과 이에 대한 과대 포장과 선전만이 남았을 뿐이다. 오히려 이러한 미봉책들은 업소들이 단속을 피해 다른 지역으로 옮겨가게 하거나 다른 업종으로 전이

시켜 확산을 부추겼다.

    우리가 진정으로 집창촌이나 성매매 문제를 해결하고 싶다면 그들이 선은 아닐지라도 있는 그대로의 실체를 인정하고, 어떻게 실타래를 풀 것인지 함께 고민해야 한다. 그런 면에서 이 책이 집창촌의 실체를 이해하기 위한 작은 계기가 되었으면 한다.

| 차례 |

프롤로그 4

Ⅰ 개항지유곽시대 1876~1905

개항지에 등장한 유곽과 윤락업소	18
기생들의 성거래	22
윤락업소의 서울 진출	28
집창촌의 탄생	31
19세기 유럽과 일본의 집창촌	37

| 집창촌 깊이 읽기 | 42
부산 완월동, 옐로우하우스, 대구 자갈마당

Ⅱ 철도유곽시대 1906~1930

거점도시와 유곽	66
역전의 집장촌	70
본격적인 공창제 도입	75
전국으로 확산된 집창촌	82
전국유곽안내에 나타난 조선의 유곽	87
유곽을 통해 본 사회	94

| 집창촌 깊이 읽기 | 101
목포 사쿠라마치, 대전 중동, 군산 신흥동유곽, 전주 선미촌 선화촌

Ⅲ 전쟁유곽시대 1931~1945

카페의 등장과 사창의 만연	126
유곽이전 민원과 폐창운동	132
15년 전쟁과 위안부 강제모집	136
문학 속 유곽	140
| 집창촌 깊이 읽기 |	145

마산 신포동, 평택 쌈리, 원주 희매촌, 춘천 장미·난초마을

Ⅳ 사창전국시대 1946~1961

공창제 폐지	164
초기 미 기지촌 형성	171
임시수도 부산의 사창가	175
기지촌의 전국 확산	181
용산 도원동과 신정 유곽의 폐지	192
서종삼과 이봉익	195
산재된 사창의 집촌화	199
| 집창촌 깊이 읽기 |	205

동두천 기지촌과 생연7리, 파주 용주골, 태백 대밭촌5, 동해안의 부산가·금호실업

V 특정지역시대 1962~1980

윤락행위 방지법과 특정지역 228
종삼 철거와 양동의 쇠퇴 234
텍사스촌의 전성기 239
기생관광과 종로의 부활 244
기지촌의 거대화와 형질변경 250
호스티스와 겸업형 성매매의 태동 255

| 집창촌 깊이 읽기 | 259
군산 대명동, 포항 중앙대학, 청량리 588, 광주 대인동

VI 新사창시대 1981~2004

통금해제와 올림픽, 그리고 산업형 성매매 278
전국으로 퍼진 티켓다방 285
윤금이 사건과 외국인 기지촌 여성 289
텍사스 수난기 292
영화 속 집창촌 297
군산 대명동, 개복동의 화재 300

| 집창촌 깊이 읽기 | 303
대전 유천동, 수원 고등동, 서울 용산역 앞

Ⅶ 집창촌의 현재와 미래 2005~

여성에 의한 여성의 법, 성매매특별법 318

성매매 여성들의 조직화와 한계 324

집창촌의 국제화 329

과거를 묻지 마세요 - 집창촌 재개발 333

외국의 성매매 규제와 집창촌 337

집창촌의 미래 345

참고문헌 355

I

개항지유곽시대
(1876~1905)

개항지유곽시대 · 1876~1905

한반도에서 성매매는 언제부터 시작됐을까? 성매매를 '여성이 여러 남성에게 성을 제공하고 그 대가로 경제적 지원을 받는 행위'라고 폭넓게 정의한다면 성매매의 기원은 고려, 조선시대는 물론 삼국시대로 거슬러 올라가게 된다. 구한말 역사학자인 이능화(1869~1943)는 '신라시대에 이미 창녀가 있었으며, 고려와 조선시대에는 몸을 파는 여성인 기생제도가 사회전반에 폭넓게 확산됐다'고 주장한다. 이에 반해 박종성 서원대 교수는 '삼국시대에서 고려를 거치면서 성매매가 확고하게 마련됐다는 주장은 증거 없는 상상과 일방추론에 불과하다'고 비판하면서 '진정한 성매매의 기원은 조선시대로부터 시작된다'고 주장한다.

한반도에서 성매매가 언제부터 시작했는가에 대한 의견은 분분하지만 성매매 집결지인 집창촌의 시작에 대해서는 의견이 대체로 일치한다. 1876년 개항 이후 일본인들의 조차지에서 시작, 점차 한반도 전역으로 퍼졌기 때문이다. 물론 조선시대에도 성매매는 존재했다. 하지만 성매매를 전업으로 삼는 경우는 거의 없었고, 설사 그런 여성이 있었다 하더라도 산발적인 영업이었을 뿐 집단 거주를 하면서 산업적으로 하지 않았기 때문이다. 손정목 서울시립대 명예교수는 '한반도에서 불특정 다수를 상대로 성관계를 맺고 그 대가로 돈을 받는 창기 혹은 창녀라는 직업이 공식화된 것은 1904년 10월 10일 이후의 일'이라며 '이는 일제침략기부터 성매매가 본격 시작됐다는 것을 의미한다'고 강조한다.

사실 20세기 들어서 성매매가 본격적으로 이뤄진 것은 그동안 화폐경제가 그리 발달하지 않은 탓도 있지만 '유교(儒敎)'라고 불릴 만큼 엄격한 도덕을 강조하는 사회분위기에서 퇴폐적인 전업형 성매매가 존립할 수 없었기 때문이다. 더구나 양반이나 사대부, 관리, 부유한 상인 등 일부 계층들은 기생이나 축첩이라는 제도를 통해 성욕을 충족시켜왔기 때문에 구태여 전업 성매매 여성들로부터 성을 구매할 필요가 없었다.

■── **개항지에 등장한 유곽과 윤락업소**

오늘날 한국 집창촌의 원조는 일본식 유곽(遊廓)이다. 여러 명의 성매매 여성들이 집단 거주하는 '노는 집' 유곽이 한반도에 유입된 것은 1876년 조선이 일본과 강화도조약을 맺으면서부터이다. 일본식 유곽은 강화도조약으로 개항한 부산항과 원산항, 인천항의 일본인 집단 거류지에서 형성되기 시작했다.

당시 일본인들은 조선의 영토를 소유할 수 없었기 때문에 돈을 내고 영토를 빌리는 방식, 이른바 조차(租借), 조계(租界)의 형식을 취했다. 부산시사에 따르면 일본 정부는 부산개항 직후 약 11만 평의 땅을 헐값인 연간 50원에 빌려 일본인 거류지를 조성하고 일본인들의 이주를 장려했다. 개항 직전 부산에 거주하는 일본인은 82명에 불과했으나 개항 2년 만에 1,400명으로 늘어났다. 이들 일본인들의 직업은 대부분 목수나 미장이 등의 단순노동자나 무역상, 잡화상, 세탁업, 숙박업 등에 종사하는 영세상인들이었다.

홀몸으로 일본 땅을 떠나 조선에 정착하는 일본 남성들이 늘어나면서 이들을 상대로 성을 파는 여성들도 일본에서 건너오기 시작했다. 1879년 일본의 신문에는 나가사키현(長崎縣) 상인이 부산에서 유곽영업을 하기 위해서 오사카(大阪)까지 창기를 모집하러 갔다. 조선에서 유곽업이 호황을 이루면서 유곽업자들이 조선에 몰려갔다는 기사가 실리기도 했다.

개항지는 치외법권 지역으로 인정돼 조선의 법규가 아니라 일본 영사관의 지배를 받았는데 일본 정부는 개항초기 성매매 행위를 공식적으로는 허락하지 않았다. 하지만 부산과 원산 일본인 거류지에 성매매 여성들이 100여 명으로 늘어나자 1881년 11월 '대좌부영업 및 예·창기취체규칙(貸座敷營業規則, 藝·娼妓取締規則)을 정해 일본 거류민들의 대좌부업자 및 예기와 창기 영업 등을 관리하기 시작했다.

'취체(取締)'는 경찰 권력의 단속에 뜻하는 일본어이다. '대좌부(貸座敷)'는 일본의 독특한 성매매 방식으로 남녀가 은밀한 행위를 할 수 있는 방을 빌려주는 곳이다. 그러나 방만 빌려주는 것이 아니라 여성도 돈을 받고 빌려주었기 때문에 오늘날의 윤락업소와 비슷했다. 그런 의미에서 대좌부업자는 성매매 여성들을 고용해 성매매를 알선하는 오늘날 포주라고 할 수 있다. 당시 대좌부영업 취체규칙은 다음과 같이 구성되어 있었다.

1. 대좌부업은 면허지에서만 할 것
2. 대좌부업 경영자는 영사관에 신청해서 허가를 받을 것
3. 세금을 납부할 것
4. 창기를 바깥에서 보이게 하거나 대좌부 외에서 숙박시키거나 면허감찰(鑑札)이 없는 부녀에게 좌부를 빌려주지 말 것
5. 손님 중 돈을 많이 쓰거나 수상하게 보이는 사람은 곧 경찰서에 신고할 것

이러한 취체규칙은 성 판매 여성들의 거주를 제한시키면서 성매매 행위를 일정 지역에서만 이뤄지도록 했다. 한 기록에 따르면 1883년 부산에 체류했던 일본인은 모두 997명이었는데 창기와 유녀가 94명, 대좌부(유곽)가 9집으로 일본 남성 100명당 창기 10명, 유곽 1개꼴이었다.

일본은 인천과 서울 지역 일본인들의 성매매를 일절 허락하지 않았다. 오히려 '매음취체규칙'을 제정하여 성매매 행위 및 알선업자에게는 과징금을 부과하거나 추방령을 내렸다. 1884년 8월 13일 시마무라(島村) 조선임시대리공사가 작성해서 일본에 보낸 문서에는

'매음자 및 성 판매자 중 초범은 15원 이내, 재범 이상은 30원 이내, 포주 초범은 20원 이내 재범은 30원 이내의 과료에 처한다'고 적고 있다. 실제 1887년에는 서울 거주 소천(小川)이라는 일본 여인이 매음을 했다는 이유로 3년간 조선을 떠나도록 추방령을 받기도 했다.

　　인천과 서울 지역의 이러한 성매매금지는 일본인 거류지에서의 성매매 행위로 인해 행여 조선인들의 배일감정을 자극하지 않을까 하는 우려에서 나온 것이다. 또 당시 구미 국가들의 눈치를 보았기 때문이라는 설명도 있다. 즉, 유럽 국가들의 외교사절이 많은 인천과 서울에서 일본 여성들이 성매매를 하는 사실이 다른 국가에 알려지면 자칫 외교적 비난을 받지 않을까 하는 염려를 했던 것이다.

　　이러한 초기의 강력한 단속에도 불구하고 거류 일본인들이 증가하면서 부산과 원산뿐만 아니라 인천에서도 성매매가 급증하기 시작했다. 특히, 성매매는 일본인들을 상대로 하는 요리점을 중심으로 발달했다. 인천 지역 일본영사는 '인천 지역 일본인 환자 수의 25%가 매독환자'라는 병원보고서를 첨부해 일본 외무성에 보내면서 인천에서도 성매매 허가를 할 필요가 있다고 강조하기도 했다. 당시 영사의 입장에서는 국가적인 체면보다 성병대책이 보다 현실적인 문제였기에 성매매를 공식허가함으로써 매독을 비롯한 성병을 규제할 수 있을 것이라고 생각했던 것 같다. 그럼에도 일본 외무성은 1895년 청일전쟁이 끝날 때까지 인천과 서울 지역의 일본인 성매매를 공식적으로 금지했다.

■── 기생들의 성거래

그렇다면 개항 이전 한반도에는 성매매가 없었을까? 많은 사람들은 조선시대 기생제도가 있었다는 점을 들어 개항 이전에도 성매매가 이미 뿌리를 내리고 있었다고 말한다.

역사학자 이능화는 삼국시대에 이미 매춘풍속이 있었다고 말하고 있다. 그에 따르면 김유신이 어느 날 술에 취한 자신을 천관녀의 집으로 안내한 말의 목을 베었다는 설화를 전하면서 '천관녀가 바로 창녀였으며 오릉(五陵) 동쪽에 있는 천관사(天官寺)는 바로 윤락업소'라고 설명한다. 즉, 삼국시대에 이미 음방(淫坊-음란한 동네)과 매춘풍속이 있었다는 설명이다.

고구려에도 유녀(遊女)가 있었다는 기록이 있다. 그 발생은 3~4세기경 고대 부족국가의 정벌과정에서 포로 중 일부를 유녀로 삼았다는 설과 무녀(巫女)가 제정 분리되면서 남자 무당은 추장을 겸하고 여자 무당은 신전 유녀로 전락했다는 설 등 2가지가 있다. 또 중국의 역사서인 북사(北史)에도 '부무상인(夫無常人)으로서 유녀(遊女)'라는 구절이 있어 성매매 여성들의 존재를 보여준다.

노래와 춤, 색(色)을 통해 남성들에게 즐거움을 주는 기생이 나타난 것은 고려 이후의 일이다. 고려 태조 왕건이 전쟁 중 사로잡힌 여성들 중에서 고집이 세어 남에게 굽히기 싫어하고 다스리기 힘든 수척(水尺) 여성들에게 춤과 노래를 연습시켰다는 기록이 있는데, 그것이 우리나라 기생의 시초라 할 수 있다. 수척은 물고기를 잡는

■ **조선의 관기**
궁정에 소속된 예술단체인 궁내부 협률사 소속 기생들이 태극기를 배경으로 포즈를 취하고 있다. 10대의 앳된 소녀들로 구성된 협률사는 전국을 순회하면서 창과 춤 등의 공연을 벌이기도 했다.

사람이라는 뜻으로 한 곳에 정착하기보다는 떠돌아다니며 사냥과 간단한 수공예품을 만들어 파는 사람들을 일컬었다. 중세 유럽의 집시쯤에 해당된다.

고려시대에는 기생을 길러내는 일종의 기생학교인 교방(敎坊)이 설치됐으며, 행사가 있을 때에는 교방의 기생들과 광대인 창우(倡優) 등을 징발했다. 충렬왕 때에는 각 고을의 창기 중에 아름답고 재주 있는 자를 뽑아 교방에 보충했다는 기록도 있다. 김부식을 비롯한 고려의 문인들은 기생들과의 인연과 연애의 정을 담은 글을 남겨 이

미 기생제도가 폭넓게 퍼져 있음을 알 수 있다.

조선 세종 때에는 기생제도를 폐지하자는 주장이 나오기도 했다. 이때 정승이었던 허조(許稠)는 '주, 읍의 창기는 모두 공가(公家)의 물건이니 취(取)해도 무방한데 만약 이것을 엄하게 금지하면 젊은 봉사조사(奉使祖士)들 모두가 옳지 못하게 사가의 여인을 탈취하여 영웅준걸(英雄俊傑)이 죄에 빠지는 일이 많을 것'이라며 창기제도 개혁을 반대하기도 했다.

방탕한 생활을 즐긴 연산군 때에는 대궐 안을 드나드는 기녀인 흥청(興淸)의 수만 해도 1,000명에 달했다고 한다. 연산군은 당시 서울시내에서 가장 규모가 큰 원각사(현 탑골공원 자리)를 헐고 그곳에 흥청의 숙소를 만들기도 했다. 하지만 이들 기생들을 모두 성매매 여성으로 보기는 힘들다. 고려시대와 조선시대의 기생들 중에는 극히 일부만이 경제적인 대가를 받고 성을 제공했기 때문이다.

조선시대 기생에는 3가지의 계층이 있었다. 이중 일부만이 성매매를 했다. 기생 중 가장 위에는 노래와 춤은 물론 서화에도 능숙한 일패(一牌) 기생들이 있었다. 조선 중종 때 황진이나 이매창, 부용 등이 바로 일패기생이다. 일패 아래에는 이패(二牌)인 은근자(殷勤者)로 불리는 여성들이 있었는데, 이들은 기생출신으로 첩이 되거나 밀매음을 했다. 또 가무는 하지 못하고 잡가만을 하면서 매음하는 기녀를 탑앙모리(塔仰謀利) 또는 창녀로 불렀다.

이패나 삼패기생들은 종종 매음을 했지만 오늘날 전업 성매매 여성과는 확연한 차이가 있다. 불특정 다수를 상대하기보다는 관청 등에 속해 있으면서 일정 기간 한 남자를 섬기는 경우가 많았기 때문이다. 이는 화폐제도가 발달하지 않은 상황에서 불특정 다수에게 성을 제공하고 금품을 받기가 힘들었기 때문인 것으로 보인다. 이들은 대신 성의 대가로 일정 기간 숙식을 보장받았다. 이러한 성거래는 성매매라고 하기보다는 오히려 축첩제 연장선에서 이해하는 것이 옳은 듯하다.

조선 초기에는 모든 기생이 관청에 속한 관기였다. 하지만 후기에 접어들면서 일반 고객을 상대하는 기생들도 나타났다. 여기에는 매파(媒婆)가 기생과 고객 사이를 주선했으며, 기생의 뒷바라지를 해주는 사내를 기생서방이라고 부르기도 했다. 오늘날 기둥서방의 원조 격인 셈이다.

창기들이 많이 모여 사는 곳을 청루(靑樓) 또는 음방, 기방이라 불렀다. 그리고 창기 여러 명을 거느리고 있는 사람은 '아무개'를 뜻하는 '모갑(某甲)'이라고 불렸다. 하지만 이들의 본래 목적은 잠자리 시중이 아니라 노래와 춤을 제공하는 것이었던 것 같다.

또 화랑유녀, 사당패, 색주가, 들병이들도 금품을 받고 손님과 성관계를 맺었으나 이 역시 본업이 아니라 부업이었다. '화랑유녀'는 절 등에 머물면서 속인이나 승려를 가리지 않고 성매매 행위로 이익을 얻는 무리를 말하고, '여사당'은 춤과 가곡, 곡예를 하는 사당패를 따라 전국을 돌아다니며 은밀하게 몸을 파는 여성들을 일컫는다. 조선 말기에 불린 여사당 자탄가(自歎歌)는 여사당의 은밀한 성매매를 해학적으로 표현하고 있다.

한산 세모시로 잔주름 곱게 곱게 잡아 입고
안성 청룡사로 사당질 가세
이내 손은 문고리인가
이놈도 잡고 저놈도 잡네
이내 입은 술잔인가
이놈도 빨고 저놈도 빠네
이내 배는 나룻배인가
이놈도 타고 저놈도 타네

사람의 왕래가 잦았던 지방 길목이나 장터, 항구, 광산 등의 주막에서는 색주가(色酒家)라고 불리는 여인들이 있었다. 이들은 술과 함께 몸을 제공했는데, 오늘날 술집 여성을 작부(酌婦)라고 부르는 것도 바로 이들 색주가에서 유래된 것으로 보인다. 조선시대 색주가가 많았던 곳은 서울 홍제원(현 홍제동)과 남대문 밖 잿배(紫岩, 현 순화동), 탑골 공원 뒤 탑골(塔洞)과 수운동 등이 유명했다. 나그네들이 하룻밤 잠을 청하거나 술이나 음식을 사먹는 주막이 일반화된 것을 화폐 통용이 활발해진 뒤로 본다면 색주가가 본격 등장한 것도 조선 효종(1619~1659) 이후로 여겨진다.

'들병이'는 주막에서 동이술을 떼어다 길손들이 많은 길목에서 잔술을 팔면서 추파를 던지다가 몸을 파는 여성들을 일컬었다. 주막에는 '막창(幕娼)'이나 '통지기'가 있어서 성을 제공하고 해의채(解衣債, 화대)를 챙기기도 했다.

■ **조선의 민간기생**
한 젊은 여성이 길거리에 돗자리를 깔고 행인을 상대로 술을 팔고 있다. 19세기말 주막 등지에서 동이술을 떼다가 길거리에서 술을 파는 이러한 '들병이'들은 몸을 팔아 화대를 챙기기도 했다.

    오늘날과 같은 '전업형' 성매매와는 확연히 구분되는 조선시대의 이러한 성매매는 포주 등 알선인이 존재했다기보다는 개인이 성을 파는 프리랜서에 가까웠다. 특히, 현재의 집창촌처럼 특정 공간을 점유해서 이뤄진 것이 아니라 은밀하게 이뤄졌기 때문에 집창이라고 부르기도 매우 힘들다. 이능화는 '원래 도성에는 갈보가 없었다. 고종 갑오년(1894) 이후에 비로소 번성하게 되면서 사람들이 나라가 쇠망할 징조라고 했는데, 허언(虛言)이 아니었다'고 밝혀 구한

말에 이르러서 성매매가 본격적으로 시작됐음을 시사하고 있다.

■── 윤락업소의 서울 진출

윤락업소가 서울에 본격 등장한 것은 청일전쟁 이후의 일이다. 1894년 동학혁명이 일어난 뒤 청나라 군대 3,000명이 조선 땅에 들어오자 일본도 일본거류민 보호라는 명목으로 오오시마(大鳥義昌) 육군 소장 지휘아래 6,000명의 군대를 서울에 주둔시켰다. 이들은 인천 제물포항을 거쳐 서울 용산구 효창동 만리창 일대에 병영을 설치했다.

1895년 청일전쟁에서 이긴 뒤에도 일본은 공사관 호위와 거류민들을 보호해야 한다는 명목으로 군대를 서울에 주둔시켰다. 6,000여 명의 군인들이 주둔하면서 용산구 원효로 일대에는 일본 군대에 물자를 조달하는 일본인 상인들이 늘어나기 시작했다. 이 시기에 윤락업소라고 할 수 있는 대좌부업과 여인숙인 석대업(席貸業), 대합(待合), 특별요리점, 예·창기업 등 성매매 관련 업종들이 번성하기 시작했다.

성매매 여성을 고용해 성매매를 알선하는 것이 대좌부업이라면 특별요리점은 각종 요리와 술 등을 제공하면서 여성의 성을 판매하는 업소였다. '마치아이(待合)'로 불리는 대합은 기차역 대합실처럼 잠시 걸터앉아 애기하거나 사람을 만나는 장소를 일컫지만 실제로는 대좌부업과 같은 윤락업소로 남녀가 밀회할 방을 빌려주고, 술과 음식을 제공했다. 그래서 '대좌석업(貸座席業)'이라고도 불렸다.

일본의 중신이나 각료들이 가끔 정치적 타협을 위해 대합을 빌려서 논의를 했기 때문에 이러한 유흥업소 타협을 '마치아이 정치'라고 부르기도 한다. 19세기 말 용산구 일대에는 춘일(春日), 홍엽(紅葉), 입주(入州), 수(壽) 등 13~14개 마치아이가 있었으며, 바람난 유부녀, 기생, 창녀와 용산 일본군 사령부의 병사들이 단골이었다.

서울 남산의 진고개(泥峴)에도 일본인들의 거류지가 생겼다. 진고개 일대는 남산에서 구리개(현 을지로) 방향으로 내려오는 산줄기에 위치한 곳으로 이름 그대로 비만 오면 진흙탕이 되어 생활환경이 열악했다. 그런 이유로 다른 곳에 비해 땅값이 저렴해 예부터 가난하지만 지조를 지키는 '남산골 샌님들'이 많이 살았던 곳이다.

일본 공사관이 남산에 위치하고 있는데다 땅값이 저렴하기 때문에 임오군란 이후 일본인들의 거주가 차츰 늘어났다. 특히 사대문 안에 비해 남산 진고개에 거주하는 가난한 양반과 하급관리, 상인들은 외국인에 대한 배타성이 상대적으로 적어 일본인 집단 거주지로 나름 최적의 요건을 갖췄다.

일본인들은 청일전쟁 즈음하여 서울 변두리에서 서울 중심부로 진출하기 시작했다. 고구레(木暮直次郎)라는 일본인이 1894년 잡화점을 남대문로통 3정목 91번지(현 한국은행 화폐박물관 인근)에 개설한 뒤 이 일대에 일본인 상점들이 하나둘씩 증가했다. 일본인들은 청나라 상권이던 남대문 일대의 상점들을 접수하면서 생활의 터전도 점차 남산 기슭에서 남대문로 일대로 옮기기 시작했다. 은행과 우체국, 공중변소, 가로등, 병원, 한성신문사 등도 현재의 명동과 충무로에 설립됐다.

청일전쟁 이후 일본 상인들의 독점시대가 열렸다는 점과 일본 군대가 뿌리고 간 전쟁경비 덕분에 일본 상인들의 경제력이 든든해졌다는 점, 그리고 1894년과 1895년에 걸친 전쟁승리 소식 등이 일본인들을 대거 한반도로 유입시켰으며, 그 세력도 커져 거류 일본인들의 규모가 급증했다. 실제로 1893년 234호 779명에 불과했던 서울의 일본인 호구는 청일전쟁 직후인 1896년에는 476호 1,749명으로 늘어났다. 일본 거류민들이 늘어나고 이들을 상대로 하는 대좌부 영업 또는 특별요리점이 늘어나면서 일본 영사관은 요리점에 예기를 두는 것을 공식 허용하고 세금을 부과하였다.

하지만 당시 조선인 여성들은 성매매를 거의 하지 않았던 것으로 보인다. 특히, 일본인이나 청나라인 등 외국인을 상대해서 성을 팔려는 여성이 없었기 때문에 부산과 원산, 인천의 개항장에서의 성매매는 전적으로 일본인 여성들에 의해 이뤄졌다. 반면 조선인 남성들이 일본 대좌부와 특별요리점에 출입하기 시작하면서 성병에 걸리는 등 사회문제가 야기되기도 했다. 1896년 7월 11일자 독립신문에는 '음녀들이 각처에 많이 있어 빈부를 물론하고 어리석은 사나이들을 유인하여 돈들을 빼앗으며… 무뢰한 배들이 남의 계집아이들을 사다가 오입을 가르친다니 이런 일은 경무청에서 마땅히 엄금할 일이더라'는 기사가 실리기도 했다. 성매매가 점차 사회 문제가 되면서 일본 정부는 대좌부업이나 특별요리점들을 한 곳에 모으는 집단지역을 설정하기 시작했다. 윤락업소들이 한 지역에 모인 집창촌이 공식적으로 등장하게 된 것이다.

■──── **집창촌의 탄생**

개항지를 중심으로 생긴 전업형 윤락업소들은 점차 한 장소에 집중되어 발전하게 된다. 개항지 일본인들의 생활을 관리했던 일본 이사청은 성병과 풍기문란 예방이라는 명목으로 윤락업소의 집단화를 정책적으로 추진했다. 그렇기 때문에 윤락업소들이 모인 집창촌 역시 개항지였던 부산과 인천, 원산을 중심으로 생겨났다.

　가장 먼저 집창촌이 생긴 곳은 부산이다. 1902년 7월 24일 우에노 야스타로(上野安太郎)가 부산 부평정 1정목에 요리를 팔며 성매매를 하는 특별요릿집 안락정(安樂亭)을 설립한 뒤, 이어 제일루와 국복루, 국수루 등에 요리점 7집이 들어섰다. 그곳에서 일하는 여성들은 모두 280명에 달했다. 당시 아미산하(峨媚山下) 유곽으로 불렸던 이곳은 현재 부산시 중구 부평동에 해당된다. '지옥골목'으로도 불렸던 아미산하 유곽의 장소가 협소해지면서 풍기단속을 위해 유곽지 특별 신설의 필요성이 제기되었고, 이에 1907년 8월 인근의 미도리마치(綠町) 지역(현 완월동)으로 이전했다.

　인천의 개항장에서도 거류 일본인들이 늘어나면서 1897년에는 예기를 고용하는 요리점이 17곳에 달했다. 이들 요리점은 현 신생

■ **신정 유곽**
1904년 서울 남산 쌍림동(현 중구 묵정동 소피텔 앰버서더호텔 인근)에 설치된 신정 유곽의 전경. 서울 최초의 공창 지역인 신정 유곽은 일장기를 대문 앞에 내걸었을 뿐만 아니라 만국기로 내부 치장을 하기도 했다.

동에서 신흥동으로 접어드는 인천여상 부근과 답동성당 언덕 아래 또는 전동(錢洞) 인일여고 아랫길 주변에 주로 모여 있었다. 이들 요리점들은 부산의 아미산하 유곽이 성공했다는 사실에 자극을 받아 1902년 12월 선화동 한쪽에 유곽을 차리고 당국의 인가를 얻어 시키지마(敷島) 유곽을 개업했다. 이들 요리점들은 업체당 800원씩 공동 출자했으며, 이 돈으로 구미원을 설립, 예기에 대한 성병검사도 실시하였다.

시키지마 유곽은 정도정(挺島町)이라고도 불렀다. 시키지마 유곽이 위치했던 곳은 현재 중구 선화동 신흥시장 일대인데, 1960년대 초 숭인동 지역으로 이전하면서 그 이름을 '옐로우하우스(Yellow House)'로 바꿨다.

청일전쟁 때 일본 군대가 대거 상륙한 원산에서도 거류지의 풍기단속상 유곽지 설정이 필요하다는 의견이 나와 1903년 영사 사무대리 이와사키 미츠오가 유곽지 설정문제를 거류지회에 자문했다. 이에 거류지회는 1800평을 선정하고 이를 특별요리점 지역(유곽)으로 지정했다. 원산의 유곽은 오사카의 신마치(新町) 유곽의 명칭을 그대로 옮겨 신정 유곽이라고 불렀다.

일본인 윤락업소 업주들은 일본 이사청의 취체규칙이 일본인들에게만 적용된다는 점을 악용해서 일본취체규칙이 적용되지 않는 조선인 여성들에게 눈길을 돌리기 시작했다. 조선 여성의 경우 일본 여성들보다도 싼 값에 고용할 수 있어 유곽업주에게는 여러 가지 면에서 이득이 많았다. 부산에서는 취체규칙을 피하기 위해 아예 조선인이 경영하는 것처럼 서류를 꾸며 성매매업을 하기도 했다.

집창촌이 서울에 등장한 것은 러일전쟁 직후의 일이다. 일본은 당시 청일전쟁 때보다 무려 4배나 많은 군대를 서울에 진격시켰고, 군수업자들과 건설업자들이 몰리면서 대좌부업도 호황을 누렸다. 이들 업자들은 서울 남산 부근인 쌍림동(현 중구 묵정동 소피텔 앰버서더호텔 부근)에 신정 유곽을 설치했다.

일본인들은 신정 유곽 토지 매입 단계에서부터 강제적인 회유와 사기를 동원했다. 토지매입자였던 키쿠타 마코토(菊田眞)의 회고에 따르면 당시 거류민단의 결정으로 예산 6,000원으로 3,000평의 토지를 구입하기로 결정했다고 한다. 이들은 이 일대 땅 소유주인 조동윤에게 접근하여 '일본군이 마구간 부지로 이 일대를 매입한다'는 소문과 함께 '거절하면 일본영사관이 조선 정부와 교섭해 무상으로 수용할 것'이라며 협박했다. 일본인들은 이런 방식으로 일대 토지를 평당 최저 8전, 최고 1원 20전에 사들였다. 이는 계획보다 2,300평 많은 8,300평을 모두 4,400원이라는 헐값에 매입한 것이다. 당초 예정가의 1/4 값인 평당 56전꼴로 땅을 매입한 셈이다.

1904년 10월 25일 신정 유곽 내에 제일루(第一樓)라는 업소가 문을 연 것을 시작으로 청풍루, 월하루, 송월루, 경성루, 대리루, 정무루 등 유곽이 생겨났다. 충무로1, 2가는 물론 소공동, 태평로 등지에 흩어져 있던 사창들도 이곳으로 업소를 옮기면서 쌍림동에는 20여 채의 유곽이 들어섰다. 제일루와 남산장(南山莊)의 주인인 아카아키 요사부로(赤秋與三郞)는 큰돈을 벌면서 나중에는 경성부의회 위원을 맡기도 했다. 아카아키 요사부로는 1935년 〈조선공론〉에 '유곽가 25년사'라는 글을 싣고 '당시 유곽을 만든 것은 거류민단에서 자녀의 교육비를 염출할 길이 없어 시작한 것'이라는 터무니없는 주장을 하기도 했다.

개항지 이외의 지역에서는 유곽을 의미하는 대좌부나 창녀를 뜻하는 창기라는 용어가 사용되지 않았다. 다만 요리점을 1종과 2종으로 구분하고 2종 요리점에 일본의 대좌부에 상당하는 영업을 인가하는 방식이었다.

유교적 전통을 갖고 있는 조선 사회에 유곽의 등장은 커다란 문화적 충격이었다. 그리고 점차 일본인 여성들은 물론 조선의 기생, 창기들도 성매매에 나서면서 여러 가지 사회문제가 발생했다. 특히, 성 판매에 나선 창기들의 거주지가 여러 주택가에 흩어져 있어 일반 백성들 사이에 매음이 번졌고, 외국인들이 가정집에 들어와 창기를 찾는 경우도 생겼다.

이에 경무청에서는 '매음녀의 기둥서방(遊女之夫)' 50명을 불러 의견을 듣고 대소룡동(大小龍洞)과 종현(鍾峴), 저동(苧洞) 근처에 이들의 집단 거주지를 설정했다. 대소룡동, 종현, 저동은 현재 명동성당 언덕 너머 영락교회 및 백병원 일대다. 당시 이 주변은 조선시대 기생들을 길러내는 장악원(현 외환은행자리)이 위치해서 많은 창기들이 거주했다. 대소룡동과 종현, 저동은 일본인 거주 밀집지대가 아닌 조선인 거주 지역에 생긴 최초의 적색지대이며, 대한제국이 실시한 최초의 집창촌 시도였다.

1904년 러일전쟁 직후 오늘날 서울지방 경찰청장 격인 경무사 신태휴는 이들 창기들의 거주지를 훈도방 시동(詩洞, 현 중구 중립동과 을지로 3가동)으로 제한하는 조치를 취했다. 또 창기들의 집 문패에는 국내인들이 드나드는 집을 '상화가(賞花家)', 외국인들이 드나드는 집을 '매음가(賣淫家)'라고 쓰게 하여 구분했다. 당시 창기들이 갑작스럽게 시동 일대로 집단 이주를 하면서 이 일대 집값이 껑충 뛰어오르는 진풍경이 빚어지기도 했다.

당시 일본으로부터 배일적인 인물로 분류됐던 경무사 신태휴

■ **황성신문, 1904**
20세기 초, 창기들의 성매매가 점차 사회문제화 되자 경무청에서는 성매매 여성들의 기둥서방들을 불러서 집단거주 문제를 논의했다. 황성신문은 이 같은 내용을 보도하면서 외국인들이 주택가를 찾아와 "성매매 여성이 있느냐"고 묻는 경우가 자주 발생, 주민들이 당황하고 있다고 보도했다.

가 성매매 여성의 증가와 성병문제, 성매매에 따른 사회적 폐해, 성폭력 등으로 인해 성매매 여성 집단 거주지를 자발적으로 추진했다는 것은 그만큼 풍기문란이 심각했기 때문인 것으로 보인다. 이후에도 산재되어 있는 매음녀들을 중서 승문동(현 원남동)으로 이주토록 하는 시도가 있었으나 효과를 거두지 못했다.

북한 지역에 위치한 원산의 신정 유곽과 진남포의 야나기마치(柳町) 유곽은 해방 직후 폐지됐으나 남한 유곽들은 끈질긴 생명력을 발휘했다. 특히, 부산의 아미산하 유곽은 1907년 이전을 통해 미도리마치(綠町)로, 다시 완월동으로 바뀌었다. 인천 시키지마 유곽 역시 해방 직후 선화동으로, 그리고 1960년대에는 옐로우하우스로 변태했다.

표¹ 1905년 이전의 집창촌

도시	집장촌 이름	위치
경성	신정 유곽(1904)	서울 중구 묵정동
	시동(1904)	서울 을지로 3가동
부산	부평동(1902) → 미도리마치(1907)	부산 신창동, 광복동
인천	부도정 유곽(1902)	인천 중구 선화동
진남포	야나기마치(1904)	평남 진남포 비석동
원산	신정 유곽(1903)	한남 원산 양지동

■── 19세기 유럽과 일본의 집창촌

역사상 가장 오래된 직업이 성매매업이라는 말처럼 성매매와 성매매 여성들의 집단 거류지인 집창촌의 역사는 인류문명 발달과 맥을 같이하고 있다. 기원전 2,300년 경 메소포타미아의 여사제들이 신전과 그 인근 지역에서 성매매를 했으며, 고대 그리스의 아프로디테 신전에 성매매 여성 1,000여 명이 살았다는 기록 등을 고려할 때 고대 사원이나 신전이 집창촌의 출발점으로 보인다.

사원이나 신전 중심을 탈피한 세속적인 성매매 집결지인 유곽이 처음 만들어진 곳은 고대 그리스였다. 그리스의 입법가 솔론은 기원전 549년 대규모 유곽을 세우고 노예와 여성 수형자를 기용한 성매매를 허용했다.

기원전 1세기 로마의 식민지시대부터 유곽이 있던 영국에서는 중세 템스강 주변 서더크에 18개의 유곽으로 이뤄진 대규모 사창가가 형성돼 상당 기간 번성했다. 또 1840년 빅토리아 여왕 때에는 런던 우편마차역을 중심으로 런던시 내에만 2,000곳의 유곽이 번성했다.

중세 프랑스와 이탈리아, 독일 등에도 제도화된 집창촌이 있었다. 14세기 교황 클레멘스 6세는 아비뇽에서 '대수도원'이라는 별명의 윤락업소를 소유하기도 했다. 또 이탈리아 피렌체의 메르카토 베니치 주변과 베니스의 리알토 주변은 공식 홍등가로 널리 알려졌다. 특히, 피렌체는 특별법정인 오네스타(Onesta)를 설립, 매춘을 장려하기도 했으며, 경찰이 홍등가를 순회하며 매춘부를 보호하는 공창제도를 실시했다. 중세의 스트라스부르(1469년)나 뮌헨(1433년), 세빌리아(1469년) 등 많은 도시들이 매춘굴인 유곽을 설치했고, 그 운영 권리를 수녀원장이나 신부들이 가졌다.

중세 유럽에서 성매매가 금지되고 이들 집창촌들이 폐쇄된 것은 16세기 중반 유럽에 매독이 번성하고 종교개혁시대를 맞이하면서부터다. 하지만 강력한 군대를 바탕으로 하는 근대국가가 출범하면서 성매매 전용업소는 선택이 아니라 필수 사항으로 새롭게 부각된다. 18세기말 근대국가는 성병으로부터 군인들을 보호하기 위해 성매매 여성들을 일정 지역에 거주하게 하고 특별 관리하는 공창제를 채택했다. 독일 베를린에서는 1792년 성매매 관리체계를 제도화하고 경찰의 승인을 받은 여성들만이 특정 지역 내에서 성매매를 하도록 허락받았다. 비슷한 시기 프랑스도 성매매 여성들의 등록을 받아 성병 등을 체계적으로 관리하기 시작했는데, 이때부터 성매매 여성들은 일정한 지역에 모여 영업을 하게 된다.

영국에서는 크림전쟁 이후인 1869년 전염병법으로 군대 주둔지 11곳을 정해 성매매 여성들의 집단 거주를 허용하기 시작했다. 미국도 남북전쟁 이후 유럽의 사례에 따라 성매매 여성들을 특정 지역에 모아 의무적으로 검진을 받게 했다. 특히, 1870년대 세인트루이스에서는 공창제를 정식으로 채택하기도 했다. 영국에서는 1886년 조세핀 버틀러의 폐창운동에 힘입어 유곽을 폐지했지만 식민지에는 공창제와 유곽을 그대로 유지했다. 프랑스도 1949년까지 공창제가 유지됐다.

중국 명나라(1368~1644) 때도 성매매가 활발했으나 17세기 청나라가 건국된 이후 성매매가 대폭 줄어들었다. 대신 부유층들은 대부분 첩을 두고 생활했으며, 시(詩)와 노래(歌)를 제공하면서 성을 파는 기생업이 발달했다. 그러다가 청나라 말기인 1842년 난징조약으로 상하이가 개항되면서 윤락업소들이 우후죽순으로 생겨나기 시작했다.

상하이에서는 1870년부터 1930년까지 성매매 여성들을 대상으로 한 미인대회가 열리기도 했다. 1930년대 상하이에는 약 10만 명의 성매매 여성이 있었다. 당시 중국인들은 외국인 개항지를 중심으로 번성한 윤락업소를 소금고기가게(咸肉店)라고 불렀다. 이는 당시 성매매 여성들이 자주 몸을 닦지 못해 몸에서 땀 냄새가 많이 난다는 의미와 함께 돼지고기 대신 소금기 성분이 많은 사람을 직접 판다는 의미를 담고 있는 것으로 보인다.

일본에는 근대 이전부터 공창제가 존재했다. 1589년 도요토미 히데요시(豊臣秀吉)가 교토의 야나기초(柳町)에 첫 유곽을 만들었는데, 이 유곽은 이후 시마바라(島原)로 이전했다. 당시 시마바라에는 버드나무와 꽃이 많았기 때문에 성매매 산업을 '화류계(花柳界)'라고 표현했다. 1617년에는 도쿄 한복판에 요시와라(吉原) 유곽이 설립, 공인됐다. 요시와라의 성매매 여성 수는 한때 3,000명에 달하기도 했다. 시마바라와 요시와라는 오사카의 신마치(新町)과 함께 일본의 3대 유곽지로 불려왔다.

공창제를 자신들만의 특수한 제도로 여겼던 일본은 개항으로 인해 서양의 선진국가에도 비슷한 제도가 있다는 것을 알게 되자 내심 반가워했다. 메이지유신 이후에는 아예 유럽에 시찰단을 보내서 공창의 등록과 강제 성병검사를 골자로 하는 유럽식 근대 공창제를 받아들였다. 일본의 근대 공창제는 과거 봉건시대 공창제와는 달리 여성의 인신매매 계약과 노예적 구속을 금지시켰다. 하지만 '본인의 의지'를 내세운 표면과는 달리 실제로는 인신매매와 강제적 구속이 계속됐다. 1900년 발표된 '창기단속규칙'은 창기영업을 원하는 자가 호주나 친족의 허락을 받아 경찰서에 비치된 창기명부에 등록하는 것을 의무화했다.

나가사키와 요코하마에는 외국인을 받아들이는 배인 전용 창가가 들어서고 고베에는 후쿠하라(福原)라는 유곽이 설립되는 등 유곽이 점차 확대됐다. 청일전쟁과 러일전쟁 전후에 군대가 확충되는 과정에서 군마와 야마가타, 와카야마 등 각지에서 공창 설치운동이 전개됐다.

공창 설치를 주장하는 사람들은 공창이 병영 설치와 불가분의 관계를 맺고 있는데다 세금증대, 성병억제 등의 측면에서 유리하다는 점을 강조했다. 이러한 논리는 일본의 식민지 도시 건설 과정에서도 그대로 적용되었다. 식민지에서는 제국주의 군대를 유지하는 일이 중요했기 때문에 공창제가 본국보다 더 중시된 측면도 있다.

일본이 청일전쟁과 러일전쟁을 통해 대만을 영유하고 조선을 식민지로 삼는 과정은 공창제의 관점에서 보면 일본 군대의 성매매 수요가 늘어나면서 일본식 공창제를 확대해가는 과정이었다. 유곽 찬성론자들의 입장에서 보면 유곽은 군대자원 보호뿐 아니라 유곽과 창기에 대한 직접 징세, 유곽에서 사용되는 음식과 의상, 그 밖의 막대한 상업이익 등이 수반됐다. 그래서 일본은 본국과 식민지에서 허가받지 않고 이뤄지는 성매매를 불법화하고 여성의 성매매 권리를 독점하면서 특정 업자를 통해 성매매 착취를 일삼는 행태를 보인다.

초기 일본에서 강제적인 성병검사가 도입되면서 성매매 여성들은 관헌 입회아래 하반신을 드러내고 매독 검사를 받는 데 대해 불만을 품고 도망가거나 불응, 또는 심지어 자살하는 경우도 있었다. 하지만 일본 정부는 '문명'이라는 이름으로 폭력적인 성병검진을 진행했으며 이를 식민지에도 그대로 적용했다.

**집 창 촌
깊이 읽기**
•

부산 완월동

부산 완월동은 한반도 최초의 유곽인 아미산하(峨嵋山下) 유곽이 이전해서 형성된 동네다. 아미산하 유곽은 1902년 부평정 일정목 일대(현 신창동과 광복동)에 설치됐으나 1907년 장소의 협소함을 이유로 완월동으로 옮겼다. 당시 이 지역은 조선후기 목마장(牧馬場)이 있었던 곳으로 1890년 목마장이 영도로 옮겨간 뒤 빈터로 남아 갈대와 억새풀이 무성해졌다. 일본인들은 이곳에 윤락업소들을 모아 미도리마치(綠町)라 불렀다.

    미도리마치는 소화10년(1935년), 1번지와 2번지에 창관(娼館)이 20여 채 있을 정도로 호황을 누렸다. 1930년대 부산 인구 30만 명 중 6만 명에 달했던 일본인들은 주로 완월동 인근 광복동과 대청동, 동광동 등에 집단 거주했다. 그렇기에 식민지시대 미도리마치는 일본인들의 향락장소로 이름을 날렸다.

1945년 8월 광복 이후 조선인들이 이 일대 윤락업소의 소유권을 넘겨받았다가 1948년 공창제폐지령에 따라 사창으로 전환했으며, 미도리마치라는 이름 대신 완월동으로 바뀌었다. 한국전쟁을 거치면서 이곳을 드나들던 미군들은 미도리마치의 영어식 표현인 '그린 스트리트(Green Street)'로 부르기도 했다.

완월동 여관골목 앞에서 유도장을 운영하는 차인순(70) 씨는 '1960년대 초만 해도 골목입구에는 아치형의 입간판이 있었으며, 그 옆에는 남자 성기를 조각한 커다란 나무 기둥이 있었다' 면서 '이 같은 완월동 상징물들은 5.16 이후 사회정화운동이 벌어지면서 철거됐다'고 말했다. 완월동 사창가는 1961년 '특정지역'으로 지정되면서 오히려 팽창해 충무동과 초장동 일대까지 파고들었다. 1960년대 중반에는 이미 성매매 여성들만 1,000여 명을 넘어섰다.

완월동은 인근에 자갈치시장, 국제시장뿐 아니라 1970년까지 시외버스터미널이 있어 날로 번성했다. 지난 1979년도 완월동 지역에는 금성관, 동양관, 장미관 등 전업형 성매매 여관이 124곳에나 됐다. 당시 등록된 윤락여성은 1,250명이었으며, 미등록자들까지 합치면 약 2,000여 명의 성매매 여성들이 거주했다. 이는 당시 서울 미아리 텍사스나 청량리 588보다 큰 국내 최대 규모였는데, 가장 큰 업소에는 성매매 여성이 35명에 달했다고 한다. 특히, 일본인과 미국인 등 외국인 관광객들이 많이 찾으면서 1970년대 말 이미 에어컨과 냉장고, 전축, 수세식 화장실, 목욕탕 등 최신식 시설을 갖춘 곳이 많았다. 당시 부산에서는 완월동 포주라면 현금재산이 많은 부자로 평가할 정도였다.

1970~1980년대 이 일대 여관 소유주들은 '돈을 갈퀴로 긁어모았다'는 말을 들었다. 여관 소유주들은 하나 둘씩 건물 증축에 나섰고, 이 일대에는 5~7층 건물이 우후죽순 들어섰다. 그러면서 이층 기와집이었던 '일식가옥'의 모습들도 사라졌다. 1979년 6월 국제신문 기사에 따르면 완월동에 대규모 여관촌이 형성되기 시작한 것은 1976년쯤으로 보인다. 3년 뒤인 1979년에는 31채의 건물이 구청 허락 없이 지어졌으며, 20채는 아예 건축허가조차 받지 못했다.

1980년대 완월동은 동양에서 가장 큰 사창가로 불렸다. 완월동이 이처럼 비대해진 것은 이곳이 다른 사창가들과 달리 외국인 접대의 성격을 띠었기 때문이다. 완월동의 손님들 중에는 단체관광여행으로 부산을 찾는 일본인과 미군들이 많았는데, 그 과정에서 완월동 사창가가 외화획득의 주역으로 평가받았고 덕분에 단속도 느슨해졌다.

일본인 관광객들 중에는 완월동에 짐을 풀고 며칠씩 머무는 사람들도 많았다. 충무동에 위치한 '동리사진실' 김모(82) 씨는 '당시 일본에서 배가 왔다는 말이 나기 무섭게 일본인들을 태운 관광버스가 완월동에 도착했다'며 '이들 일본인들은 며칠 묵다가 아가씨들과 정이 들었는지 떠나면서 종종 사진관에 와서 기념사진을 찍기도 했다'고 말했다. 지금도 동리사진실의 한쪽 벽에는 성매매 여성이 곱게 한복을 입고 찍은 사진이 걸려 있다.

1970~1980년대 달러와 엔화를 벌어들인다는 이유로 당국이 묵인했던 완월동이지만 현재는 2004년 9월 발효된 성매매특별법으로 찬바람이 불고 있다. 10년 전 25~30억 원에 달하던 여관의 가격이 이제 10~15억 원으로 폭락했다.

흔히 '미소방'으로 불리는 완월동 유리방은 무릎 높이의 온돌방이다. 젊은 여성들은 방 안에 앉아 TV를 보거나 화장을 고치면서 손님의 선택을 기다린다. 호객행위를 하는 이들은 이모 또는 마마상(태평양전쟁 때 동남아 등지에 위안부로 끌려간 여성들을 관리하던 여성을 부르던 호칭. mama에 일본어식 존칭인 상(樣)을 붙인 것. 필리핀과 오키나와에서는 여성 업주를 지칭할 때 사용. 한국에서는 여성포주나 호객행위를 하는 여성, 청소, 세탁을 해주는 여성을 뜻함)이라고 불리는 여성들이다. 한 호객 여성은 '성매매특별법 이후 손님들이 급감하면서 서비스 가격도 동반하락했다'며 '비록 각 여관마다 타임에 7만 원, 숙박에 15만 원이라고 공지하고 있으나 실제로는 타임에 6만 원, 숙박에 13만 원으로 흥정을 하고 있다'고 말했다. 여기서 타임은 1회 성교하는 것을, 숙박은 성교 후 여관에서 하룻밤을 자는 것을 말한다. 숙박을 할 경우 통상적으로 고객이 나가기 전 한 번 더 방에 들른다고 한다. 완월동은 최근에도 일본인 관광객들에게 꾸준한 인기를 얻고 있다고 한다.

집 창 촌
깊이 읽기
••

옐로우하우스

옐로우하우스 33호 붉은 벽돌 건물이 바로 집 앞인데

거기보다도 우리집이 더 끝이라는 생각이 든다

거기로 들어가는 사내들보다 우리집으로 들어가는 사내들이

더 허기져 보이고 거기에 진열된 여자들보다 우리집의

여자들이 더 지친 표정을 짓고 있기 때문만은 아니다

김중식, 「食堂(식당)에 딸린 房(방) 한 칸」 中

  경인고속도로를 타고 인천방면으로 가다 보면 '인하대학병원'이란 큼직한 간판이 나타나는 지점 우측에 '옐로우하우스(Yellow House)'가 둥지를 틀고 있다. 행정구역상으로는 인천 남구 숭의동 47-1번지이다. 이 일대에는 3~6층의 여관 30곳이 몰려 있다.

  옐로우하우스 건물 입구에는 1번에서 33번까지 번호 간판이 있다. 주민들 말에 의하면 1970년대 경찰서와 구청

■ 인천 유곽
일제시대 시키지마(敷島町, 부도정)로 불렸던 인천 유곽의 전경. 1902년에 설치된 시키지마 유곽은 현 중구 선화동 신흥시장 자리에 위치해 있다가 1961년 숭의동으로 이전, 옐로우하우스로 변모했다.

등에서 행정편의상 매긴 순서가 그대로 상호가 됐다고 한다. 그러나 이런 번호간판이 옐로우하우스와 대구 자갈마당 등 일제시대 번성했던 사창가에만 남아 있는 것으로 보아 아마도 1916년 일제의 '요리실식음점영업취체규칙'에서 유래한 것으로 추정된다. 당시 6조 1항은 요리실 영업자는 객실의 입구에 번호 또는 부호를 표시할 것을 규정했다. 또 이들 업소가 1960~1970년대 일본인과 미국인들을 상대로 영업을 많이 했다는 점을 고려할 때, 이러한 번호간판은 한글

을 잘 모르는 외국인들도 쉽게 기억할 수 있는 장치로 작용했을 것이다.

옐로우하우스는 완월동과 비슷한 형태로 이뤄져 있다. 여관 1층에는 손님을 호객할 수 있는 유리방이 있다. 하지만 청량리나 용산과 같이 성매매 여성들이 서서 호객행위를 하는 것이 아니라 성매매 여성들은 무릎 높이의 온돌방에 방석을 깔고 앉아 있고, 이모로 불리는 여성들이 호객행위를 전적으로 도맡아서 하고 있다.

주민들에 따르면 불과 5~6년 전만 해도 각 여관마다 10여 명의 여성들이 현란한 붉은색 형광등 아래에서 손님을 맞았다고 한다. 하지만 지금은 대부분 2~5명 정도가 손님을 맞고 있다.

옐로우하우스 출발점은 1883년 인천항 개항 이후 인천부 다소면 선창리(船倉里)에 일본인 집단 거류지가 형성되면서부터다. 일본인 거류지는 1903년 제물포 지구에 부내면이 신설되면서 화개동(花開洞) 편입되어 1912년 선화동으로 불리다가 1914년 행정구역 통폐합으로 부도정(敷島町)으로 불렸다.

유곽은 1902년 일본 요릿집이 일본 영사관의 정식 허가를 받으면서 생겨났다. 당시 일본 요릿집은 '마련된 음식'을 뜻하는 '어요리(御料理)'라는 간판을 내걸고 기녀를 접대부로 고용, 술과 음식을 내놓았다. 접대부는 음식시중

뿐 아니라 성매매를 했는데, 1905년 러일전쟁을 전후해서는 대단한 호황을 누렸다. 그러자 만석동 해안을 매립한 이나다(稻田)라는 일본인이 만석동 묘도(猫島, 현 괭이부리)에 팔경원(八景園)이라는 유원지 유곽을 세우고 총독부의 허가를 받기도 했다. 만석동 유곽은 부도정의 명성을 따라가지 못하고 영업부진으로 자진폐업을 했다. 또 부도정이 위치한 화개동 인근에는 조선인들의 무허가 유곽들이 나타나 공창 폐지 때까지 영업을 지속했다.

1932년 인천에는 모두 5만 명이 거주했는데, 이중 일본인은 1만2천 명 정도에 달했을 정도로 많았다. 당시 일본인 유곽은 10곳, 창기는 78명이었으며, 조선인 유곽은 22곳, 창기는 84명이었다. 조선인 유곽은 보잘것없는 간이건물이었으나 일본 유곽은 2~3층의 고급주택이었다. 1930년대 화대는 조선 유곽이 하룻밤 5~7원, 숏타임이 1~2원이었다면 일본인 유곽은 하룻밤에 10~15원, 숏타임 3~5원으로 거의 배에 달했다.

부도 유곽 안에는 1902년대부터 성병치료를 위한 부도구미원(敷島驅黴院)이 설치되어 있었다. 이 성병치료소는 공창폐지 이후 함께 사라졌다가 미군주둔에 따라 1949년에 인천시립성병치료소로 문을 열었다. 음식점에 그 뿌리를 두고 있는 인천의 유곽에는 정자와 누각을 뜻하는 누(樓)를 많이 사용했는데, 그중 송학루, 송죽루, 대흥루, 영춘루 등이

■ **인천 남구 옐로우하우스**
1960년 초 '정화작업'의 일환으로 인천 선화동 지역에서 숭의동 지역으로 옮긴 옐로우하우스 사창가. 1970년대까지만 해도 모두 단층 건물이거나 2층 건물이었다. 당시 미군부대에서 노란색 페인트를 얻어다 외벽을 칠했기 때문에 옐로우하우스라는 별칭을 얻게 됐다.

유명했다. 부산 완월동이 여관을 뜻하는 '관(館)'으로 불리는 것과는 대조적이다. 그래서 인천에서는 유곽에서 하룻밤을 자는 것을 '등루(登樓)'라고 불렀다.

해방 직후에도 부도정은 번창했다. 다만 1946년 일본식 동명 변경에 따라 그 이름이 '선화동'으로 바뀌었을 뿐이다. 특히, 한국전쟁은 선화동에 새로운 번성기를 부여했다. 인천상륙작전을 통해 인천이 연합군의 주 주둔지가 되면서 미군 등 연합군을 상대하는 기지촌의 성격도 띠게 되었기 때문이다. 그러다가 1961년 5.16군사혁명 정부가 사회정화차원에서 선화동 유곽의 이전을 결정하면서 선화동은 시장(신흥시장)으로 탈바꿈했다.

지난 1961년부터 40여 년째 신흥시장에서 그릇가게를 운영하고 있는 원동균(70) 씨에 따르면 신흥시장 골목이 있는 선화동 30-17에 위치한 제일기름집을 비롯해서 30-14, 30-50번지에 있는 2층집이 일제시대부터 유곽으로 사용됐다고 한다. 이 허름한 단색건물들은 흑백사진처럼 옛 과거를 그대로 보여주고 있다.

선화동에서 쫓겨난 사람들은 당시 갯벌과 맞대고 있던 공터 지역인 지금의 숭의동 지역으로 거취를 옮겼다. 당시 숭의동 지역에는 넝마주이들이 모여 살았고, 바닷물이 늘 넘실거려 인천에서 가장 외진 지역으로 손꼽히던 곳이다. 인천시는 당시 업주들에게 거금인 50~70만 원을 융자해줘 그 해 9월부터 건물을 짓기 시작, 이듬해인 1962년 3월에 이전했다.

이주민들은 건물을 지으면서 인근 미군부대에서 목재와 페인트 등을 얻어다가 건물을 지었다. 당시 미군부대에서는 여분으로 많이 갖고 있던 노란색 페인트를 이들 주민들에게 나눠주었는데, 이 때문에 건물에 노란색을 칠한 성매매 업소들이 많아져 옐로우하우스(Yellow house)라는

■ **인천 남구 옐로우하우스**
성매매특별법이 시행된 이후 한산해진 인천 남구 숭의동 옐로우하우스 거리 모습. 한때는 대낮에도 성매매 여성을 찾는 남성들이 많았으나 성매매특별법 이후에는 밤이 돼도 찾는 손님들이 크게 줄어 여관마다 빈방들이 넘쳐나고 있다.

이름을 얻게 됐다. 초기 주 고객은 미군과 일본인 등 외국 선원들이 많았는데, 인근에 시외버스터미널까지 세워지면서 손님들로 북적거리게 되었다.

1980년대 인천 옐로우하우스는 다른 집창 지역에 비해서 깨끗한 환경을 갖췄던 것으로 평가된다. 당시 인천에서 택시를 타고 '옐로우하우스를 가자'고 말하면 택시기사가 "몇 호실로 모실까요?"라고 되물을 정도로 유명했다고 한다. 르포작가 윤일웅은 '1980년대 중반 옐로우하우스 화대는 청량리보다 비싸서 낮손님은 3만 원, 밤손님은 5만 원을 줘야 했다'며 '당시 방 안에는 침대와 대형거울, 냉장고, 비디오시설이 갖춰져 있었다'고 적고 있다.

1960년대 10개의 여관촌으로 출발했던 옐로우하우스는 1980년대 30개로 늘어났다. 1호~33호까지 번호를 매기면서 4, 14, 24호는 재수가 없는 번호라고 해서 건너뛰었다고 한다. 1980~1990년대에 호황기를 맞아 건물증축 등으로 대형화됐지만 업소 수 30개의 숫자는 변하지 않고 있다. 이는 정부 당국과 옐로우하우스 업주들 간의 일종의 묵시적 약속이었기 때문이다.

당국에서는 직업여성들의 성병검사를 위해서 1주일에 1번씩 보건소에서 여성들의 건강 체크를 했다. 현재 옐로우하우스 입구에 있는 '숭의1동 특정지역 재개발정비 사업조합 사무실' 장소가 바로 당시 출장소로 사용됐던 곳이다.

현대건설에서 옐로우하우스가 위치한 숭의동 일대에 주상복합아파트 8개 동을 지을 예정이어서 옐로우하우스는 곧 과거의 역사로 남을 전망이다.

옐로우하우스 업주모임인 숭의동 특정지역 무의탁여성보호협의회 회장직을 맡고 있는 김영진(55) 씨는 '8년 전만 해도 230명의 여성들이 근무했는데, 지금은 70명으로 그 규모가 대폭 줄어들었다'며 '특히, 성매매특별법 이후 손님들이 급감하면서 많은 어려움을 겪고 있다'고 말했다. 그는 정부가 아무런 대안 없이 눈에 보이는 성과에만 집착, 집창촌 단속에만 집중하면서 성매매가 더욱 은밀하게 확산되고 있다고 전했다.

집창촌
깊이 읽기
•••

대구 자갈마당

대구 자갈마당의 시작은 1908년 야에가키초(八重垣町) 유곽에서 출발한다. 당초 일본인거류민단에서는 대구성 동쪽 폐수가 흐르는 곳을 매립해 유곽을 설치했다. 하지만 초기에는 그리 큰 성공을 거두지 못했다. 가와이 아사오(河井朝雄)는 1930년 쓴 『대구물어(大邱物語)』에서 야에가키초를 '실패한 유곽지'로 묘사하기도 했다.

결과가 좋지 않자 1907년 2월에 조례를 제정해서 공시했으나 빌리려는 사람이 없었다. 시중의 요리점은 여전히 번성했지만 유곽 경영을 위한 희망자는 나타나지 않았다. 1909년 봄이 되어도 지상수입(地上收入)이 한 푼도 없어 4월에 조건부로 민간에게 토지를 매각하기에 이른다. 유곽지 부근의 토지는 몇 년이 지나도 발전하지 않으므로 유곽지를 중심으로 수만 평의 토지를 사들인 사람의 계획은 성공하지 못했고, 결국 1915년경 결손을 보며 처분하고 말았다.

야에가키초는 1916년쯤 다무라(田村權藏)가 인수하면서 조금씩 유곽으로서의 면모를 갖췄다. 야에가키초는 줄임말인 야에(八重) 유곽으로 불리기도 했지만 속칭인 '자갈마당'으로 더 많이 알려졌다. 자갈마당은 일대에 자갈이 많았기 때문에 유래됐다고 하는데, 일설에는 일제시대에 유곽을 만들면서 복숭아나무를 베어내고 황해도에서 가져온 자갈을 깔았기 때문이라는 말도 있다. 또 기생들이 도망치지 못하게 하려고 걸을 때 소리가 나는 자갈을 깔았다는 얘기도 있다.

하지만 일본인들이 자갈을 인위적으로 깔았다기보다는 예전부터 개천이 있었고, 주변에 자갈이 풍성했기 때문에 자갈마당으로 불렸다는 것이 설득력이 있어 보인다. 건물신축공사를 했다는 자갈마당의 한 업주는 '당시 땅을 팠더니 자갈과 물이 많이 나와 공사하는 데 애로사항이 많았다'며 '다른 업소들도 그런 이유 등으로 지하실을 만들지 못하고 건물을 지상으로만 올렸다'고 전했다. 이 여관뿐만 아니라 현재 자갈마당의 다른 3~5층 여관들도 대부분 지하실이 없이 지상부 건물만 있다.

1930년대 일본인들이 운영하는 대좌부는 요가루(よか樓), 이로하루(いろは樓), 대강루(大江樓), 대매루(大梅樓), 처연루(妻戀樓), 오처루(吾妻樓) 등 8개였다. 조선인이 운영하는 8개 업소 등 16곳에는 여성들이 약 130여 명 있었다.

자갈마당은 해방 전까지 번성하다 해방 이후 일본인들이 떠나고 북한에서 내려온 피란민들이 수용되면서 잠시 침체기를 맞았다. 하지만 이미 유곽에 대한 기억은 뭇 남성들의 머릿속을 지배했고, 결국 해방 이후 한국인들이 유곽을 경영하기 시작했다. 1947년 공창제가 폐지된 뒤에도 자갈마당은 당국의 묵인 속에 영업을 계속했다.

유곽 안에 연못이 있던 군산과 대전, 목포 등지의 윤락가와는 달리 대구의 유곽에는 업소 밖에 큰 연못이 있었다. 대구시는 1950년대 이 연못을 메우고 시장으로 바꾸려 했지만 실패했다. 이곳에서 슈퍼마켓을 운영하는 한모(82)씨는 '이승만 대통령 때 시장을 만들었으나 얼마 되지 않아 다시 여자장삿집으로 돌아왔다'고 전했다.

대구시 중구청에서 1990년 펴낸 『달구벌의 맥』은 '자갈마당은 저습지대에 쓸모없는 황무지였다. 한국전쟁 이후 대구에 많은 사람들이 모여들면서 이 일대가 장터로 만들어졌다. 넓은 마당이라고 부르기도 했던 이곳에는 주로 땔감과 구들장을 팔기 위해 시골사람들이 많이 몰려왔다. 하지만 비만 오면 땅이 질어서 여간 불편한 게 아니므로 자갈을 많이 깔아 놓아 이후로는 자갈마당으로 불렸다'고 전하고 있다.

1960년대 대구 지역의 경우 도원동뿐 아니라 대구역과 철도변, 남일동, 동인동 등 도시주변에 윤락업소가 있었으며, 미군을 상대로 하는 기지촌은 대봉동과 봉덕동 등에 몰려 있었다. 또 대구 남구 대명7동 계명대 뒤편에 위치했던 '양지로 사창가'는 1980년대 120개 업소가 흥청거리며 자갈마당과 쌍벽을 겨루었으나 1996년쯤 사라졌다. 구청이 일반음식점으로 허가를 내고 접대부를 고용한 곳에 대해 허가를 취소하고 단속을 벌이면서 벌어진 결과였다. 이들 업소들은 1980년대 이후 일부 기지촌을 제외하고는 대부분 자갈마당으로 통합됐다.

자갈마당에는 1970년대 초까지 도원아파트와 도원약국 골목길을 중심으로 자갈이 깔려 있고 그 주위에 물이 흘렀으나 복개공사를 하면서 덮어버렸다. 도화동 주민 말에 따르면 지금도 자갈마당의 길을 파보면 개천이 흐르고 있을 것이라 한다. 주민들은 또 당시에는 아가씨집들이 대부분 1층 건물이었는데, 요즘은 1층 건물은 찾아보기 힘들다고 전한다. 손님들이 보다 깨끗하고 현대적인 시설을 원하다 보니 업주들이 앞 다퉈 옛 가옥을 헐고 3~5층의 여관을 지었다는 것이다. 일제시대 흔적을 간직한 곳은 18호집 한 군데밖에는 없다.

자갈마당은 1호부터 79호까지 매겨져 있는 번지수가 상호를 대신한다. 79개 중 4자가 들어간 17개 번호는 제외돼 있다. 하지만 번호가 순서대로 매겨진 것이 아니라 15번 옆이 78번, 맞은편이 61번 등 뒤죽박죽으로 되어 있다. 처음에는 일정 순서로 되어 있었으나 연못을 메우고 건물을 신축하면서 뒤늦게 번호를 받은 업소들이 생겨났기 때문이다.

자갈마당의 여성들은 1970~1980년대에는 한복을 입고 앉아 남성들의 선택을 기다렸다. 그러다가 1990년대에 들어서면서 웨딩드레스를 입었고, 성매매특별법 이후에는 통일된 옷을 입지 않고 있다. 이 같은 통일된 복장은 부산 완월동과 인천 옐로우하우스, 서울 미아리 등 외국인을 많이 상대하는 업소에서는 공통으로 나타나는 현상이다.

자갈마당의 여성들은 인천 옐로우하우스나 부산 완월동처럼 무릎 높이의 작은 온돌방에 앉아 있었으나 최근 들어 온돌방을 없애는 집들이 나타나기 시작했다. 즉, 온돌방을 치우고 성매매 여성들이 청량리 등에서처럼 의자에 앉거나 선 채로 남성들을 유혹하는 유리방으로 전환하는 것이다. 한 성매매 여성은 "다리가 긴 소위 '롱다리' 등을 좋아하는 남자들이 많아 긴 다리를 보여주기 위해 일어서서 호객행위를 한다"고 말했다.

1988년 올림픽을 전후해서는 성매매 여성들이 거의 1,000명에 육박했지만 지금은 한 업소당 2~6명으로 모두 450명쯤 있는 것으로 알려졌다. 자갈마당의 특이점은 비록 유리방 형태로 영업을 하지만 건물 정면에서는 성매매 여성의 얼굴을 볼 수 없다는 것이다. 즉, 나까이라고 불리는 호객 여성들의 안내를 받아 건물 안으로 들어가야만 성매매 여성들이 눈에 띈다. 또 성관계를 한 뒤 돌아가기보다는 자고 가는 남성들이 많다고 한다. 이를 위해 한 업소당 7~28실까지 평균 15개의 객실을 갖추고 있다. 그래서 화대도 '타임에 7만 원, 자고 가는 데 13만 원'을 받는다. 맞은편에는 중구보건소가 위치하고 있는데, 이는 이 일대가 오랫동안 성매매 집결지였기 때문에 관리의 편의성을 위해 세워진 것으로 보인다.

II

철도유곽시대

(1906~1930)

통감부(1906년 2월)를 설치하면서 조선의 국정 전반을 장악한 일본은 개항장 중심의 집창촌을 전국 주요 도시로 확대했다. 통감부는 먼저 일본인들이 많이 사는 곳에 거류민단을 설치했으며, 거류민단에서는 첫 번째 사업으로 유곽설치에 나섰다. 특히, 일제가 거류민단의 거주 지역을 중심으로 철로를 놓으면서 '철도역=윤락가'라는 공식이 등장한 것도 이 시기다.

서울 용산의 미생정(彌生町)과 오오시마(大島), 부산의 마기노시마(牧島), 마산의 고도부키마치(壽町), 사이와이마치(幸町), 모도마치(元町), 통영의 요시노초(吉野町), 울산 방어리, 대구 야에가키초(八重垣町), 대전 춘일정, 전주 상생정, 진해 연작정, 군산 신흥동, 목포 사쿠라마치(櫻町), 광주 서남외 등이 당시 새롭게 등장하여 번성한 유곽들이다. 특히, 마산의 사이와이마치(幸町), 대구의 야에가키초(八重垣町), 대전의 춘일정, 울산 방어리 등은 그 모습을 달리하면서 마산 신포동, 대구 자갈마당, 대전 중동 여관촌, 방어리 사창가 등으로 21세기에도 여전히 위용(?)을 잃지 않고 있다.

일제는 1916년 '유곽업창기취체규칙'과 '요리점·음식점영업취체규칙'을 발표하면서 유곽설치를 법령으로 규정, 한반도 전역에 공창제를 실시했다. 이 유곽업창기취체규칙과 요리점·음식점영업취체규칙은 그동안 주막에서의 성매매나 기생, 사당패 등이 해오던 부업으로서의 성매매를 불법으로 규정하고 '전업형 성매매'만을 인정하는 일종의 포디즘(Fordism)적인 분업체계라고 할 수 있다.

■── 거점도시와 유곽

1906년 통감부를 설치한 뒤, 일본은 일본인들이 많이 사는 곳에 거류민단을 설치하고 이곳을 중심으로 도시를 발전시켰다. 특히, 1,000명 이상의 일본인이 사는 곳에 거류민단이 설치되면서 1906년 8월 경성(서울), 인천, 부산, 진남포, 군산, 평양, 목포, 원산, 마산에 거류민단이 생겼다. 또 10월에는 대구에, 1907년 9월에는 서울 용산에, 1908년 신의주에 민단이 생기는 등 1910년까지 모두 12곳의 민단이 생겨났다.

　　이들 지역의 민단에서 맨 처음 벌인 사업은 바로 성매매 전용 업소인 유곽의 설치였다. 여기에는 민단의 재정확보라는 명목이 더해졌다. 통감부 이후 처음으로 문을 연 유곽은 서울 용산구 도화동(전 만리창 일부)의 미생정(彌生町) 유곽, 일명 모모야마(桃山) 유곽이다.

　　용산은 당시 일본군 사령부와 조선철도국이 위치한 남산의 진고개와 더불어 일본인들이 가장 많이 살던 지역이다. 일본인들은 처음 원효로 1~4가에 집단 거주하다 점차 신계동, 도원동으로 팽창해 갔다. 원효로는 일본식으로 원정(元町)이라고 명명됐고, 신계동은 영정(榮町), 효창동은 금정(錦町)으로 불렸다. 용산구지에 따르면 1906년 용산 지역에는 약 3,000여 명의 일본인이 살고 있었으며, 1908년에는 6,300명으로, 1909년에는 1만 명까지 늘어났다.

유곽이 설치된 모모야마(桃山) 일대는 복숭아나무가 많았던 언덕으로 현재 도원동 지역이다. 모모야마 유곽은 1914년 이곳 지명이 미생정(彌生町)으로 바뀌자 이후 미생정 유곽으로 불렸다. 1914년에는 인근 용문동 대도정(大島町)에도 유곽이 들어섰다. 대도정은 청일전쟁을 승리로 이끈 일본장수 오오시마 소장의 이름을 딴 것이다. 미생정과 대도정은 일제 강점기 용산 지역의 양대 유곽으로 성장했으며, 미생정 유곽은 일본인들이, 대도정 유곽은 조선인들이 주로 이용했다.

현 서울역 건너편인 도동(桃洞)에도 1907년쯤 매춘업을 겸한 작은 요릿집들이 생겨나기 시작했다. 도동은 1960년~1970년대 옆 동네인 양동과 함께 사창이 번성했다. 20세기 초 형성된 도동 유곽은 아이마이야(曖昧屋)라고 불리던 색주가 등과 같은 하급 요릿집이 중심이었다. 이들 요릿집들이 하나 둘 모이면서 신지(新地)라는 유곽이 만들어질 정도로 커졌으나 경찰의 사창단속 등으로 인해 뒤에 묵정동의 '신정(新町)'에 통합됐다. 당시 태평로와 구리개(현 을지로), 청파, 황금정(현 명동) 등에서도 '왜갈보'라고 불리는 일본인 하층 윤락

■ **모모야마 유곽**
1906년 서울 용산구 도화동에 설치된 모모야마(桃山) 유곽은 1914년 미생정(彌生町) 유곽으로 이름을 바꿔 식민지시대 경성의 문화코드로 발전한다. 사진은 모모야마 유곽 앞에서 활짝 웃는 일본인 성매매 여성들과 갓을 쓴 조선인의 허탈한 뒷모습을 대조시켜 표현했다.

여성들이 밀매음을 하기도 했다.

이 시기 유곽은 전국으로 퍼져나갔다. 1908년 대구에는 야에가키초(八重垣町) 유곽이 들어섰으며, 1909년 청진에 성가곤 유곽, 나남에 이하정 유곽, 1910년 목포에 죽동 유곽이 설치됐다. 대전 중동에도 '춘일정10번지(春日町十番地)'라는 유곽이 만들어지는 등 일본인 거류 지역에는 예외 없이 유곽이 설립되었다.

1908년 평양에 설치된 유곽지에서는 매년 2,000여 원의 지대를 얻어 민단의 유력한 재원으로 만들었다. 그리고 목포 유곽의 토지 소유자가 매도 연부금 3만 원을 소학교 교육비용으로 기부했다. 이러한 사실은 유곽이 얼마나 성황했는지를 그대로 반영한다. 군산개항사에는 '조선에서도 민단법이 시행되고 지방자치제가 인가되자 경성이 솔선해서 민단의 재정원 함양을 목적으로 신정 유곽을 개설하여 의외로 성공하였기 때문에 각지의 민단도 앞을 겨루고 유곽설치에 착수했다'고 기술하고 있다.

유곽은 집세나 건물세 등을 통한 막대한 이득뿐 아니라 유곽에 공급하는 음식과 옷 등에서 그 밖의 막대한 상업적 이익을 수반했다. 기록에 의하면 1910년 이전 한반도에는 최소 11개 도시 지역에 집창촌이 있었으며, 당시 일본인 예·창기의 수는 1,000여 명에 달했다.

이 시기 출장 매춘업도 등장했다. 오키야(置屋)라고 불린 출장 매춘업은 기생, 창녀 등이 주택가에 거주하면서 손님의 연락이 오면 출장을 나가는 일종의 알선매춘업이다. 최초의 업체는 1906년 문을 연 청수석(淸水席)으로 훗날 경성권번(京城券番)으로 발전했다. 일제시대 권번은 기생들의 조합 역할을 하면서 화대를 징수하고 수수료를 떼는 오키야의 기능도 했다.

표² 1910년 시·도별 성매매 집창촌 현황

도시	유곽 이름	위치
경성부	신정 유곽(1904)	서울 중구 묵정동
	도산 유곽(1906)	서울 용산구 도원동
	시동(1904)	서울 중구 을지로3가동
부산부	부평정(1902) → 미도리마치(綠町, 1907)	광복동 → 충무동
대구	야에가키초(八重垣町) 유곽(1908)	경남 대구역
인천	부도정 유곽(1902)	인천 중구 선화동
평양	니기와이초(賑町, 1909)	평남 경의선 평양역
진남포	야나기마치(柳町, 1904)	평남 진남포 비석동
청진	호시가오카 유곽(北星町, 1919)	청진부 청진역
원산	신마치(新町, 1903)	함남 원산 양지동
나남	이하정 유곽(1909)	함북 나남역 인근
목포	죽동 유곽(1910)	전남 목포부 목포역
대전	춘일정 십번지(1910)	충남 대전군 대전역

※출처 : 야마시다 영애, 「한국근대공창제도 실시에 관한 연구」, 1992

■── 역전의 집창촌

철도가 놓이면서 기차역 인근에 집창촌이 들어서기 시작했다. 일본 거류민단이 형성된 도시를 중심으로 철도가 놓이면서 기차역 부근에는 유곽지대가 설정된 것은 하나의 공식이었다. 실제 1904년 철도개설과 함께 충남 제1의 도시로 성장한 대전의 경우 대전역 주변에 '춘일정'이라는 유곽이 설치됐다. 당시 일본인들은 춘일정을 중심으로 중동, 원동, 정동 지역에 모여 살았다. 1904년 철도개설 당시 한적한 시골마을이던 대전에는 일본 군인과 경찰, 정착민 등 겨우 200여 명 남짓의 일본인이 거주하고 있었다. 하지만 역이 개설된 직후 일본인들의 이주가 급증하면서 5년 뒤에는 무려 2,482명으로 늘어났다.

대구에서도 비슷한 현상이 빚어졌다. 대구는 1904년 경부선 대구역이 신설되면서 일본 식민통치의 중심도시로 성장했다. 1910년 대구 인구는 3만2천여 명 정도였으나 1935년에는 10만 명을 넘어섰고, 1944년에는 20만 명을 돌파했다. 일제 식민통치시대 전국 평균인구가 2배로 늘어난 데 비해 대구시 인구는 6배 이상 늘어난 셈이다.

이들 도시뿐만 아니라 인천, 부산, 군산, 목포, 대구, 진해, 포항, 원산, 청진 등은 모두 일제시대에 비약적 발전을 보였다. 이 도시들은 일본거류민단 중심지에 기차역이 들어서고, 그 주변에 집창촌이 만들어지는 공통점을 지녔다. 반면 일본인들의 입지가 적었던 도시에는 기차도 유곽도 들어서지 않았다. 일본인들이 많이 거주했던 대전, 대구, 평택 등의 도시에는 철도역 개설과 함께 유곽이 성업을 이뤘지만 이웃한 전통 도시인 공주와 상주, 안성 등에는 철도 및 유곽 설치에서 제외됐다.

이들 철도역 유곽의 첫 번째 고객은 물론 철도 관계자들이었다. 철도개설을 위해 수백, 수천 명의 노무자들이 몰리면서 이들을 상대로 몸을 파는 여성들이 생겨났기 때문이다. 르포작가 정은숙은 대구 지역에 성매매 여성들이 모여들기 시작한 것은 1905년 경부선 철도 노선개설을 위한 공사인부들이 몰려들어 집단생활을 하면서부터라고 주장한다. 마산에서도 역시 철도노선개설 당시 공사인부들을 상대로 했던 윤락업소들이 점차 커져서 현재의 신포동으로 발전했다.

　　철도개설이 완료된 뒤에는 철도회사 직원들과 주변에 거주하는 일본인들이 유곽의 주고객으로 자리 잡았다. 당시 조선인들의 토지를 강제로 수탈한 일본인들은 유곽과 요릿집 등에서 흥청망청 돈을 썼다. 당시 통계를 보면 일본인들이 유곽에서 쓴 돈은 조선인들이 사용한 돈보다 무려 3~10배나 많았다. 이어 철도를 타고 이동하는 여행객들도 유곽의 주요 고객이 됐다. 점차 철도역 주변 유곽이 번성하면서 아예 유곽에 들르기 위해 철도여행을 하는 사람들도 나타나기 시작했다.

　　이 시기 궤도열차(전차)의 노선도 일본인들이 많이 사는 곳을 중심으로 생겼다. 그러다 보니 자연스럽게 유곽은 궤도열차의 노선에 포함됐다. 궤도열차는 육상에 세워진 전신주와 전선으로부터 동력을 받아 일정궤도를 움직이는 도시 교통수단이다. 서울에는 1898년 12월 서대문에서 종로, 동대문을 거쳐 청량리까지 이르는 5마일에 궤도전차가 도입됐다. 이어 종로~남대문~도원동~구용산(원효로 4가), 서대문~마포 구간이 생겼다. 또 을지로선이 개설돼 왕십리까지 연결되면서 신지(新地) 정류장이 생겨, 묵정동의 신정 유곽으로 연결됐다. 당시 버스노선도 본정(충무로)~신정(묵정동)~병목정(쌍림동)~장충단~동대문~종로6정목~경성대학앞~창경궁 등을 운행했다.

　　부산에서는 일본인이 운영하는 '부산궤도㈜'라는 회사가 설

■ **대전 춘일정**

1910년대 대전 춘일정(현 중동)에 들어선 유곽들의 모습. 춘일정 10번지를 중심으로 들어선 유곽의 입구 돌기둥에는 '춘일신지(春日新地)'라는 한자가 보인다. '새로 만든 땅'이라는 뜻을 지닌 '신지(新地)'는 당시 유곽지역을 일컫는 말이었다. 실제로 서울 묵정동에 위치했던 신정유곽은 동신지와 대화신지로 나뉘어 불렸으며 회령지역에는 북신지와 삼동신지라는 유곽지대가 설치되기도 했다.

립되어 부산진에서 동래온천장까지 연결했다. 전차가 연결되자 일본인들은 온천 주변에 여관과 술집들을 세웠고, 기생들도 몰려들었다. '동래온천'이 돈 있는 사람들이 쉬러 오는 곳, 부잣집 난봉꾼 자녀들

■ **대구 자갈마당**
대구 경북 지역의 성매매 업소 대명사인 대구 자갈마당의 한 성매매 업소 전경. 이 단층 기와집은 자갈마당 안에 남아있는 유일한 일제시대 건축물로 일제시대 성매매 풍경을 어느 정도 유추할 수 있게 한다.

이 기생 외입을 하는 곳으로 널리 알려지게 된 것도 이 시기부터다.

이러한 기차역과 집창촌의 연결 고리는 100년의 시간을 이어 21세기에도 그대로 이어지고 있다. 지난 2002년 '성매매 실태와 경제규모에 대한 전국조사'를 했던 형사정책연구원의 김은경 박사에 따르면 성매매 자체가 목적인 전업형 성매매의 집결지 69곳의 절반 이상인 35곳(50.7%)이 철도역 주변에 형성되어 있다고 한다. 특히, 전통적인 사창가로 불리는 35곳 중 20곳(57.1%)이 철도역으로부터 반경 1km 이내에 걸쳐 있다는 것이다.

■── 본격적인 공창제 도입

일제는 성매매 전업업소인 유곽 설치에 이어 이 업소들을 규제, 관리하는 제도를 만들기 시작했다. 먼저 성매매 여성을 통제, 관리하는 법령이 발령됐다. 1908년 9월 경시청령 5호 '기생단속령'과 6호 '창기단속령'을 통해 기생과 창기의 자격에 제한을 두기 시작한 것이다. 당시 법령은 다음과 같이 구성됐다.

> ① 기생 또는 창기로 영업하는 자는 부모나 친족의 허락을 받아 관할 경찰서장에게 제출해 인가증을 받아야 하며 그만둘 때에는 인가증을 반납해야 한다.
> ② 경시청에 지정하는 시기에 조합과 규약을 정해서 인가를 받아야 한다.

기생단속령과 창기단속령은 그 내용에는 별 차이가 없었다. 하지만 당시 기생과 창기의 계급이 달랐기 때문에 각기 다른 단속령을 만들었다. 즉, 조선시대 상류 기생인 일패는 삼패 기생인 창기를 같은 기생으로 여기지 않았기 때문에 일제는 일패 기생을 위한 기생단속령과 함께 삼패 기생인 창기들을 단속하는 법령을 따로 만든 것이다. 당시 일패 기생들은 붉은색 양산을 썼으며, 삼패기생들은 파란

양산을 썼다. 특히, 삼패 창기들은 일패 기생이 지나가면 길가에 비켜서 고개를 숙일 정도로 엄격한 구분이 이루어졌다.

기생단속령과 창기단속령이 발표된 직후인 1908년 6월 한성부 남부 훈도방 시곡동의 김명완 등 50여 명은 경성유녀조합을 구성했다. 경성유녀조합은 이후 한성창기조합으로 이름을 바꿨다. 한성창기조합의 창기들은 미동을 비롯해 다동, 도렴동, 종로, 소공동, 구리개(을지로), 황토현(광화문 네거리) 등지에서 거주했다. 이들은 성(姓)이 같으면 서로 부르기가 힘들어서 가급적 성을 부르지 않고 이름만 불렀다. 경성유녀조합은 나중에 신창조합으로 개칭했다.

창기들의 조합이 만들어진 뒤 기생들도 조합결성에 참가하여 평양 출신 기생들은 다동조합을, 관기 출신들은 광교기생조합을 결성했다. 이러한 창기조합은 과거 조선의 전통적 기생운영방식이 아니라 일본식 자본주의에 입각, 기생 및 창기의 영업과 매춘업을 통제했다. 기생조합들은 1910년대 말에 권번으로 이름을 바꾼다. 다동조합은 대정권번으로, 광교조합은 한성권본, 경상도와 전라도 기생들은 한남권번으로, 신창조합은 조선권번으로 개편됐다.

무교정(현 무교동)에 자리 잡은 한성권번의 기생 수만 260명 정도로 당시 서울시내에는 1,000여 명의 기생이 있었다. 기생이 해방된 갑오경장 당시 300여 명에 불과했던 기생 수가 이렇게 급증한 것은 기차가 놓이면서 지방의 관기 출신 기생들이 서울로 대거 상경했기 때문이다.

이들 기생들이 권번과 요릿집이 많은 다옥정(현 다동), 무교정,

■ **다동조합**
20세기 초 관청에 속했던 기생들이 해방되면서 평양 등 전국의 기생들이 대거 서울로 몰려왔다. 이들은 '다동조합'을 결성하고 노래와 춤을 팔았다. 일부 20대도 있었으나 대부분 10대의 어린 소녀들로 한눈에 보아도 앳된 얼굴을 하고 있다.

청진동에 머물면서 이 일대에 자연스럽게 기생촌이 형성됐다. 기생촌에는 낮에도 기생들이 장구와 가야금, 노래 등을 연습하면서 주민들이 소음 때문에 골머리를 앓기도 했다. 기생들은 원래 요릿집에서 숙박할 수 없도록 되어 있었지만 1920년대에 들어서면서 경찰과의 유착이 이뤄져 요릿집에 상시 고용돼 성을 팔았다.

〈개벽〉지에는 1926년 '과거의 기생은 귀족적이더니 현재의 기생은 평민적이다.' '과거에는 비록 천한 직업이었지만 염치와 예의를 챙겼는데, 이제는 금전만을 숭배한다'는 비판의 글이 실리기도 했다. 소위 노래는 팔아도 몸은 팔지 않는다, 매창부매음(賣唱不賣淫)이라는 말이 없어질 지경이라는 탄식이 나온 것도 이 시기다.

부산에서는 1915년쯤 권번이 생겨났다. 진주 경상감영과 동래부사에 속해 있던 관기들이 갑오경장 이후 신분이 풀려나면서 개항장을 몰려들어 그 수효가 늘어났기 때문이다. 이들 관기들은 기둥서방이나 수양모 등의 지휘아래 영업을 하다가 봉래(蓬萊)권번을 만들었다. 초기 봉래권번은 초량동 옛 한성사진관 자리에 설립됐으나 신작로가 생겨 건물이 철거되면서 영주동 525번지로 이전했다. 기생들이 매춘행위에 나서면서 경찰은 심야에 전보 배달부를 가장해서 남자와 동침한 현장을 급습하고 증거물로 확보한 다음, 이불이나 요강 등을 기생들에게 머리에 이게 하여 경찰서로 연행하는 일도 적지 않았다.

일본은 성매매 여성들에 대한 성병검사를 체계화하기 위해 성매매 업소들을 한 곳에 모으는 작업을 했다. 1911년 6월 총감부령으로 경성 내 묵정동의 신정 유곽, 용산의 모모야마 유곽의 성매매 매음부를 1주일에 두 차례씩 성병검사를 받도록 했다. 또 경성에 산재한 성매매 업소인 요릿집과 음식점은 1911년 6월까지 유곽지정 지역이나 타지방으로 이전하거나 업종전환을 하도록 했다. 이러한 성병검사를 받는 곳에서는 성매매를 허락하는 공창제가 유지됐다. 이에 따라 성병관리를 안 하는 밀매음인 사창(私娼)은 단속의 대상이었다. 그래서 이들의 영업은 금지되고 성병검사를 받는 공창(公娼)으로 전환되기 시작됐다. 이 시기 장곡천정(長谷川町, 현 소공동) 일대에 있던 소규모 요리점들은 경찰의 단속과 감시가 상대적으로 느슨한 서소문통으로 속속 이전하는 모습을 보였다.

집창촌은 당시 일본의 식민지정책에 불만을 품은 조선인들을 색출하는 데에도 유용했다. 일본은 유곽에서 각종 범죄가 많이 일어나고 범인의 은닉처가 되기 때문에 범죄예방 측면에서 취한 조치라고 밝혔으나 실제로는 조선의 유흥업소가 일본의 식민지정책에 불만을 품은 '불령선인(不逞鮮人-불온분자)'의 비밀집합소로 이용될 가능성을 경계한 조치였다. 그래서 기생과 창부, 작부 등을 직접 관리하는 한편 지나치게 많은 돈을 사용하거나 거동이 수상한 손님은 반드시 경찰에 신고토록 의무화했다.

1910년에서 1015년 사이 사창의 단속과 공창의 보호라는 일본 제국주의 정책에 힘입어 유곽은 호황을 누리면서 급속도로 팽창하기 시작한다. 1910년 379개였던 대좌부는 1915년 480개 업소로 늘어났으며, 예기권번도 1910년 15명에서 1915년 228명으로 거의 10배나 늘어났다.

당국이 파악한 공창제도 안에서 검진을 받은 여성의 경우도 1911년 일본인 3,540명과 한국인 937명 등 모두 4,477명이었으나 1912년 5,028명으로, 1915년에는 5,137명으로 증가했다. 특히, 이 시기 일본인 성매매 여성이 1.2배 증가한 데 비해 조선인 매음부는 5배나 늘어났다. 이로 인해 당초 4대1이었던 일본인 성매매 여성과 조선인 성매매 여성의 비율은 점차 동등한 지경까지 이르렀다. 이는 일본의 식민지 착취에 의한 이농과 빈궁화 속에 있던 농촌 여성들을 손쉽게 성매매시장으로 흡수하는 조건이 마련됐기 때문으로 풀이된다.

1916년에는 각 지방마다 달랐던 밀매음단속과 성병검사를 전국적으로 통일시키려는 움직임도 나타났다. 그것이 바로 1916년 3월 31일 경무총감부령으로 발표된 '유곽업창기취체규칙과 요리점·음식점영업취체규칙'이다. 시행령은 다음과 같이 규정했다.

- 숙박소 영업자 또는 동거하는 호주나 가족은 같은 가옥 내에서 요리점, 음식점, 예기, 기생치옥의 영업을 금지하고, 예기, 기생 또는 작부를 부르게 해서는 안 된다.
- 요리점, 음식점 영업자는 손님을 숙박시켜서는 안 된다. 조선의 기생인 예기는 요리점에서 나가서 영업을 하되 손님을 예기치옥이나 자택에 유인하여 매음하면 안 된다.
- 작부는 요리점에는 거처할 수 있으나 숙박소, 음식점에서 거처하면 안 된다. 작부는 객석에서 무용을 하거나 음곡을 연주하는 것을 금지한다.
- 창기의 연령하한을 조선인과 일본인 모두 17세로 통일했으며 유부녀는 창기업에 종사하지 못한다.

유곽업창기취체규칙은 1876년 강화도조약 이후 한반도에 진출한 일본식 성매매가 공창으로 확립됨을 선언한 것이었다. 특히, 이는 숙박업과 요리업을 분리시키면서 조선의 전통적인 주막제도의 폐

시카고트리뷴, 1919

"일본인들이 조선 땅에 도입한 공창제도는 조선인들의 성적타락을 위해 고안된 악의 제도"라고 지적한 미국 신문 시카고 트리뷴의 1919년 12월 26일자 기사 원문. 해외 언론의 이러한 부정적인 시각에도 불구하고 일제는 유곽을 전국적으로 확대해 나갔다.

지를 의미했다. 그동안 주막에서 음주와 숙박, 때로는 성매매가 이뤄졌으나 일본 총독부는 이를 따로 분류해서 한 가지만으로 영업할 것을 요구했다. 이로 인해 영세성을 면치 못하던 주막 주인들은 일본 요리점과 유곽업자와 경쟁을 하지 못하고 폐업을 하거나 사창으로 밀매음을 하다가 단속의 대상이 되곤 했다.

실제로 1916년 유곽업창기취체규칙과 요리점·음식점영업취체규칙이 공포된 뒤 이 법령위반으로 구류, 과료, 태형을 받은 조선인들의 수가 급증했다. 1916년 모두 1,797건이던 것이 1917년에는

3,316명으로, 1918년에는 4,518명으로 늘어났다.

〈시카고트리뷴〉은 1919년 12월 26일 2면에 '일본인들이 조선에 악의 시스템을 전달했다(Japs Deliver Corean Cities To Vice System)'는 서울발 기사를 통해 '일본이 조선에서 가장 먼저 한 일 중 하나는 바로 인종차별적인 윤락가를 만든 것'이라고 지적했다. 기사는 이어 '조선 자체에는 이러한 악의 거리가 없었다'면서 '이러한 윤락가는 조선인 남녀의 성적 타락을 위해 일본이 치밀하게 도입한 것'이라고 전했다.

▪ 전국으로 확산된 집창촌

1920년대 전반기를 걸치면서 성매매업은 보편적인 사회현상으로 굳어진다. 유곽을 찾는 조선인들이 늘어나면서 조선인들만을 상대하는 유곽이 등장한 것도 이 시기다. 대표적인 것이 용산의 대도정(大島町)이다. 당시 경성에는 신정 유곽과 미생정 유곽 2곳만이 성업했으나 용산에 대도정 유곽이 생기자 미생정 유곽은 일본 공창만을 고용하고, 일본인들을 주로 상대하기 시작한다. 즉, 성매매 여성들의 조선인, 일본 별거정책이 채택된 것이다. 대도정 유곽은 공창으로 허락을 받지 못하고 사창으로 영업을 해오면서 위생상 또는 도시 미관상 문제를 지적받다가 1930년에 이르러서야 미생정과 합쳐져 공인을 받게 된다.

■ 조선일보, 1936
경성역 뒤편 미생정 공창에서의 성매매를 지적하면서 "경성 변두리도 아니고 한복판에서 이런 일이 벌어지고 있다는 사실이 부끄럽다"고 개탄하는 1936년 조선일보 기사.

미생정 입구에는 커다란 아치형 전등불이 있었다. 또 큰길 양쪽으로는 2~3층 건물이 즐비하게 있었으며, 네온사인 간판이 반짝거렸는데 경성의 중심지였던 종로통을 부끄럽게 할 만큼 황홀하고 찬란했다고 한다. 화월루(花月樓), 대묵루(大墨樓), 송월루(松月樓), 산유루(山遊樓) 등 20곳의 유곽마다 저마다 이름을 갖고 있었으며, 창기는 135명이 있었다. 화대는 하룻밤 자는데 5원, 숏타임은 2원을 했는데, 고객이 돈을 주면 성매매 여성이 이 돈을 주인에게 건넸다. 당시 성매매 여성들은 이미 큰돈을 빌리거나 팔려 왔기 때문에 6년 정도 몸을 팔아서 빚을 갚아야 했다고 한다.

조선인, 일본인 분리현상은 묵정동의 신정 유곽에서도 나타난다. 1919년~1921년 사이에 신정 유곽은 동서로 팽창하면서 일본인들은 서쪽을, 한국인들은 동쪽을 중심으로 영업을 했다. 동쪽의 동신지(東新地)는 조선인 업주와 조선인 여자들이 영업을 했으며, 서쪽의 대화신지는 주인도 성매매 여성도 일본인이었다. 흔히 신정 유곽이라고 하면 일본인들의 대화신지를 지칭했다.

신정 유곽의 동쪽에 위치한 동신지는 병목정(竝木町, 현 쌍림동)에 건설됐다. 1919년 병목정과 북미창정(北米倉町, 현 북창동)과, 입정정(笠井町, 현 을지로3, 4가동) 등에 있던 조선인 창기, 갈보 등을 집단 이주시켜서 만들었다고 한다. 병목정과 서사헌정에 걸쳐 형성된 동신지의 경우 1924년 대좌부 영업자는 모두 92명이 창기 250명을 두고 있어 한 업소당 2.7명의 창기를 고용하는 비교적 영세한 수준이었다.

반면 일본인들의 대화신지는 영업자 58명에 창기 369명으로 한 업소당 6.4명의 창기를 두고 있었다. 1931년 발행된「조선의 도시(朝鮮の道市)-경성과 인천」에서는 신정 유곽에는 교카로(京花樓), 에이게츠로(榮月樓), 미야코로(都樓), 호에이(寶榮), 긴파(金波), 다이이치로(第一樓), 이치리(一力), 기요모토(喜代本) 등 모두 54개의 업소가 있었으며, 성매매 여성이 261명이었다고 적고 있다. 당시 일본인들이 경영했던 대화신지는 현 동국대학교 정문에서 삼성제일병원 일대까지 길게 이어져 있었다. 1920~1930년대 사창가를 가는 것을 은어로 '남극 탐험을 간다'고 했는데 그것은 신정 유곽이 있던 묵정동이 서울의 남쪽 끝에 위치했기 때문이다. 이 같은 말은 1960년대에는 '서종삼(徐種三)이네 집에 간다'로 변용된다.

성매매 여성들이 유곽 밖에 나와서 호객행위를 하면서 사회문제화 되자 조선총독부는 1921년 7월 대좌부, 창기취체규칙 4조 7호를 통해 공창 영업용 건물은 도로에서 투시할 수 없게끔 구조할 것으로 규정했다. 즉, 유리문을 단 넓은 방에 성매매 여성들이 나란히 앉아서 지나는 남성들을 유혹하지 못하게 하는 조치였다. 이에 대해 업주들이 '장사가 안 된다'고 진정서를 잇달아 제출하는 등 반발하자 실물 대신에 사진을 진열하게 하고, 1921년 9월부터는 조선 일대에서 성매매 여성들의 흑백사진을 내걸었다. 이 시기 업소들은 저마다 홍등(紅燈)인 붉은색의 네온사인을 달기 시작했다.

1920년 중반 대좌부영업 지역은 서울, 경기 지역에만 7곳(중구의 신정과 서사헌정, 병목정, 용산의 미생정과 대도정, 인천의 부도정과 송도 남산정)을 비롯해서 전국 30여 곳으로 늘어났다. 부산의 미도리마치(綠町)와 마기노시마(牧島), 대구의 야에가키초(八重垣町), 평양 진정(賑町), 진남포의 유정, 청진의 성가곤(북성정), 원산의 양지동, 광주의 서남외 부동정(현 불로동과 황금동), 목포의 앵정, 대전의 춘일정, 전주의 상생정, 마산의 수정, 군산 신흥동, 함흥 풍서리 등에도 크고 작은 유곽이 생겨 성업을 이뤘다.

표[3] 조선의 예기, 창기, 작부 수(단위, 명)

연도	직종	일본인	조선인	합계
1920	예기	1,336	1,224	2,560
	창기	2,289	1,400	3,692
	작부	705	868	1,573
1930	예기	2,156	2,274	4,430
	창기	1,833	1,370	3,205
	작부	442	1,241	1,685
1940	예기	2,280	6,023	8,305
	창기	1,777	2,157	3,934
	작부	216	1,400	1,616

※출처 : 하시야 히로시 / 김제정 역, 『일본제국주의 식민지 도시를 건설하다』, 2005

당시 한반도에 거주하는 조선인이 인구가 일본인보다 많았지만 매춘부의 다수는 일본인이었다. 그러다가 1930년대를 접어들면서 한국인 창기, 작부들이 늘어나 일본인 매춘부를 압도하기 시작했다.

■── 전국유곽안내에 나타난 조선의 유곽

성매매가 전국적으로 퍼지면서 유곽은 하나의 관광상품으로 발전했다. 1930년 '일본유람사'는 아예 『전국유곽안내』라는 책자를 발간했다. 이 자료에는 일본열도뿐만 아니라 조선, 대만 등지의 유곽 위치, 가격 등이 적혀 있다. 이 책에는 일본 본토는 물론 당시 일본 영토였던 조선과 대만 지역의 유곽까지 상세하게 소개하고 있다. 또한 조선의 유곽 30곳이 소개됐는데, 특별한 우선순위는 없었다. 하지만 일본을 중심으로 가깝고 일본인들이 많이 찾는 곳을 먼저 소개하는 방식을 택했다. 그러다 보니 부산 마기노시마(牧島) 유곽과 미도리마치(綠町) 유곽이 먼저 소개되고, 이어 진해, 마산, 통행, 진주, 방어리 등의 순서였다.

이 책에는 대구, 대전, 전주, 군산, 인천, 목포, 경성 등 현 남한 지역에 21곳, 황주 겸이포와 진남포, 평양, 원산, 함흥, 나남, 청진, 회령 등 북한 지역의 9곳이 소개되어 있다.

부산 지역에선 완월동의 미도리마치뿐 아니라 목도(牧島) 유곽이 중요하게 소개됐다. 목도는 당시 목마장이 있던 영도의 옛 명칭으로 일제시대에는 마기노시마로 불렸다. 당초 요리점조합으로 출발했던 마기노시마는 1909년쯤 유곽으로 승격됐다. 그러면서 요리점 작부를 창부로 승격시켰다. 1930년 15곳의 윤락업소가 있었으며, 기생과 접대부는 모두 130여 명이 있었다. 이들은 모두 포주의 집에서 숙식하며 영업을 했다.

표⁴ 1930년 조선의 주요 유곽

도시	유곽이름(형성시기)	위치	유곽수(성매매여성수)
경성부	야요이(彌生)-일본인	용산구 도화동	20곳(150명)
	오오시마(大島)-조선인	용산구 용문동	-
	신정(대화신지)-일본인	중구 묵정동 전철 신지정류장	900명
	동신지-조선인	중구 장충동2가~쌍림동	-
부산부	미도리마치(綠町)	부산 서구 충무동	20개(120명)
	마기노시마(牧島)(1909)	부산 합선(滄仙, 현 영도)	15개(130명)
마산	고도부키마치(壽町)	경남 마산 수성동	10개(50명)
	요로주마치(萬町)	경남 마산 동성동	12곳(40명)
	모도마치(元町)	경남 마산 남성동	-
	사이와이마치(幸町)	경남 마산 서성동	-
통영	요시노초(吉野町)	경남 통영군 통영면	12곳(70명)
진주	대하동	진주면 대하동 진주역	15곳(100명)
방어리	방어리	경상남도 울산시 방어리	3곳(20명)
진해	연작정(連雀町)	경남 진해 충의동	12개(70명)
대구	야에가키초(八重垣町)	대구 중구 도원동	15곳(50명)
대전	춘일정	충남 대전 정동	10곳(50명)
전주	소세이초(相生町)	전북 전주 전주역	5곳(50명)
군산	신흥동 유곽	전북 군산 군산역	6곳(60명)
	야마테마치(山手町) (전국 유곽안내에는 山手町으로 나오지만 개복동인 山下町의 오기로 보인다. 일제시대 山下町으로 불린 개복동에는 조선인 기생집과 하급 유곽이 있었다)	전북 군산	신흥동과 비슷
인천	부도정	인천시 선화동	10곳(200명)
목포	사쿠라마치(櫻町)(1914)	전남 목포시 목포역	7곳(78명)
황주	영정(榮町)	황해도 황주 겸이포역	12곳(140명)

진남포	야나기마치(柳町)	평남 진남포역	9곳(70명)
평양	니기와이초(賑町)(1909)	평남 경의선 평양역	55곳(150명)
원산	양지동	함남 경원선 원산역	8곳(80명)
함흥	하나사키초(花笑町)	함남 함경선 함흥역	10곳(120명)
나남	미요시초(美吉町)(1908)	함북 나남면 나남면	12곳(120명)
청진	호시가오카(北星町)(1919)	함북 청진부 청진역	14곳(140명)
회령	북신지(1916)	함북 청회선 회령역	14곳(80명)
	삼동(三洞)신지	함북 함경선 회령령	5곳(30명)

  마기노시마 유곽이 있던 장소는 현 부산 영도구 봉래동으로 해방 전까지 일본인들이 많이 살았다. 이곳은 해방 이후 '봉래동' 사창으로 변모했다. 특히, 한국전쟁 이후에도 피란민과 미군 등을 상대로 하는 사창가로 악명을 떨치다 1970년대 도시재개발이 진행되면서 유곽의 흔적을 지웠다. 일본에 의해 강제로 위안부 생활을 했던 윤두리 씨 역시 당시 영도다리를 건너 왼쪽으로 500m 지점에 히바리마치(雲雀町)로 불리던 유곽이 있었다고 증언했다. 또 영도다리 건너편인 중구 영주동에 봉래권번이 위치했는데, 유곽에서는 손님의 요구에 따라 기생을 불러들이기도 했다.

  진해 유곽은 창원군 진해면 연작정(連雀町, 현 충의동)에 위치하고 있었다. 연작정은 진해와 창원을 잇는 열차역인 진해역에서 동남쪽으로 10정(丁) 정도 떨어져 있었다. 연작정에는 12곳의 유곽이 있었으며, 접대부는 70명 정도가 있었다. 이중 50여 명이 일본인으로 대부분 구마모토현 나가사키현의 여성들이었고, 나머지 20명은 조선인 여성이었다. 이들은 모두 기생과 접대부를 동시에 겸하는 이매감찰(二枚鑑札)로 1시간에 2원, 1박에는 7원을 받았다. 유곽 이름은 녹도루(鹿島樓), 낭화루(浪花樓), 취월루(醉月樓), 금시루(金時樓), 옥천루(玉川樓), 청천루(淸川樓), 진해루(鎭海樓) 등이었다. 이러한 유곽 건물들은 현재에도 충의동과 인의동에 남아 있다.

1899년 개항된 마산의 경우 고도부키마치(壽町, 현 수정동) 유곽을 비롯해서 요로주마치(萬町, 현 동성동), 모도마치(元町, 현 남성동), 사이와이마치(幸町, 현 서성동) 등 4곳의 유곽지대가 소개됐다. 이들 유곽에는 대부분 조선인 여성들이 많았으며, 손님이 오면 접대부가 순서대로 인사를 하고 손님이 선택하는 방식을 택했다. 고도부키마치 등 마산의 유곽들 역시 해방 이후에도 그대로 남아 현재의 신포동으로 이어지고 있다.

통영 요시노초(吉野町)에는 유곽 12개와 접대부 70명 정도가 있었다. 통영은 마산에서 60리 떨어져 있기 때문에 그곳에 가기 위해서는 배를 타고 가서 마산항에 직접 내리거나 마산역에 내려 승합차를 이용해야 했다. 요시노초 유곽의 접대부는 가게 앞에 나란히 서 있다가 손님을 맞았다. 요시노초는 1946년 일본식 지명을 없애면서 항남동으로 이름을 바꿨으며, 행정동인 중앙동에서 관할하고 있다. 요시노초 유곽은 해방 이후 사라졌으나 한국전쟁 때 군대가 통영시 서호동 일대에 주둔하면서 윤락가인 '야마골(야마호텔)'로 이어졌다. 그러다 지난 2005년에 역사 속으로 사라졌다.

■ 군산 신흥동 유곽
1920~1930년대 호남지방에서 가장 큰 규모를 자랑했던 군산 신흥동 유곽의 어느 겨울 모습. 넓은 신작로 좌우에 위치한 화려한 일본식 유곽 건물들 사이로 산등성에 있는 허름한 조선인들의 초가집들이 보인다. 채만식의 소설 『탁류』의 주요배경이기도 한 이곳은 해방 이후 유가쿠 시장(현 명산시장)으로 바뀌었다.

　　군산의 경우, 당시 호남에서 가장 컸다는 신흥동(현 명산동) 유곽과 함께 야마테마치(山手町) 유곽 등 2곳에 있었다. 신흥동 유곽은 채만식의 소설 『탁류』의 주요 배경이 될 정도로 당시 조선인 수탈의 또 다른 상징이었다. 일부 조선 사람들이 논과 밭을 팔아서 몇 달씩 유곽에 머무르면서 가산을 탕진하는 경우도 많았다. 당시 신흥동 유곽은 6개의 업소에 약 60명의 접대부가 있었다.
　　일본인이 경영한 유곽으로는 칠복루(七福樓)가 유명했는데, 1928년에 칼을 든 강도의 침입이 있기도 했다. 『전국유곽안내』에는 야마테마치 유곽도 신흥동과 비슷한 규모였다고 적고 있으나 그 위치가 불분명하다. 군산부의 정(町), 동(洞), 리(里)를 규정한 1932년 10월 조선총독부 관보 1727호에서도 그 위치가 나오지 않는 것으로 보아 산하정(山下町, 현 개복동)의 오기로 보인다. 당시 개복동에는 조선인 기생집들과 선술집, 하급 유곽들이 모여 있었다.

구한말 목장이 있던 울산 방어진은 1909년 일본이 후쿠오카현 지쿠호 수산조합의 어촌 30호를 이주시키면서 부산, 통영과 더불어 3대 일본인 이주 어촌으로 성장했다. 이후 1930년대에 세계 3대 정어리 어장으로 성장하면서 울산군청이나 울산경찰서 등 주요 관공서를 방어진으로 옮기자는 유치운동까지 벌일 정도로 울산군청 소재지인 울산읍보다 일본인이 더 많이 살았다. 당시 일본인들의 윤락업소 3곳도 꽤 번성했으며, 성매매 여성이 260명에 달했다.

전주에는 소세이초(相生町) 유곽이 있었다. 1930년에 유곽은 5개, 접대부 50명 정도가 있었으며 일본인과 조선인 접대부 수는 비슷했다. 해방 이후 소세이초는 미 주둔군을 위한 위안소로 변모했다가 한국전쟁 이후 완산구 다가동의 선화촌으로 이어진 것으로 보인다.

북한 지역에서는 황해도 황주의 겸이포면 영정(榮町) 유곽을 비롯해 평안남도 진남포 비석리 야나기마치(柳町), 평양부 니기와이초(賑町), 함경도 원산부 양지동, 함경도 함경 하나사키초(花咲町), 함경북도 나남면 미요시초(美吉町), 함경북도 청진부 호시가오카(北星町), 함경북도 회령면 북신지(北新地)와 삼동신지(三同新地) 등 9곳이 있었다.

『전국유곽안내』에 30개의 유곽 지역이 소개됐지만 이는 당시 한반도에 있는 유곽들 중 일부분에 지나지 않는다. 광주 서남 외에 있던 부도정 유곽과 송정리 유곽이 빠져 있는 것이 단적이 예라 하겠다. 광주부 부도정 유곽은 1910년대 초 광주천변의 작은 장터에서 일본 군인들을 상대로 하는 요릿집이 들어서면서 성매매가 본격 시작됐으며, 1916년도에 '대좌부 영업 지역'으로 지정고시됐다. 부도정 지역에는 작부를 양육하는 을종(乙種) 요리점이 모여 있었는데, 현 적십자병원 뒤편인 옛 호남장 자리를 비롯해 동구 황금동과 불로동에 집중되어 있었다. 현재 학생회관 자리가 바로 당시 광주에서 가장 큰 요릿집인 북촌루(北村樓)가 위치했던 곳이다. 당시 작부들은 매주 1회의 구미(驅黴, 매독치료)검사를 받았다.

당시 유명한 유곽으로는 송옥루(松玉樓), 복조루(福助樓), 학집(鶴家), 일본정(日本亭), 신옥루(新玉樓), 고복루(高福樓), 광주관(光州觀) 등 7집이 있었는데, 이곳에는 22명의 창기가 있었다. 이들은 대부분 일본 규슈지방에서 왔으며, 고객 또한 대부분 일본인이었다. 조선인 기루(妓樓)로서 서봉루(瑞鳳樓), 서홍관(瑞興館)이 있었지만 조선인 창기는 6~7명에 불과했다. 1930년대는 일본군인은 물론 학생, 일반인들도 부도정 유곽을 찾았다고 한다.

광주부는 1937년 이 지역 유곽을 이전하기 위해 '풍기지구' 설치를 논의하고 18만 원을 이전비용으로 계상하기도 했다. 1948년 공창폐지 당시 광주에 있던 58명의 공창들은 대부분 부동정의 여성들로 추정된다. 부동정 유곽들은 한국전쟁 시기에 미군들을 상대로 스탠드바 등 기지촌 영업을 시작해 황금동의 '콜박스'로 모습을 바꿨다.

1913년 호남선 철도가 지나면서 역 주변에 마을이 생긴 광산구 송정리역 부근(현 송정3동)에는 일본인들이 많이 거주하면서 가모가와, 요시미아, 아사이 등 유곽이 생겨났다. 이곳에는 당시로서는 희귀한 3층 목조건물 호화여관이 들어설 정도로 호황을 누렸다.

기록에 따르면 인천 송도에도 남산정(南山町) 유곽이 있어 16명의 대좌부 영업자가 창기 20명을 고용하고 있었다. 전주에는 소세이초(相生町) 외에도 주동리(舟洞里, 현 덕진구 금암동)에 작은 규모이지만 3개의 청루에 11명의 작부가 있었다. 통영군 이운면 장승포(長承浦)리에는 11명의 업자가 작부 43명을 고용해서 대좌부영업을 했다. 강원도나 충청북도에는 대좌부나 을종 요리점 등이 모여 있는 유곽은 없었으나 몇몇 요리점에서 예기와 작부 등을 고용, 성매매를 했다.

■── **유곽을 통해 본 사회**

1920년대 집창촌에서는 어떠한 일이 일어났을까. 당시 신문들이 전하는 풍경은 2000년대와 별 차이가 없다. 밀매음에 대한 경찰의 단속, 포주의 학대에 못이긴 도주, 여학생 복장을 입은 성매매 여성, 러시아 인터걸의 등장, 남성고객과 성매매 여성의 동반자살시도 등과

■ 조선일보, 1930

1920~1930년대 일본의 식민지 수탈로 인해 조선인들의 생활은 점차 곤궁해졌지만 유곽은 사상최대의 호황기록을 경신해갔다. 사진은 1929년 신정 유곽의 총 매출액은 97만 2,758원으로 성매매 여성 1명이 평균 3,130원을 넘게 벌었다는 1930년 조선일보 기사.

같은 뉴스가 당시 사회에서 큰 화제를 불러일으켰다.

유곽은 이렇다 할 놀이 문화가 없던 식민지시대 수많은 젊은 남성과 젊은 여성들을 끌어들여 유곽의 소비자로, 종사자로 만들었다. 그러면서 식민지 향락의 대명사로 자리 잡았다. 성매매 여성의 경우 자발적으로 유곽에 오는 여성들도 있었으나 생활고를 견디다 못해 찾는 경우가 더 많았다. 심지어 서울에 유학 간 딸이 남자친구

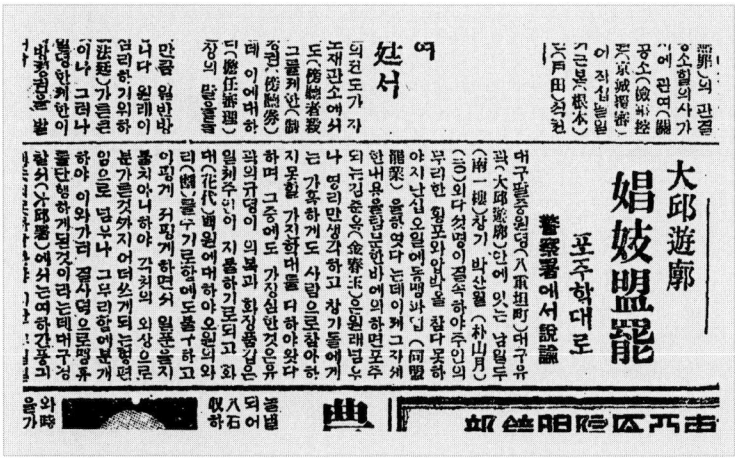

■ **조선일보, 1929**
80년 전이나 지금이나 성매매 여성들의 돈을 떼먹는 악덕포주는 늘 존재한다. 사진은 대구 팔중원정 유곽의 창기 6명이 화장품과 의복 값도 대주기로 했으면서도 시치미를 떼는 포주의 가혹함에 집단 파업을 했다는 1929년도의 신문기사.

의 꾐에 빠져 평양의 유곽에 팔려가 시골 부모들이 딸 단속에 나서는 진풍경이 벌어지기 했다.

  1925년 12월 전북 고향에서 보통학교를 졸업하고 경성에 올라와 고등보통학교를 다니던 김혜숙(17) 양은 우연히 만난 남자친구와 사랑에 빠졌다. 하지만 남자친구가 돈 400원이 필요하다며 김혜숙을 평양의 창루에 팔아먹고 자신은 그 돈으로 일본으로 도망쳤다(조선일보 1925년 12월 27일자). 이러한 사실이 보도된 뒤 지방의 부모들은 서울에 올라간 딸의 안부를 묻는 일이 잦아졌다고 한다.

유곽에서는 포주의 학대에 도망가려는 성매매 여성들도 많았다. 경남 거제도 장승포에 있는 농월루(弄月樓)라는 유곽에서는 창기 한 명이 도망가다가 주인에게 붙잡혀 매를 몹시 맞았다는 내용이 기사화되기도 했다. 경찰조사 결과 이 18세의 여성은 4년 전 200원에 팔려 전주 유곽에 온 뒤 갖은 학대와 모진 구박을 받으며 성매매를 했지만 오히려 빚이 늘어났다고 한다. 이 여성은 자신의 빚이 700원이라는 말을 듣고 도망치다가 포주에게 붙잡혀 구타를 당한 것으로 드러났다(조선일보 1927년 9월 29일자).

대구 야에가키초(八重垣町) 유곽의 남일루 창기 박산월(20) 외 5명은 주인의 무리한 횡포와 압박을 참다못해 동맹파업을 하기도 했다. 포주가 이익만 챙기고 창기들을 학대한 것이 원인이었다. 포주는 의복과 화장품값을 대가로 약속했으나 이를 지키지 않은데다 화대가 100원이 넘으면 보너스를 주기로 했음에도 이런 저런 핑계를 대면서 지급하지 않았다. 그러다 창기들이 파업을 일으킨 것이다. 대구경찰서에는 이러한 사정을 듣고 포주에게 계약대로 이행하라면서 화해를 유도하기도 했다(조선일보 1929년 6월 19일자).

용산에서는 창기의 처우개선방법으로 두 달에 한 번씩 공휴일을 정해서 일제히 휴업을 하고, 또 수익을 장려하기 위해 매상이 100원이 넘으면 5원, 150원을 넘기면 7원이라는 특별 상여금을 주는 제도를 시행하기도 했다(조선일보 1921년 8월 12일자).

횡령이나 사기, 도둑질한 돈으로 유곽에 가서 탕진하는 경우도 많았다. 1928년 3월 경성상업은행 부산지점에서 거금 5,000원을

■ 조선일보, 1925
사진은 포주들이 인신매매 단속을 피하기 위해 성매매 여성에게 교복을 입히는 방식으로 학생을 위장, 서울로 송출한다는 1925년도의 세태기사. 경찰에서도 맞대응으로 여학교 선생님들을 대구역에 파견, 신원확인을 하는 해프닝을 벌였다.

횡령해 종적을 감췄던 은행원이 열흘쯤 지나 서울 신정 유곽에서 체포됐다. 범인 길천제웅(24)은 부산에서 돈을 훔쳐 곧장 서울로 올라왔다. 그리고 신정 유곽 내에 있는 '군(君)의 강(江)'이라는 청루에 투숙하면서 경마장에서 마권을 사 유흥비에 탕진하고, 성매매 여성들에게 돈을 물 쓰듯 하다 이를 이상히 여긴 주변인들의 신고로 경찰에 붙잡혔다(조선일보 1928년 4월 11일자).

가짜경찰 노릇을 하면서 무위도식하다가 진짜 경찰에 잡히는 경우도 있었다. 서대문 형무소에서 간수로 근무하다 해고된 김초남

(24) 씨는 형사를 가장하여 이태원과 대도정 등 일대 유곽을 돌아다니면서 공짜술 먹기를 일삼았다. 그는 대도정의 한 윤락업소에서 형사 행세를 하다 진짜 형사에게 체포됐다(조선일보 1921년 8월 27일자).

창루의 여성과 정이 붙어 동반 자살하는 일도 있었다. 광주 남문통의 양복점 직공인 일본인 대구보정화(36)가 서문 밖 유곽 창기로 있는 도미(36)와 함께 쥐약을 먹고 피를 토하고 있는 것을 창루 주인이 발견, 병원으로 옮겼으나 끝내 숨졌다고 한다. 경찰조사 결과 이 두 사람은 수년 전부터 정이 들어 헤어지지 못하는 관계였다. 도미에게는 3년간 1,200원의 전차금(前借金)이 있었는데, 이를 갚을 방법을 찾지 못하자 끝내 동반 자살을 했다는 것이다(조선일보 1928년 2월 1일자). 전차금은 성매매 여성이 미리 돈을 받는 것으로 오늘날 선불금과 같다. 하지만 당시 전차금이 남아 있는 상태에서 도주하면 창기는 업무방해죄로 처벌받아야 했다.

이 당시에도 학생복장을 한 밀매음이 있었다. 1924년 8월 전북 군산시 개복동에 사는 당시 19세였던 김남순 씨는 군산시내 영정(榮町)의 한 여관에서 24세의 남성과 성관계를 맺다가 파출소 순사에게 체포됐다. 경찰조사 결과 김남순은 일찍이 결혼했다가 이혼한 여성으로 교복을 입고 다니며 남성들에게 여학생이라고 속여, 밀매음을 해온 것으로 드러났다(조선일보 1924년 8월 27일자). 또한 포주들이 경찰단속을 피해 성매매 여성을 학생복 차림으로 송출시키는 바람에 학교 교사들이 역 앞에 파견되어 학생들을 조사하는 진풍경이 벌어지기도 했다(조선일보 1925년 4월 8일자).

백인 성매매 여성들이 들어온 것도 이 시기다. 1922년 성진의 유곽에서는 러시아혁명을 피해 도망 온 러시아 여성 33명을 고용했다(동아일보 1922년 12월 30일자). 서울의 신정 유곽에도 러시아 성매매 여성 등 외국인이 6명이 성매매를 했다(조선일보 1927년 12월 7일자). 이들이 오늘날 인터걸의 원조인 셈이다.

집 창 촌
깊이 읽기
●

목포의 사쿠라마치

목포에 유곽이 생긴 것은 1905년도의 일이다. 목포항이 1897년 10월에 개항했으니 개항 후 8년만이다. 유곽은 당시 죽동 지역, 흥선사(興禪寺)와 통조사(統照寺) 사이 저지대에 생겼다. 그 후 주거지가 확장되면서 1914년 현재의 금화동 지역으로 옮겨갔다. 이곳이 바로 앵정(櫻町), 사쿠라마치다.

목포역에서 북항으로 가는 길, 목포 수산업협동조합 건너편인 금화동, 유달동 지역은 일본인들의 집단 거주지로서 그 뒷산에는 벚나무가 무성했다. 그래서 금화동이라는 이름보다는 사쿠라마치로 불렸다.

1930년대 금화동에 일본인이 운영하는 유곽으론 주길정(住吉亭), 현해루(玄海樓), 만직지루(萬直志樓), 삼교루(三橋樓) 등이 있었고, 조선인이 경영하는 유곽으로는 일출정(日出亭), 명월루(明月樓), 영춘정(永春亭) 등이 있었다. 1936년 목포에는 요릿집이 12개소, 음식점이 336개소, 카페가

20개소, 청루가 7개소였는데, 이들 업소에 수용된 도색노예는 모두 425명이었다. 당시 한 잡지는 '목포는 도색노예의 도시로 문화의 쓰레기통이란 인상을 준다'고 전한다.

금화동 유곽은 1945년 일본이 패망한 뒤 일본인들이 떠나면서 조금씩 그 위용을 잃어갔다. 당시 일본인이 떠난 유곽들은 이웃 조선인들이 차지했거나 일본 시모노세키 등지에 살던 조선들이 귀국 뒤 수용되면서 가정집으로 면모해 갔다. 일부 일본인들은 곧 한국에 돌아올 것이라며 유곽에서 일하던 한국인들에게 일시 위임해놓고 떠나기도 했다.

지금도 금화동 12-5호를 비롯해서 금호동 지역에는 2층짜리 옛 유곽 4채가 먼지를 뒤집어 쓴 채 남아 있다. 광복 이후 60년이 지나면서 모양은 조금씩 변했지만 옛 유곽의 모습을 그대로 유추할 수는 있다. 금화동 12-5호의 유곽의 경우 현관문을 열고 들어가면 ㅁ자 형태의 대청마루가 나오고 그 ㅁ자 형태 안에는 우물이 있었다. 이 우물은 가로, 세로 각각 4m 정도인데 나무 난간과 함께 유리벽으로 막아놓았다고 한다. 이 유곽의 경우 광복 후 호남전업사에서 사택으로 쓸 요양으로 구입을 했는데, 한국전쟁이 발발하면서 청진 등에서 배를 타고 피난 온 피란민들의 대피소가 됐다.

당시 각 1가구에 방 1개씩을 썼는데, 24가구가 머물렀을 정도로 그 규모가 매우 크다. 한국전쟁이 끝날 무렵 이곳에 살던 4살짜리 꼬마가 물에 빠져 죽자 어른들이 나서서

■ **목포 사쿠라마치**
당초 목포 중동에 자리 잡았던 유곽은 1914년 일본인들이 많이 사는 사쿠라마치(櫻町, 현 금화동)로 옮겼다. 벚나무가 울창했던 당시 사쿠라마치에는 일본인들의 노래와 웃음소리가 끊이지 않았다. 1945년 일본 패망 이후 유곽은 폐쇄됐지만 금화동에는 지금도 유곽 건물 서너 채가 그대로 남아 있어 당시 상황을 짐작케 하고 있다.

연못을 메웠다. 그리고 그 자리에 다시 방 2개를 만들어서 다른 피란민들이 거주했다고 한다. 현재 이 집에 거주하는 김경자(52) 씨는 '당시 이곳에 살던 사람들은 대부분 사망했다' 면서 '하지만 집이 얼마나 튼튼한지 앞으로도 몇십 년은 족히 살 수 있을 것' 이라고 말했다.

봄마다 벚꽃이 활짝 피었던 유곽 뒷산도 피란민들이 점령하면서 벚나무를 뿌리 뽑고 그 자리에 판자촌을 세우기 시작했다. 서모(80) 씨는 '당시 이북에서 온 피란민뿐 아니라 시모노세키에서 쫓겨난 재일조선인들도 유곽에 집단 거주했다'고 회상했다. 서 씨는 '해방 직후 바로 유곽이 없어진 것이 아니라 몇 년간 한국인들을 대상으로 한 유곽이 번성하다가 전쟁 즈음해서 다른 곳으로 옮겨갔다'고 전했다.

일제시대 목포에는 히빠리마치라는 하급 유곽도 존재했다. 주민들은 옛 하급 유곽이 있던 현재의 만호동 항동시장 일대를 지금도 히빠리마치, 히빠리골목이라 부른다. 힛빠리(引っ張り)라는 말은 일본어로 '잡아당긴다'는 말로, 호객행위를 뜻한다. 해방 이후 사꾸라마치의 여성들도 이곳으로 옮겨오면서 1970년대까지 히빠리골목은 좌우 200m 정도로 길게 성매매 업소들이 늘어섰다.

지금은 민중약국과 만호쌀가게에서 해운모텔 인근까지 길게 이어진 이 골목은 1970년 초 성매매 업소가 삼학도로 집단 이주하면서 사라졌다. 지금도 히빠리골목에는 신안군보건소가 위치해 있다. 당시 성매매 여성들의 질병을 관리하던 흔적이 남아 있는 셈이다.

삼학도에서 삼학사 가는 길에 위치한 난영공원 입구에 있던 성매매 업소들은 히빠리라는 일본어 대신에 영어로 '옐로우하우스'라 부르기도 했다. 하지만 시장에서 거리가 멀어 손님들의 왕래가 뜸해진데다 1990년대 들어 목포시가 삼학도 복원공사에 나서면서 이마저도 헐리게 됐다.

2006년 말 목포시에는 뚜렷한 성매매 집결지는 없다. 그렇다고 이 지역이 성매매에서 완전히 자유로운 것은 아니다. 지역 주민들은 목포역 인근 여인숙촌과 함께 티켓다방 여성들이 기존 앵정 유곽과 히빠리골목 여성들의 역할을 대체했을 뿐이라고 말한다.

**집 창 촌
깊이 읽기**
••

대전 중동

1904년 경부선 선로공사를 하면서 대전에 들어온 일본인들은 당시 잡초가 무성했던 들과 강변인 본정통(원동), 춘일정(중동)을 개발하기 시작했다. 특히, 철도역 앞에 있는 중동은 일본인들의 향락 중심지로 발전했다. 이 지역 새마을금고 이사장인 홍광식(69) 씨는 '중동은 일제시대 일본인들이 많이 살았을 뿐만 아니라 대전 교통의 중심지였다'며 '1970년대까지만 해도 중동의 유곽인 10번지 일대에는 유곽 건물이 10채가 그대로 남아 있었다'고 말했다. 당시 유곽 터였던 곳은 중동 10-6번지, 10-7번지, 10-19번지, 10-17번지와 9-5번지, 9-8번지 등이다.

『전국유곽안내』에 따르면 1930년 춘일정에는 유곽이 10개 있었다. 접대부 52명 가운데 조선인 20명, 일본인 32명이었으며, 일본인이 조선인에 비해 20~30% 비쌌다. 당시 중동 유곽 밖에는 여성들의 사진이 내걸려 있어, 고객들은 사진을 보고 유곽을 선택했다. 보통 6~7원을 주고 1박을 했으나 2원을 주고 숏타임을 즐기는 사람도 많았다. 손정목 교수는 중동 일대에 유곽이 들어선 것은 1910년이라고 밝히고 있다. 하지만 대전중구문화원은 지난 2001년 향토자료집을 통해 '1917년(大正 6년)에 춘일정 1정목(중동)이 유곽지로 지정돼 을종 요리점을 유곽 지역 안으로 모았다'고 밝혀 유곽설립의 정확한 연대는 불분명하다.

당시 대전에서 유명했던 요리점은 부사가(富士家), 황천(荒川), 화월(花月), 일선루(日鮮樓), 녹옥(綠屋), 송월(松月) 등으로 영업자들은 요리점조합을 만들어 서로 모임을 갖고 협조했다.

일본 식민지시대 불야성을 이뤘던 중동 유곽은 광복 이후 곧 폐쇄됐다. 그 유곽에는 일본 등지에 살던 재일교포들이 들어와서 거주했다. 장복림(79) 씨는 '해방이 되면서 일본인들이 한국에서 쫓겨나자 일본에 거주하는 조선인들도 '너희나라로 돌아가라'고 추방령이 내려졌다'며 '한국 정부에서는 재일교포들에게 유곽의 방 한 칸씩을 나눠줘서 방 한 칸에 온 가족이 모여 살았다'고 말했다. 올해 79세인 장 씨는 당시 19세로 일본 규슈지방의 오이다에서 쫓겨났다고 한다. 그는 또 '당시에는 유곽 안에 연못과 샘이 있었지만 생활하는 데 불편해서 메웠다'고 회상했다.

재일교포들이 불하받았던 유곽 터는 한국전쟁이 일

어나면서 피란민들이 차지했다. 1953년 전쟁이 끝나고 피란민들이 다시 서울 등지로 떠나면서 대전 지역 유지들이 유곽을 구입해 주류상회, 막걸리공판장, PVC 주조공장, 인쇄공장 등을 세웠다. 또 중앙동 동사무소 옆에 있는 모아여관 자리처럼 여관업을 하는 곳도 있다.

이곳 토박이인 김현식(55) 씨는 '1960년~1970년대만 해도 이곳에는 철도청과 대전공고에 다니는 학생들을 상대로 한 하숙집들이 많았다'며 '이후 이런 하숙집들이 하나 둘 성매매 여관으로 변해갔다'고 말했다.

중동 10번지 유곽은 폐쇄됐지만 이곳에서 성매매 행위가 사라지지 않은 것은 '춘일정 10번지'를 기억하는 많은 남자들의 발걸음 때문이다. 남성들이 옛 기억을 더듬으며 이곳을 자주 찾다 보니 자연히 이들을 상대로 하는 여관과 여인숙이 들어서면서 이제는 여관골목이 됐다. 여관골목에는 다른 윤락업소들에 비해 나이가 든 여성들이 많다는 특징이 있다. 실제로 지난 1985년의 조사를 보아도 유리방 등에 비해 여성들의 나이가 많다는 것을 알 수 있다.

표[5] 중동 10번지 성매매 여성 나이 분포

조사대상	무응답	20~25세	26~30세	31~35세	36~40세	41~45세
276명	50명	95명	99명	51명	16명	5명

■ **대전 중동**
대전 중동 10번지에 위치한 옛 유곽 모습. 해방 이후 일본 거주 한국인들의 숙소에서, 한국전 피란민들의 임시거주처를 거쳐 현재는 가정집으로 사용되고 있다. 기와지붕이 슬레이트로 바뀌었을 뿐 내부 모습은 70년 전과 별 차이가 없다.

지난 1966년 중앙일보 보도에 따르면 대전 중동은 당시 가장 화대가 낮은 것으로 나타났다. 150원만 내면 하룻밤 관계와 잠자리를 할 수 있었고, 아침식사까지 가능했다. 대전역에는 101개의 여인숙과 여관이 밀집되어 있었고, 308명의 성매매 여성들이 있었다. 타향 손님이 야간열차에서 내리면 검은 유니폼을 입고 안내라는 흰 글씨를 써 붙인 청년들이나 여인들이 팔짱을 끼면서 호객행위를 했다.

2006년 말 현재 유곽으로 사용됐던 건물들은 다 헐려 주차장으로 사용되거나 공장 등으로 이용되고 있다. 다만 10-4번지의 작은 유곽 한 채만이 옛 모습을 간직한 채 남아 있다. 중동 10번지 말고도 대전에는 정동 여인숙골목도 영세한 성매매 업소로 꼽힌다. 대전역 오른쪽 포장마차가 늘어선 길가에는 의자를 놓고 앉아 있는 아가씨들이 눈에 띈다. 역전1길에 위치한 정동 여인숙 골목이다. 그 풍경은 200m 정도 철길을 따라 길게 이어져 소제동으로 가는 터널 옆까지 이어져 있다. 그녀들은 여행객들에게 보통 2~3만 원의 저렴한 요금으로 성행위를 알선한다.

정동에 여인숙 골목이 형성된 것은 해방 이후로 추정된다. 당시 싸릿길이던 철길 옆 담벼락에도 2층짜리 간이집들이 들어서면서 지금은 양쪽에 여인숙들이 늘어선 형국으로 정동 27번지는 여관, 여인숙 골목으로 변했다. 24살 때 부산에서 부여로 시집갔다가 이곳에 왔다는 김모(71) 씨는 '여기 오는 사람들이 오죽하면 오겠냐'고 되물으면서 '돈이 없는 사람들이기 때문에 사정을 들어봐서 1만 원에도, 5천 원에도 아가씨를 불러준다'고 말했다.

> 집 창 촌
> 깊이 읽기
> •••

군산, 신흥동 유곽

1899년 개항한 군산은 일본의 민속촌이라고 불릴 만큼 일본인들의 흔적이 많은 도시다. 일본은 1908년 농산물 수송을 위해 전주와 군산을 잇는 '전군가도'를 만들고, 1913년 경부선 이리역에서 군산역까지 철도를 개설하면서 식민지수탈을 본격화하기 시작했다. 군산에 유곽이 생긴 것도 이즈음으로 추정된다. 르포작가 정은숙은 1900년대 후반 일본인 역부들을 상대로 한 성매매가 그 시작이 됐을 것으로 추정한다.

  1930년대 군산에는 명산동에 고급 유곽이, 개복동에는 조선인 상대 유곽이 모여 있었다. 이 시기 지어진 채만식의 『탁류』에도 '신흥동 갈보'라는 말이 나올 정도로 신흥동은 호남 일대에서 가장 큰 유곽 밀집지대로 유명했다. 채만식 소설에 나오는 신흥동이 바로 명산동을 말한다. 1930년 명산동 유곽에는 일본인 업소 8곳이 있었다. 접대 여성은 모

■ **명산시장**
해방 이후 신흥동 유곽이 폐쇄되면서 이곳은 시장으로 탈바꿈했다. 양근고추방앗간 위로 보이는 건물이 옛 유곽건물이다.

두 61명이었는데, 조선인 업소 3곳에는 26명의 여성들이 일했다.

본래 옥구군 북면에 새로 생긴 마을이었던 신흥동은 1910년 군산부에 편입됐다. 그러다 1932년에 신흥동, 월명동, 죽전정, 금광정, 경정, 천대전정 1정목, 천대전정 2정목, 전정(田町) 등 여러 개의 마을로 쪼개졌다. 유곽이 위치한 곳은 행정구역상 전정에 포함돼 1946년 왜식동명변경에 의해 명산동으로 바뀌었다. 당시 행정구역으로는 전정이지만 그 전부터 '신흥동'으로 널리 알려졌기 때문에 주민들 사이에서는 신흥동 유곽으로 계속 불렸다.

현 명산사거리 명산시장에는 일제시대 지어진 유곽건물들이 아직도 남아 있다. 명산시장에서 야채상을 하는 이정순(58) 씨는 '20년 전만 해도 유곽건물 그대로 시장으로 활용했으나 이제는 건물을 신축하면서 유곽건물들이 대부분 사라졌고, 현재 일제시대 유곽은 2채만 남아 있다'고 말했다.

일제시대 신흥동에는 좌우로 유곽들이 늘어져 있었다. 특히, 입구에서 오른쪽(현 군산 화교소학교 자리)에 있던 후쿠노야 유곽은 일본인들을 상대로 하는 고급유곽으로 꼽혔다. 1925년쯤 지어진 후쿠노야 유곽은 향나무 등 고급목재를 일본에서 가져다가 건물을 지을 정도였다. 일제 패망 뒤 1965년 장미동에 있던 화교소학교가 옮겨와 그 건물에서 학생들을 가르쳤으나 2003년도에 발생한 화재로 소실돼 옛 모습을 찾아볼 수 없다.

왼쪽(현 명산시장 자리)에 있던 유곽들은 그대로 남아 옛 흔적을 전하고 있다. 유곽 안에는 커다란 연못과 우물이 있었으며, 지금도 입구에서 4번째 상점 안으로 들어가면 연못은 막았지만 자그마한 안마당과 함께 우물이 남아 있다.

유곽의 역사

일제시대에는 유곽마다 20~30여 명의 여성들이 기거했고, 손님들의 왕래가 잦아 당시 유곽 입구에는 이들을 상대로 한 채소 상인들이 북적거렸다. 그래서 주변으로 채소장사가 몰려 주민들도 그 곳에서 채소를 사가곤 했다. 그 후 일제가 물러나면서 채소장사를 하던 사람들이 유곽에 불하받아 유곽이 유가쿠시장으로 바뀌었다. 19살 때 김제 만경에서 군산으로 시집왔다는 김순애(82) 씨는 '당시 명산동과 월명동은 일본인들이 집단 거류지였고, 찬거리를 사러 유가쿠시장에 나가면 각시들은 물론 손님들로 북적거렸다'고 회상했다.

명산시장에서 큰 길 건너 오른쪽으로는 '둔뱀이' 혹은 '콩나물고개'로 불리는 나지막한 야산에 위치하고, 여기에 판잣집들이 길게 늘어서 있었다. 해방 이후 유곽의 여성들은 이 산동네(현 창성동)로 이사해 성매매를 했다고 한다. 개복동 500고지로 부르던 이곳에는 1970년대 초만 해도 천여 명의 성매매 여성들이 거주할 정도로 북적였다. 이복웅 군산문화원장은 '500고지란 이름은 한국전쟁의 부산물이며, 전쟁으로 백마고지 등 고지라는 명칭이 보편화되면서 당시 500원만 주면 긴 밤을 잘 수 있는 언덕이라는 뜻에서 500고지라는 이름이 붙었다'고 설명한다. 500고지는 '군산 창성주거환경개선지구'로 지정돼 현재 토지개발공사에서 아파트를 신축하고 있다.

500고지의 여성들은 또 개복동 군산극장 앞에 막걸리집들로 자리를 옮겨 성매매를 하기도 했다. 물론 개복동과 구복동 일대에는 일제시대에도 주점들이 많아 성매매가 많이 이뤄졌던 곳이기도 하다.

개복동이 윤락가로 크게 번성하게 된 것은 1970년대 말이나 1980년대 초쯤으로 보인다. 접대문화가 번창했던 당시에는 외부 손님이 오면 이곳에 들르는 것이 하나의 코스처럼 여겨질 때였다. 군산과 전주뿐 아니라 대전에서도 바이어를 데리고 이곳을 방문하곤 했다. 한국인들은 물론이고 외국 바이어들도 이곳으로 성접대를 받으러 오는 풍경이 그리 낯설지 않던 시기였다. 개복동은 맥주를 먼저 마시고 성관계를 하는 방식이어서 텍사스골목으로 불렸다. 하지만 지난 2002년 '대가(大家)'에서 화재가 발생하면서 성매매 역사의 종지부를 찍었다. 개복파출소에 근무하는 군산토박이 성용수(50) 경사는 '개복동은 80년대에 번창하기 시작, 20여 년 만에 그 생명을 마감했다'고 평가했다.

당시 15명의 생명을 앗아간 개복동화재는 100년 가까이 지속됐던 군산 일대의 성매매 산업을 뿌리째 뽑았을 뿐 아니라 성매매특별법 제정의 결정적인 계기로 작용했다. 대가의 업주는 구속되고 인근에서 장사하던 사람들은 대전 유천동 등으로 뿔뿔이 흩어졌다. 2006년 말 현재에도 대가에는 그 때의 화재현장 그대로 방치돼 폐허의 분위기를 물씬 풍기고 있다. 개복동에서 음식점을 하고 있는 20년간 그곳에서 통장을 맡았다는 양기추(67) 씨는 '요즘 같은 불황은 없었다. 아예 손님이 동네에 들어오지 않아 주변 상가 95%가 문을 닫았다' 며 한숨부터 쉬었다.

**집 창 촌
깊이 읽기**
● ● ● ●

전주 선미촌, 선화촌

전주의 성매매 여성 집결지가 해방 이후와 한국전쟁 혼란기에 형성됐다고 알고 있지만 사실 일본 식민지시대 유곽에 뿌리를 두고 있다. 1930년대 전주부 소세이초(相生町)에 유곽이 바로 그것이다. 소세이초에는 유곽 5개, 접대부 50명 정도가 있었으며, 일본인과 조선인 접대부 수는 비슷했다.

  1946년 왜식동명을 바꾸면서 일제시대 소세이초는 태평동으로 바뀌었다. 당시 유곽이 있던 자리는 현재 전주 완산구 태평동의 역천로와 천변이 교차하는 지점으로 일제시대 호남권 최대 재래시장인 중앙시장 바로 옆이다. 당시 소세이초 유곽에 가기 위해서는 배를 타고 건너야 했기 때문에 전주에서도 꽤 돈 있다는 사람들이 드나들었다고 한다.

  소세이초 외에 진북동에도 유곽이 있었다. 진북동은 일제시대 소화정으로 당시 유곽은 현재 동국해성아파트 자리에 위치했다. 또 그 앞 전매청 자리에도 소규모의 유곽이 있었다. 기생들 조합인 전주권번은 남문 인근 대화정(大和町, 현 전동)에 있었다. 당시 전주권번 신문광고에는 취체역 1명, 감독 2명, 간사 1명 등이 있는 것으로 나타나 상당한 규모였음을 짐작할 수 있다.

일제시대 유곽과 권번은 해방 이후 미 주둔군을 위한 위안소로 잠시 변모했다. 그리고 한국전쟁 이후 성매매 여성들은 전주기차역(현 전주시청 자리) 너머 서노송동 선미촌으로, 일부는 완산구 다가동 선화촌으로 옮긴 것으로 보인다. 전주 시민들은 전주천 옆에 위치한 남부시장 입구에 위치한 여인숙촌을 왜 '선화촌'이라고 부르는지, 옛 전주역 부근을 왜 '선미촌'이라고 부르는지 명확하게 모른다. 오히려 서노송동 유리방을 '뚝너머'로 남부시장 인근 여인숙촌을 '천변여인숙'이나 '개골목'으로만 기억하고 있다.

옛 전주역 뒤편에 위치한 선미촌이 확대된 것은 지난 1960년대 초쯤으로 추정된다. 당시 기찻길 뒤편으로 한두 집 여관이 늘어나고, 또 밤늦게 차를 놓친 사람들을 상대로 한 호객행위가 점차 늘어나게 됐다는 것이 주민들의 설명이다. 이 지역 윤락업주들의 모임인 선미회 총무를 맡고 있는 차용수(58) 씨에 따르면 자신이 1972년 그곳에 정착했을 당시에도 이미 70여 세대가 성매매를 하고 있었다고 한다. 그러다 선미촌은 1980년대 들어서 80세대로 늘어나는 등 호황기를 맞기도 했다. 당시 업주들에게는 경쟁 개념이 별로 없었다고 한다. 그냥 집을 짓고 방만 만들어 아가씨만 구해놓으면 장사가 잘 됐기 때문이다. 당시 주인들은 방을 얼마나 더 만들 수 있는지 고민할 정도였다고 한다.

그러다가 1980년대 중반 호객행위가 금지되면서 현재처럼 유리방으로 진화하기 시작했다. 처음 몇 집에서 시작된 유리방은 1년도 안 돼 전체로 번지면서 점차 윤락업소들이 대형화되기 시작했다. 유리방이 들어선 자리만 해도 6~10평의 공간에 작은 방 서너 개를 만들 수 있었기 때문에 그 정도 공간을 내지 못하면 당연히 도태될 수밖에 없었다. 많게는 23개의 쪽방을 갖춘 윤락업소도 등장했다. 이어 전주농협이 인근에 들어서면서 그 자리에 있던 13개의 윤락업소가 사라졌다.

그 결과 지금은 기린로와 남북로 2길, 반대미길 사이 새전북신문에서 전주농협까지 45세대 정도가 영업을 하고 있다. 한때는 도로변까지 나와서 오가는 차를 세우기도 했지만 요즘은 유리방 안에서만 호객행위를 하고 있다. 보통 저녁 8시부터 다음날 아침 6시까지 영업을 하는데, 대체로 하루 3명에서 15명까지 손님을 받는다고 한다.

성매매 여성 중 약 80%는 이곳에서 함께 공동 거주하면서 숙식을 해결하고, 나머지 20%만이 인근 원룸이나 아파트를 얻어서 거주하고 있다. 차용수 씨는 '보통 업주가 숙식제공은 물론 빨래 등을 다 해주고 화대를 5대 5로 나누고 있다'고 말했다.

　　선미촌의 특징 중 하나는 시내 큰 도로 옆에 위치하고 있고, 옆에 대형 할인매장 주차장이 위치하고 있다는 점이다. 인근에 전주고등학교와 병무청이 있어, 이 주변을 지나는 학생과 시민들이 많다. 특히, 성매매 업소의 붉은 등이 켜져 있는 골목길을 아무 거리낌 없이 걸어 다니는 여학생들의 모습 등은 서울 지역 윤락가라면 상상하기 힘든 장면이다.

　　인근 상점의 한 주인(46)은 '전주시에서는 몇 년 전부터 시청 주변의 선미촌을 다른 곳으로 이전하려고 했으나 마땅한 장소를 찾지 못해 현재 위치에 그대로 주저앉았다'며 '특별히 혐오시설은 아니지만 성매매 업소가 내 집 옆에 오는 것을 모두들 반대하는 상황'이라고 말했다.

　　전주천을 끼고 매곡교와 완산교 사이에 위치한 '개골목'은 행정구역상 전주시 완산구 다가동으로 남부시장의 바로 옆이다. 해남여인숙, 부안여인숙, 영생여인숙, 정읍여인숙, 명동여인숙, 진주여인숙 등 지명을 딴 여인숙이 많은 것이 한 특징이다. 이곳은 1980년 61회 전국체전을 열면서 둑변에 위치한 여인숙이 보기 흉하다는 이유로 담을 높이면서 1층이 지하층처럼 문을 열고 계단을 내려가야 하는 구조로 되어 있다.

　　개골목의 성매매 역사 역시 1950~1960년대 남부시장에 들르는 상인과 일꾼들을 상대로 하는 성매매로부터 출발한 것으로 알려져 있다. 당시 시장에서 개를 사 인근에 위치한 이곳에서 개를 잡아 근수로 달아 판매했기 때문에 이 일대를 '개골목'으로도 불렀다고 한다.

선화촌에는 49개 업소에 약 70여 명의 여성들이 고용되어 있다. 여인숙 집결지로 호객행위가 심하며, 나까이라고 불리는 여성들이 고용돼 있어서 손님을 호객하고 있다. 화대는 짧은 밤은 2~3만 원, 긴밤은 10~40만 원을 받는다. 이중 나까이 이모가 10%를 갖고, 나머지는 여관 주인과 성매매 여성이 5대 5로 나눈다고 한다.

화대가 싼 만큼 성매매 여성들의 나이가 많다. 손님들도 젊은층보다는 중장년층이 많다. 한 여인숙 주인에 따르면 다른 곳과 달리 술 마신 사람도 받는다고 한다. 그리고 연령대도 다양해 30대에서부터 40~50대 여성들도 많다는 것이다. 낮에는 30~40대 여성들이 몸을 팔지만 밤에는 젊은 여성들이 출근을 한다. 물론 가격은 같다. 대구에서 왔다는 한 여성은 남편이 10년 전 죽었기 때문에 대학생인 아들의 학비를 벌기 위해 성매매 행위를 한다고 말했다.

여기는 새로 건물을 신축해 시설이 장급여관 수준이 되더라도 보통 여인숙으로 부른다. 여인숙을 운영하는 박학순(67) 씨는 '술 취한 사람이 폭력을 휘두를 경우 경찰관을 부르지만 이곳 여관, 여인숙이 모두 불법영업으로 간주되기 때문에 경찰의 도움을 받기가 쉽지 않다'고 전했다.

III

전쟁유곽시대
(1931~1945)

만주사변(1931년)부터 태평양전쟁(1945년)까지 15년간 지속된 전쟁은 유곽에도 큰 변화를 가져왔다. 일본제국주의 팽창정책의 도구로 여성을 이용하는 '전쟁형 매춘시장'이 형성된 것이다. 즉, 총독부, 도지사, 군수, 면장, 경찰서, 주재소 등과 결탁한 성매매 업자들이 포주가 됐으며, 동아시아-태평양 등 대동아전쟁터로 성매매 공간을 확대시켰다. 물론 성의 주요 구매자는 전쟁에 나선 군인들이었다. 게다가 국가가 이들의 화대를 대신 지불하기도 했다.

한반도의 성매매 역시 전쟁기를 맞아 더욱 확대된다. 철도가 놓인 곳이라면 간이역이라도 윤락업소가 생겨났으며, 일본인들이 거주하는 지역 인근이라면 누구나 쉽게 윤락업소를 찾을 수 있었다. 특히, 15년간 지속된 전쟁을 거치면서 식민지 조선의 남성들은 유곽을 찾는 일에 대해서 그리 죄의식을 갖지 않게 된다. 성적욕망을 풀어야 한다는 생각 외에는 도덕이나 체면이 자리 잡을 공간이 없었기 때문이다.

이 시기 궁핍한 생활에 시달리는 여성들이 공창이라는 제도화된 공간뿐 아니라 사창이라는 형태로 성 판매에 나서게 된다. 사창은

나라에 세금을 낼 필요가 없었으며, 포주의 강제도 적었다. 그렇다고 해서 사창이 기존 공창과 아주 동떨어진 공간을 점유한 것은 아니었다. 단지 기존 공창 지역에서 번성하는 일종의 틈새시장이었다. 사창은 공창을 찾아오는 손님들과 그 주변인들을 주 고객으로 삼았다. 이 시기 만연한 사창과 도덕심의 파탄은 전쟁기 식민지 조선의 풍속도였으며, 해방 이후에도 윤락가를 찾는 남성 고객들을 끊임없이 창출해내는 동력이 됐다.

■ 카페의 등장과 사창의 만연

커피와 함께 술도 파는 카페의 등장은 1930년대 경성(서울)의 젊은이들에게 색다른 재미를 주었다. 단순히 술과 안주를 먹는 것이 아니라 짧은 치마를 입은 여자 종업원과 마주 앉아 대화를 나누고 함께 노래를 부를 수 있었기 때문이다.

조선 최초의 카페는 1923년 서울 중구 충무로 2가 '아카다마' 경성지점으로 거슬러 올라간다. 아카다마에서는 기모노를 입은 모던(Modern) 종업원이 차나 술을 나르고 심부름을 했다. 이들 카페의 여자 종업원들은 대부분 손님들이 주는 팁(Tip)으로 생활했기 때문에 웃음과 성을 파는 부업도 병행했다.

'카페는 연애의 소속비로 술을 팔 뿐이요, 팁이라는 희사가 연애의 가격이 된다'는 말이 있을 정도로 카페는 여급과 손님 간의 연애공간으로 자리 잡았다. 심지어 '손님은 우선 미녀를 찾아 카페로 모여든다. 그들은 카페에 술을 마시고 요리를 먹기 위해 온다고 하기보다는 오히려 여급을 먹기 위해 찾아온다'는 평가마저 나왔다.

저마다 차이는 있지만 카페에서는 여종업원에게 월급으로 5원 정도 지급했다. 이는 당시 화장품값에도 못 미치는 돈이었기에 여종업원들은 한 푼이라도 더 벌기 위해 억지웃음이나 어색한 애교를 부려야 했다. 갖가지 에로서비스를 감행하는 것도 서슴지 않았다. 1931년 한 잡지는 '술에 취하여 정신없이 허우적거리는 사람과 성(性)에 주리어 함부로 덤비는 사람들을 한결같이 좋은 얼굴과 애교 있는 자태로 맞고 돌려보내고 하는, 그들은 겉으로 보면 평안하고 즐겁고 호사스런 것 같으나 그 속에는 그들의 비애와 고통과 기막힌 사정이 몹시 크다'고 여자 종업원의 비애를 적고 있다.

신정 유곽 입구인 묵정동에 위치한 카페 피죤(Pigeon)은 노골적인 에로서비스로 유명했다. 1층은 홀로 사용하고 2층에는 밀실처럼 칸막이를 설치했다. 1934년 대낮에 경찰이 급습해 보니 2층 밀실에서는 여종업원은 물론 여학생, 간호원이 회사원과 은행원, 관리 등과 함께 애정행각을 벌이다 옷매무새를 흩뜨린 채 뛰어나올 정도였다고 한다.

1930년대 일본인들이 많은 명동 지역에는 구환회관, 리라, 마이홈 등 카페나 바와 성림, 에리자, 다이나, 프린스 등의 다방이 들어섰다. 조선인들의 출입이 많은 종로 쪽에는 낙원회관, 엔젤, 왕관, 종로회관 등의 카페와 바와 멕시코, 봉아미 등의 다방이 있었다. 이들 카페와 바 안에서는 각종 퇴폐행위가 벌어졌고, 경찰의 잦은 단속 대상이 됐다. 아예 카페 안에 댄스홀을 만들어 놓고 손님을 맞던 곳도 있었다.

카페 '살롱 아리랑'과 '본미인좌'가 각각 독일 여자 릴데메와 러시아 여성 니나를 고용했다가 벌금이 부과된 사실을 보면 이 시기에도 외국인 접대여성들이 있었다는 것을 알 수 있다. 카페가 점차 퇴폐의 온실로 변질되자 일본은 1931년 실내조명은 신문을 읽을 수 있을 정도의 밝기를 유지할 것, 칸막이 안의 일부는 광장에서 볼 수 있도록 개방할 것, 홀에서 여자 종업원에게 댄스나 비천하고 외설적인 행동을 시키지 말 것 등을 내부 규약으로 정하여 지키도록 지시했다.

당시 카페의 여종업원 중 상당수가 사창의 여성으로 돈을 주면 성매매를 했다. 1930년대 일본의 식민지였던 대만에서도 다방과 무도장 등 살롱식 영업장소 형태가 유입되면서 여종업원들이 금전 성거래를 했다.

물론 카페의 여종업원들이 모두 성매매에 종사한 것은 아니었다. 하지만 카페와 다방에서의 퇴폐문화 확대는 1930년대에 들어서면서 점차 확대되는 사창의 시발탄인 셈이었다. 특히, 종로 일대에 번성한 카페와 다방문화는 1950년 한국전쟁을 도화로 종로3가 사창가인 '종삼' 태동의 밑거름이 됐다.

이미 1930년대 종로에는 붉은 헌등(軒燈)에 술 '酒(주)'를 쓴 내외주점(內外酒店)이 번성했다. 내외주점의 작부는 하룻밤에 5원 정도를 받고 자신의 성을 판매했다. 1936년 야노 다테키(失野千城), 모리카와 세이진(森川淸人)이라는 두 사람이 쓴 『신판 대경성안내』라는 책자에 소개한 종로 모습에서도 사창이 번성하고 있다는 사실을 알 수 있다.

…종로 네거리에서 전차를 내려 한 발 뒷골목에 들어가면 그 일대에 검정천을 드리운 집이 많이 있는데, 그것은 거의 선술집이다. 종로에만 220개의 선술집이 있다. 약주(藥酒)를 주로 팔지만 탁주를 파는 곳도 있다. 근자에는 경찰의 단속이 심해서 한 집에 여급 하나로 규제하고 있기 때문에 선술집 여급은 종로경찰서 일대에 220명밖에 없는 것으로 되어 있으나 술집에 따라서는 하나나 둘을 안방에 들여놓은 집도 있다. …(중략)… 내외주점이라는 것은 선술집보다 한 등 아래다. 종로 3정목에서 전차를 내리면 단성사라는 활동사진관(현 영화관)이 있는데 그 앞에서 서쪽으로 골목길을 들어가면 ○○루니 ○○주점이나 하는 간판을 수없이 많이 볼 수 있다. 이 지역이 바로 내외주점 지역이다. …(중략)… 이 돈의정 지구보다는 한 등 더 아래의 내외주점이 있는 곳은 서대문의 화천정(현 순화동)이다. 이곳 골목 양쪽에는 약 50개 정도의 내외주점이 있고 문에는 여자들이 서 있다. 내용은 어느 쪽이나 모두 비슷하고 한 사람당 5원 정도는 가지고 있어야 한다.

서울뿐만 아니라 인천에도 카페가 점차 퍼져가면서 카페 여종업원의 단속이 촉구되기도 했다. 후루카와(古川支道)는 1932년 '인천 지역에는 200명의 창기와 100명의 예기, 50여 개의 카페에 일하는 여급 200명, 요리점, 음식점의 여성 고용인이 있으며 이들이 겉으로는 건강한 생활전선에 있어 보이지만 적령기의 여성들이 술을 매개로 남성을 상대하면서 유혹을 한다'며 경찰의 선도역할을 강조하고 있다. 특히 그는, 그러한 여성들이 여름철에는 몇 할이나 늘어난다며 웨이트리스, 종업원을 매춘부로 이용하여 이익을 삼는 것을 엄중 단속해야 한다고 주장해 당시 카페에 만연한 성매매 실태를 지적했다.

허가받지 않은 사창들이 날로 늘어나면서 경찰당국은 골치를 앓았다. 밀매음이 증가하면서 꼬박 꼬박 세금을 내고 정기적으로 검진을 받는 공창 여성들과 업주들의 항의가 많았기 때문이다. 당시 〈신계단〉이라는 잡지는 익명의 기사를 통해 '소위 등록된 공창에 대한 정부의 통계가 있지만 실상 등록되지 않은 사창의 숫자는 등록된 것(공창)보다 더 많다'고 전하고 있다. 사창이 증가하면서 성 판매가 금지됐던 예기나 작부들도 자존심을 버리고 손님들의 요구에 따라 돈을 받고 동침하는 것이 일반화되어갔다. 이로 인해 음식업과 여관업, 성매매업의 분리를 규정한 1916년의 '유곽업 창기취체규칙'을 유명무실하게 하는 상황까지 연출된다.

1930년대 대공황의 여파와 일제의 수탈에 따른 빈곤, 거기에다 일본이 대동아전쟁 등으로 허무에 늪에 빠져들면서 '에로 그로 넌센스'라는 말이 유행하게 됐다. 당시 젊은이들이 바로 에로틱한 것, 그로테스크한 것, 넌센스 등에 주의를 빼앗긴 것이다.

손정목 서울시립대 명예교수는 1935~1938년도가 한반도 성매매의 절정기라며 이 시기 성매매의 주류는 공창에서 사창으로 옮겨갔다고 밝히고 있다. 1937년 동아일보의 보도에 따르면 1936년 말 예기는 6,983명으로 전년보다 922명 증가했고, 카페와 바의 여급은 4,060명으로 726명, 창기는 3,575명으로 466명이 증가했다고 한다. 카페와 바가 급속도로 팽창한 것이다.

당시 전쟁으로 인해 산업 전반이 불경기에 시달렸지만 성매매 만큼은 예외였던 것 같다. 일제의 토지수탈 등에 의해 생활 전반이 궁핍해지자 굶어죽거나 유랑, 걸식을 하는 것보다 성매매가 더 나은 선택이 됐기 때문이다. 특히, 아무런 기술과 지식이 없는 시골의 여성들에게는 몸을 파는 것 이외에 마땅한 생계거리를 찾기 힘든 시기였다. 당시 한 잡지는 '다소 밑천이 있는 자는 3~4년 기생학교를 다니고 졸업장을 받아 고급 매음자가 될 수 있고, 그렇지 못한 자는 유곽과 주점에 팔리거나 밀매음을 한다'고 전하고 있다. 더구나 경제적 빈궁이 심화되면서 결혼을 주저하게 된 남성들은 성욕해소를 위해 성매매 여성을 즐겨 찾게 되었다. 여기에다 유곽업이 한반도에 정착한 지 30여 년이 지나면서 성매매를 하나의 사회문화로 간주하는 사회분위기가 형성된 것도 이유가 될 수 있다.

사창의 번성은 대도시만의 문제가 아니었다. 일제말기가 되면서 강화도, 거제도, 위도 등 외딴 섬은 물론 추풍령과 같은 고지대에도 크고 작은 윤락 업소들이 들어섰다. 특히, 일본인들이 모여 살거나 즐겨 찾는 곳이라면 성매매 윤락업소는 독버섯처럼 번져갔다. 강원도 산골인 영월에도 1930년대 유곽이 생겨났다. 당시 영월군 마차리에서는 탄광이 개발돼 무연탄이 생산됐는데, 일본인과 중국인, 조선인 기술자 및 젊은 광부 3,000여 명이 몰려들면서 윤락가가 자연스럽게 형성됐다.

■── 유곽이전 민원과 폐창운동

유곽이 점차 사회문제화되자 1920년대 말부터 전국에서 유곽의 폐해를 지적하면서 이전요구가 거세게 일어났다. 특히, 학교 인근에 유곽이 있는 곳에서는 자녀교육의 문제를 들어 이전을 요구했다. 가령 거제도 이운공립보통학교 학부모들은 매춘요정이 학교 근방에 난립하고 있어 교육상 문제가 많다며 유곽을 시외로 이전해달라는 진정을 냈다. 이들은 만약 진정이 받아들여지지 않을 경우 학생들을 일절 등교시키지 않겠다고 위협하기도 했다.

유곽이전 요구가 이 시기에 거세게 제기된 이유는 도시가 성장하고 팽창하면서 초기 변두리에 위치했던 유곽지대가 상업 중심지가 되고, 또 그 주변에 학교 등이 들어섰기 때문이다. 진주의 한 시민은 신문독자투고를 통해 '10여 년 전만 해도 수정정에 있던 유곽은 시가에서 떨어져 있었으나 시가지 팽창에 따라 시가의 내부로 자리하게 됐다'며 '이로 인해 거리가 번잡해지고 소년, 소녀들에게 이상한 느낌을 주는 등 각종 해독이 많다'고 지적하며 이전을 촉구했다. 평양에서도 비슷한 상황이 벌어졌다. 서평양 유곽은 당초 평양부의

遊廓은 料亭으로
十月에는 內務省에서 規則改正
公娼廢止는 有名無實

[電通東京發電話] 꼿창폐지문(婦) 종업부(從業婦)라고하야그
제는 이윽고 구체화하야금번내 낭문다는것이다 따라서 현재의
무성(內務省)에서는 현재의 창 유곽은 료리점혹은 오락장이라
기취체규측을 폐지하고 꼿창늘 고임홈을 고치고 단창기의인원
업시하기로되엇다 그러나현재 에대하야는 현재이상은 허락지
의 유곽을건부 철폐하는것이아 안코새로 출원하는것은 될수잇
니라 창가라는 명칭만 폐지 는대로 허가하지 아니하리라한
하는것으로써 창기는 작부(酌 다 페창에대한 규측을구월일일
······ 일도는 십월일일에 내무성령으
로공포되리라한다

醉漢이 轢死
실달일 오전령시 물開 新巻 간창성
선물개 신약 物開 新巻 간창성
······ 가족들이 테러갓는
먹고 그차에도안에서 자는것
다가 차에치어 죽엇느니라 하

■ 조선일보, **1934**
전국적으로 공창폐지운동이 벌어지자, 일제는 유곽을 요정 혹은 요리점으로 명칭만 바꾸는 대책을 내놓았다. 결국 유곽폐지는 구호에 그치고 말았다는 1934년도의 조선일보 신문기사.

바깥인 인홍리에 위치했는데, 평양부의 팽창과 더불어 시내 중심으로 변해가자 주민들이 아이들의 교육문제에 큰 영향이 있다며 이전을 요구했다.

단순한 유곽이전이 아니라 아예 성매매제도를 없애자는 이른바 공창폐지운동도 일어나기도 했다. 폐창운동은 지난 1923년 하반기 일부 기독교 선교사들로부터 제기됐다. 평양에서는 12개 YMCA 단체들이 결속해서 기생조합 폐지, 무당판수조합 폐지 등을 요구하는 계몽활동을 벌였고, 경남 지역에서는 호주장로회 선교회 등이 공창폐지운동을 전개했다. 또 미 감리교 연회의 위촉을 받아 '공창폐지위원회'가 결성됐다. 공창폐지위원회는 공창폐지 기성회, 일본인 기독교청년회 등이 연합해서 수만 명의 서명을 받아 총독부에 전달하기도 했다.

당시 조선을 방문한 일본 구세군 사령관인 야마무로 군페이(山室軍平)는 1924년 2월 서울에서 '조선은 공창제도가 실시된 지 8년밖에 되지 않아 사회적 기반이 없기 때문에 비교적 수월할 것'이라며 '뿌리가 박히기 전에 공창을 없앨 것'을 주장해 지식인들의 공감을 얻기도 했다. 1929년 근우회가 발표한 10가지 행동요령 중에도 인신매매와 공창폐지는 교육권, 사회적·법률적·정치적 차별 철폐, 봉건적 인습 및 미신타파 등과 함께 중요 항목으로 언급됐다.

이 무렵 함경북도 청진에서 창기들의 동맹파업이 일어나 폐창 움직임에 불을 지폈다. 이들은 포주의 강간, 사기, 불법감금, 구타 따위를 이유로 단발을 하고 단식에 들어가면서 '우리들을 절대 해방하지 않으면 죽음으로 대항하겠다'고 결의하기도 했다. 이는 성매매 여성들이 근대적 성매매 제도 아래에서 얼마나 봉건적인 인권유린을 당하고 있는지를 그대로 드러낸 사건이다. 또 도주하기가 힘들어 태업과 파업의 길을 택하는 사례도 있었다. 가발이 없던 시절, 여자가 머리를 깎고 나면 새로 기를 때까지 손님을 받을 수 없었기 때문에 삭발은 성매매 여성들이 택할 수 있는 강력한 태업이었다.

1930년대 폐창운동에는 조선인들뿐만 아니라 일본인들도 동조했다. 1932년 평양에 유곽을 운영하던 고바야시 야히라(小林屋平)의 아들 사야코는 부친에게 유곽장사를 그만두라고 권유했으며, 서울에서 열린 창기폐지 집회에 참석하여 폐창 주장이 담긴 책을 창기들에게 나눠주기도 했다. 1932년 7월 부산 영도에 있는 조선총독부 수산시험장 직원이었던 일본인 양교웅은 영도 공창에 속한 창기들의 참혹한 삶을 폭로하는 격문을 뿌리기도 했다.

당시 유행처럼 지식인 사회를 휩쓴 사회주의 이념은 매춘여성을 사회적 희생물로 보는 경향이 강했다. 이들은 성매매의 원인을 매춘 여성이 아닌 자본주의 사회에 돌려야 한다고 주장했다. 자본주의 사회에서는 가정을 꾸려갈 능력이 없는 무산계급의 남성들이 많은데다 가난에 시달리는 무산계급 여성이 창기가 되는 것을 막을 수 없다며 성매매 근절을 위해서는 공창제도 폐지가 아니라 사회주의 혁명이 일어나야 한다고 주장했다. 당시 한 사회주의 잡지는 '현 매음제도는 화폐와 자본주의 발달에서 기인한 것이기 때문에 일부 기생이나 기생을 쫓는 남성의 양심에 호소하는 것만으로는 매음제도를 철폐할 수 없다. 자본주의의 편재된 부와 빈궁을 쫓아버리는 자본주의 붕괴 전에는 매음제도 철폐를 보류할 수밖에 없다'는 주장을 펼쳤다.

대공황과 생활고 등으로 사창 증가와 폐창운동이 확대되자 일제는 공창제폐지 대신 창기들의 외출제도 허용이라는 미봉책을 실시했다. 일제는 1937년 중일전쟁이 발발하자 공창제를 존속시키면서 군인들의 성병위험을 효율적으로 낮출 수 있는 방안 모색에만 전념했다.

■── 15년 전쟁과 위안부 강제모집

1931년 만주사변부터 1937년 중일전쟁 이전까지 전쟁 전반기에는 집창촌에 그리 큰 변화가 일어나지 않았던 것 같다. 그러던 것이 1937년 7월 중일전쟁이 발생하면서 유곽에 큰 변화가 나타나기 시작했다. 기생들의 복장을 흰저고리와 남치마로 통일하라는 지시가 내려왔고, 유곽과 요정 대표들이 모여 머리에 파마 등을 하지 말자는 자숙의 움직임도 나타났다.

특히, 1939년 미곡통제, 쌀배급이 실시되면서 가죽 부족으로 구두를 만들지 못하고 '게다'라 불리는 나무신을 신어야 했다. 1940년대 초에는 남학생 교복은 국방색으로 통일되고 모자도 전투모로 대체됐다. 또 여학생들은 교복 대신 '몸빼'를 입었다. 이 시기에는 술 구입도 불가능해지면서 유곽에도 추운 겨울이 왔다. 일본은 경성부 유흥업소 신규개설을 불허하고 접객업부 수를 제한하는 조치를 통해 유곽의 번성을 원천적으로 차단하기 시작했다.

그럼에도 공창은 폐지되지 않았다. 오히려 주둔 군인을 위로한다는 '군위안부'라는 희한한 제도가 등장했다. 위안부는 1920년대 일본 홋카이도(北海島) 탄광노동자들의 불만을 해소하기 위해 성매매 여성을 고용한 산업위안부에서 출발했다. 산업위안부는 산업체가 건물 등 장소를 제공하고, 매춘업자가 경영을, 경찰과 보건소에서 위생검사를 담당하는 민관협력체제였다. 중일전쟁과 태평양전쟁 시기에 만들어진 군위안부는 기존 산업위안부보다 군이나 관청의 개입이 더욱 노골적이고 강제적이었다.

서울과 부산, 평양, 청진, 진해, 회령 등 일본군이 주둔하고 있던 지역 유곽의 주 고객이 군인들로 바뀌면서 유곽은 점차 위안소로 바뀌어갔다. 당시 30만 명에 달하던 한반도 주둔 일본군들이 성을 배설하기 위해 긴 줄을 늘어서는 일이 다반사였다. 위안부들은 하루에 보통 20~30명, 많게는 40~50명도 상대해야 했다. 화대는 아주 싼 값으로 균일 또는 공동지불 형태였으며, 대개 현금이나 군표를 받았다. 그러나 약속과는 달리 아무런 대가를 받지 못하는 경우도 많았다. 특히, 민간경영 위안소의 경우 위안소 업자가 추후에 일괄지급하기로 약속을 하면서도 이를 지키지 않았다. 또 군표나 저금통장을 받은 경우에도 일제가 패망하면서 무용지물이 되는 경우가 많았다.

위안부들은 한반도뿐만 아니라 일본이 전쟁을 치르는 곳이라면 어디든지 파견됐다. 한 통계에 따르면 1943년 1월 일본군 위안시설이 북부 중국에 100개소, 중부 중국에 140개소, 남부 중국에 40개소가 있었으며, 동남아시아에 100개소, 남해에 10개소, 사할린에 10개소 등 모두 400개소에 이르렀다. 이들 군 위안소의 위안부들 중 80%는 조선출신이며, 나머지는 일본, 버마, 필리핀 등 기타 아시아 국가에서 온 것으로 추정된다.

중일전쟁이 발발하자 위안부로 성매매 여성들이 먼저 동원됐다. 일본 유곽업자들이 기존 유곽의 창기들을 데리고 전선 주변에 자리를 잡았기 때문이다. 이후 전쟁이 장기화되면서 추가로 위안부가 필요해지자 일제는 갖가지 구실로 순박한 농촌 여성들을 꾀어내기 시작했다. 당시 군위안부를 동원하는 방식으로는 취업사기, 인신매매, 일본군 등에 의한 강제 납치 등 다양했다. 또 신문광고를 이용한 사기도 극성을 부렸다. 실제 경성 신정 유곽에 있던 '이마이(今井)' 소개소는 1944년 7월 26일 〈경성일보〉에 '위안부 지급 대모집'이라는 가로 9cm, 세로 6cm의 광고를 냈다. 표제어로 '연령 17세 이상 23세까지' '근무처 후방 ○○대 위안부' '월수입 300원 이상(선불 3,000원 가능)' '오전 8시부터 오후 10시까지 본인 내담'이라고 쓰여 있었다. 소개소라는 것은 여성에게 유곽을 소개하던 곳으로 그곳에서 위안부를 모집했다는 증거가 되기도 한다. 이러한 소개업자뿐 아니라 동네 반장과 경찰 등 행정조직을 이용한 동원도 점차 늘어났다.

특히, 1942년 태평양전쟁이 일어나면서 총독부 등 관 알선이나 군인 등에 의한 강제납치가 늘어났다. 취업사기와 강제납치가 동시에 사용되기도 했다. 당시 여성들은 '여자정신대(女子挺身隊)'에 들어가면 일본의 방직공장이나 피복창 등에서 군수품을 만들 것으로 여기고 길을 떠났으나 상당수는 군위안부로 전락했다. 당시 미혼여성 20만 명이 끌려갔으며, 이중 5~7만 명이 위안부가 됐다. 몇몇 알선업자의 노력만으로는 5~7만 명을 동원한다는 것이 불가능하기 때문에 이 과정에서 조선총독부 등 국가적 차원의 지시와 도움은 필수적이었다.

일본군은 표면상 민간업자를 내세워 위안소를 경영했다. 실제로 1943년 '좋은 데 취직시켜준다'는 일본 순사의 꾐에 빠져서 위안부 생활을 한 윤두리 씨가 일했던 영도의 제1위안소의 운영자는 민간인 다카야마(高山)였다. 당시 그곳에는 45명의 위안부가 있었는데 모두 조선여성이었다.

조선인 포주들도 한몫 잡으려는 욕심으로 중국에서 위안소를 경영하기도 했다. 실제 절강성 영파(寧波)시에서 '제3위안소'를 경영한 미시마(三島富藏)는 창씨개명한 조선인으로 전남출신이었다. 또 인천에서 창가 송학루를 경영하던 하윤명은 공·사창가가 폐쇄되자 폐업한 성매매 여성 수십 명을 이끌고 싱가포르로 가서 일본군 전용인 매춘업체를 운영하기도 했다. 군위안부는 '삐'로 불렸고, 국적에 따라 '조선삐', '일본삐', '중국삐'라고 불렸다.

일본군은 성매매 여성을 위안부로 고용할 경우, 성병으로 인해 군 전력에 손실이 있을 것을 염려해 조선인 여성들을 선호했다. 실제로 1905년~1919년 시베리아 출병시 발생한 일본인 전사자는 1,387명, 부상 2,066명, 성병 2,012명으로 분류될 정도로 성병은 군

전력에 치명적이었다. 이런 사정을 아는 일본은 가능한 성병 감염이 적은 여성들을 중심으로 군위안부를 조직하려 했다.

군의관이었던 아소우 에즈오(麻生徹男)는 1938년 봄, 조선인 80명과 일본인 20명을 검진한 결과 조선인이 일본인보다 화류병 감염이 적었다는 '화류병의 적극적 예방법'이라는 보고서 제출했다. 이는 일본 여성의 경우 유곽 종사자들이 많았던 반면 조선 여성의 경우 성경험조차 없이 강제 동원된 경우가 많았기 때문이다.

1943년부터 패전까지 한국위안소 위안계를 담당했던 야마다 세이키치(山田淸吉)에 따르면 당시 적경리 육군 위안소 20개소에는 280명의 여성들이 있었는데, 이중 11개소는 조선인 경영업소로 조선인 위안부가 150명에 달했다고 한다. 일본에서 온 창부, 예기, 작부, 예급의 경력자는 20~28세로 나이가 많았던 데 반해 조선에서 온 경우는 창기업 경험이 없고, 연령도 18~19세의 어린 기녀들이 많았다고 증언한다.

손정목 교수는 태평양전쟁 말기 일본 전선에 배치된 위안부의 20% 정도는 창기나 작부 출신이었으며, 나머지는 순박한 여성들이 정신대 등의 명목으로 끌려가 배속됐다고 추정한다.

■── 문학 속 유곽

'박제가 되어버린 천재를 아시오? 나는 유쾌하오. 이런 때 연애까지가 유쾌하오'로 시작하는 이상의 「날개」는 1936년 잡지 〈조광(朝光)〉 9월호를 통해 발표됐다. 이 소설의 무대가 된 33번지는 소설 속 화자가 말하듯 '흡사 유곽 같은 느낌'을 주는 집단가옥이다.

유곽의 경우 집 한 채에 보통 방이 20~30개 정도가 있기 때문에 한 번지에 사는 18가구가 거주하는 33번지와 매우 유사하다. 이 집단가옥에는 '송이 송이 꽃과 같이 젊은' 여인들이 거주하고 주인공의 아내 역시 하루에 2번 화장을 하고 출근하는 여성이다. 낮보다는 밤이 되면 소리가 잦고 바빠진다. 술집 작부인지, 카페 여급인지는 명확하지 않지만 밤에 진한 화장을 하고 외출해 남자를 데려오곤 했다. 명시적으로 밝히지는 않았지만 몰래 성매매를 한다는 인상을 진하게 풍긴다.

이상뿐 아니라 성을 사고파는 공간으로서 유곽은 1930년대 문학 작가들에게 빈번한 소재였다. 소설가 이태준의 「아무 일도 없소」라는 단편소설에서는 신출내기 잡지사 기자가 신정 유곽을 르포하는 장면이 등장한다. 밀매음을 하는 한 여성을 등장시켜 한일합방 이전에는 충청도 서산고을의 사또 딸이었던 여인이 생존을 위해 밀매음녀로 전락하는 과정을 들려준다. 또 어머니 송장을 안방에 두고 장례비용을 마련하기 위해 거리로 나선 여인을 통해 병든 사회에 대한 통렬한 비판을 한다. 소설 속 묘사는 병목정에 있던 신정 유곽의 모습을 어느 정도 짐작할 수 있게 한다.

불 밝힌 이집 저집 대문간에는 젊은 사내들이 두루마기짜리, 양복쟁이

할 것 없이 수캐떼 모양으로 몰려섰다. 그 행길은 보통 평범한 거리 같았다. K는 실소하지 않을 수가 없었다. 보통 상점과는 다른 일본식 이층집 삼층집들이 즐비하게 놓여 있었다. 그 때에 K는 옳구나 저기가 정말 유곽인가 보다 생각하였다. 그리고 가까이 가서 본즉 과연 집집마다 문 안에 으슥하게 들어설 곳을 만들어 놓고, 마치 활동사진관 문 앞에서 배우들의 브로마이드를 걸어놓듯 창기들의 인형 같은 사진을 진열해 놓았다. K는 아까 지나온 조선집 거리처럼 그렇게 난잡스럽지 않은 것을 다행으로 모자는 숙여 쓴 채 너덧 집이나 문간에 들어서서 다른 사람들과 함께 사진 구경을 하였다. K는 무엇보다 창부들 속에 소녀가 많은 것에 놀랐다. 소녀라니까 정동녀(貞童女)를 의미함이 아니라 몸으로써 사내를 꾀이기에는 너무나 털도 벗지 않은 살구처럼 이제 열오륙 세짜리들이 머리채를 땋아 늘인 채로 대문간에 나서서 노랫가락을 흥얼거리며 이 녀석 저 녀석에게 추파를 보내는 꼴은 K가 보기에도 너무나 비극적이었다.

이에 앞서 현진건은 1926년 단편 「고향」에서 대구에서 서울까지 올라가는 경부선 기차 안에서 만난 사람들 간의 대화로 유곽에 대한 당시 사회적 인식을 그대로 표현하고 있다. 대구에서 멀지 않는 K군의 외딴 동리에서 살던 청년과 혼인의 얘기가 오갔던 여자가 20원에 대구 유곽으로 팔려갔다. 그 뒤 10년 동안 성매매를 하면서 병들어 산송장이 되어서 고향에 돌아와 일본인 집에서 식모살이를 하고 있다는 기막힌 비애의 현실을 전하면서 노래를 부른다.

볏섬이나 나는 전토(田土)는 신작로가 되고요
말마디나 하는 친구는 감옥소로 가고요
담뱃대나 떠는 노인은 공동묘지 가고요
인물이나 좋은 계집은 유곽으로 가고요

현진건과 함께 사실주의 개척자로 평가받고 있는 염상섭도 「표본실의 청개구리」의 배경을 평남 (진)남포 비석동에 위치한 야나기마치(柳町) 유곽으로 잡고 있다. 일제하 지식인들의 슬픔을 그대로 대변하기 위해 만들어진 소설 속 인물 김창억은 진남포의 유곽 뒷산에 3층짜리 오두막을 짓고 살아 당시 야나기마치의 모습을 상세하게 전달하고 있다.

십여 보쯤 가다가 나는, "이것이 유곽이야?" 하며 좌편을 가리켰다. 방금 전기가 들어온 헌등이 일자로 총총 들어박힌 사이로 목욕탕에서 돌아오는 얼굴만 하얀 괴물들이 화장품을 담은 대야를 들고 쓸쓸한 골짜기를 이리저리 돌아다니는 것이 부화하다 함보다 도리어 처량히 보였다. "선생이 여기 덕도 꽤 보지. 강연 한 번에 술 한 병씩 주는 곳은 그래도 여기밖에 없어." A는 웃으면서 설명하였다. …(중략)… 시시각각으로 솔솔 내려앉는 땅거미에 사인 황야에, 유곽에서 가늘고 길게 흘러나오는 샤미센 소리, 탁하고 넓게 퍼지는 장구소리는 혹은 급하게, 혹은 느리게 퍼지어서 정거장으로 걸음을 재촉하는 우리의 발뒤꿈치를 어느 때까지 쫓아왔다. 컴컴하고 쓸쓸한 북망 밑 찬바람에 불리우며 사지를 오그리고 드러누운 삼층집 주인공은 저 장구소리를 천당의 왈츠로 듣는지, 지옥의 아비규환으로 깨닫는지, 나는 정거장 문에 들어설 때까지 흘금흘금 돌아다녀 보아야 오직 유곽의 요화 같은 유곽의 전등불이 암흑 가운데 반짝거릴 뿐이었다.

진남포는 '삼화'라고 불리던 작은 마을이었으나 1897년 일본에 의해 개항한 이후 일본색으로 개발된 친일도시였다. 1920년대 중반 일본인이 인구의 1/3을 차지했을 정도였다. 당시 동아일보 보도에 따르면 진남포 유정 유곽에는 조선인 성매매 업소가 17곳, 일본인 업소는 8곳으로 조선인 업소가 2배에 달했다. 하지만 조선인 유곽의 성매매 여성은 43명인 데 반해 일본인 유곽에는 52명이 있어 일본 유곽이 훨씬 규모가 컸다.

1931년 김동인은 소설 「발가락이 닮았다」에서 젊은 시절 '오 십 전 혹은 일 원만 생기면 즉시로 유곽으로 달려가는' 방탕한 생활을 해온 M이 성병에 걸려 생식불능이 됐지만 아내가 임신하여 아들을 낳자 '발가락이 닮았다'고 위안을 삼는 모습을 그렸다. 당시 사실주의나 모더니즘 소설 속에서 유곽은 빠질 수 없는 중요한 모티브였으며, 꼭 언급해야 하는 배경이었다. 지식인들은 물론 일반 서민들에게도 유곽은 식민지 유흥의 대명사로 생활 속에서 빼어놓을 수 없는 중요한 삶의 공간이었기 때문이다.

> 집 창 촌
> 깊이 읽기
> •

마산 신포동

경상남도 마산은 전라북도 군산과 여러 가지 면에서 유사하다. 두 도시는 일제시대 일본인들이 다른 지역보다 많이 살았고, 그런 만큼 일본의 잔재가 많이 남아 있는 도시들이다. 특히, 일제시대부터 유곽이 많았던 마산의 성매매 집결지는 21세기에도 그대로 이어지고 있다.

   1899년 개항한 마산에 성매매 여성이 본격 등장한 때는 1905년 철도신설 전후였다. 지금 남아 있는 신포동 윤락가는 일제시대 모도마치 유곽에서 시작돼 그 역사가 100년이 넘었다. 행정구역상으로는 서성동 84번지인 이곳 집창촌은 1905년쯤 일본 육군 철도대의 지원을 받아 마산에서 삼량진 간 철도공사가 시작되면서 일본인 성매매 여성들이 군인들과 건설인부들을 상대로 성매매를 하기 시작했다. 1907년에는 현 자산동 몽고간장 공장 뒤 터에 일본인 유곽이 생겼으며, 조선인 여성 7~8명이 이곳에 기거했다. 또 1910년쯤에는 옛 미도식당 동쪽 입구에 있는 골목에 조선인 여성 5~6명이 있었다는 기록도 있다.

　해방 전 마산에는 적어도 4곳 이상 유곽들이 번성했다. 1930년대 『전국유곽안내』에는 고도부키마치(壽町, 현 수성동) 유곽을 비롯해서 요로주마치(萬町, 현 동성동), 모도마치(元町, 현 남성동), 사이와이마치(幸町, 현 서성동) 유곽이 소개되고 있다. 이들 지역 외에도 야나기마치(柳町, 현 신창동)과 사쿠라마치(櫻町, 현 문화동)에도 유곽이 있었다는 것이 주민들의 증언이다.

　해방 당시 구마산 일대의 유곽에는 조선인 여성이, 신마산에는 주로 일본인 여성들이 유명했다고 한다. 구마산에 있는 유곽 중 산월정(山月亭)과 영남루(嶺南樓), 서선정(西仙亭), 산해정(山海亭), 해월루(海月樓) 등은 조선인이 경영했으며, 명월루(明月樓), 일선정(日鮮亭), 오처정(吾妻亭), 복정(福亭)은 일본인이 경영했다. 또 수루(壽樓)와 마산정(馬山亭)은 일본인이 경영하던 것을 조선인이 인수해 경영했다. 이들 유곽은 수성동 일대, 주로 현 부림시장 입구에서 해안 쪽으로 내려가는 거리(시민외과의원 거리)에 집중되어 있었고, 복정은 동성동 불종거리, 마산정은 동성동 돌다리 거리에 있었다. 또 신마산에는 이예옥(일본인, 헌병분견대), 망월(구 제일극장건너, 청계천변), 탄월(원호청 맞은편), 동운, 일복 등이 있었다. 1945년 일제 패망과 1948년 공창폐지령 등으로 유곽들은 일시 폐쇄됐다. 그러나 한국전쟁을 거치면서 성매매 온상으로서 윤락가는 다시 되살아났다. 유곽폐쇄로 흩어졌던 성매매 여성들이 암암리에 매춘영업을 해오다 전쟁의 소란을 틈타 마산시내 중앙동(현 마산시청)과 구마산역, 신포동 등에 둥지를 튼 것이다. 이 세 곳 중 중앙동은 아파트 건설로 자취를 감추었고, 구마산역의 사창가는 육호광장 개설로 사라지고 서너 군데 업소만이 로얄호텔 근처에서 그 명맥을 간신히 유지하고 있다.

현재 남아 있는 유일한 마산의 집창촌은 신포동이다. 신포체육관으로 불리는 신포동 성매매 집결지는 신포경남 아파트 주변의 SK주유소 옆 골목을 말한다. 30년 전만 해도 SK주유소 옆에는 MBC방송국이, 그 건너편에는 시외버스터미널이 위치하고 있었다. 그래서인지 많은 주민들이 터미널 때문에 신포동이 생겨났다고 말한다.

이 지역 최진우(75) 씨의 말에 따르면 자신이 군에서 제대했을 때인 1956년에도 신포동에는 윤락가가 이미 번성하고 있었다고 한다. 그리고 한국전쟁 이전에도 신포동 윤락가가 형성됐다고 증언했다. 신포동은 1970년까지만 해도 마산에서 가장 번화한 곳으로 꼽혔으나 시외버스터미널이 합성동으로 이전하면서 조금씩 개발에서 밀려났으며, 지금은 가장 낙후된 지역으로 꼽힌다. 신포동 윤락가에는 성매매특별법 발효 이전 47개 업소 218명이 종사했다. 하지만

2005년 3월에는 25개 업소 60명 수준으로 대폭 줄었다가 2006년 8월에 다시 25개 업소 80여 명으로 늘어났다.

일제시대 마산에서 가장 유명했던 성매매 집결지는 신포동이 아니라 고도부키마치(수정 유곽)로 1930년대에 유곽 10곳에 50여 명의 성매매 여성이 있었다. 대부분 조선인이 경영하면서 고객들도 조선인들이 많았다. 손님이 오면 성매매 여성들이 순서대로 입장해 얼굴을 보여주면 손님이 여성을 부르는 방식을 택했다. 수정은 해방 이후 수성동으로 바뀌었다. 권대규(79) 씨는 '부림시장 옆에도 청루가 7~8개가 있었는데, 옛 시민외과 자리도 바로 청루중 하나' 라고 말했다. 시민외과 터인 수성동 68번지는 지난해부터 동서동사무소 신축공사가 한창이다.

일본인들이 떠나면서 이들 수정 유곽의 건물들은 병원 등의 용도로 사용됐으며, 과거 유곽의 여성들은 구마산역이 위치한 6호 광장 쪽으로 옮겨갔다고 한다. 현재 교보생명빌딩이 위치한 구마산역 주변에 1960년대 사창가가 번성한 것도 바로 수정 유곽의 영향으로 보인다. 마산 토박이 이성웅(59) 씨는 '60년대 문창교회 인근에 사창가가 번성하면서 그 일대를 '마구' 라고 불렀다며 이들은 다시 로얄호텔 인근의 목로주점으로 옮겼으며, 당시 주점1층에서는 술을 팔고, 2층에서는 성매매를 했다' 고 말한다.

일제시대에는 동성동과 남성동, 문화동 일대에도 유

곽이 있었다. 그중 신마산의 문화동에는 여전히 당시의 유곽인 망월루 건물이 남아 있다. 마산 주민들은 유곽이라는 말보다는 청루라는 용어를 사용하고 있다. 망월루가 위치한 곳은 마산시 문화동으로 행정구역으로는 두월동 2가 7-2번지다. 이곳은 과거 사쿠라마치로 불렸을 정도로 일본인들이 많이 살았으며 벚나무가 인근에 많았다. 현재 보훈처와 신마산교회 옆에는 앵화탕이 위치해서 당시 상황을 전해주고 있다.

망월루는 약 90평 정도의 2층 건물로 한국전쟁 때에는 야전병원으로 사용되는 등 지난 60여 년간 주인이 여러 번 바뀌었다. 1970년대 이 집을 인수했던 집주인이 비둘기를 많이 길러서 '비둘기집'으로 불리기도 했다. 현재 망월루 1층에서 치킨집을 경영하는 강영자(54) 씨는 '몇 년 전 망월루를 지은 일본인의 후손이라는 사람들이 방문한 적이 있었다'며 '그 사람들이 일제시대 유곽이라고 해서 그런 줄 알고 있다'고 전했다.

또 모도마치(元町, 현 남성동) 유곽의 경우에도 일본패망 후에도 상당 기간 명맥을 유지했다. 일본인들은 1910년대 해안매립을 통해 남성동 일대를 일본인 상권의 중심지로 만들었다. 1970년대에도 남성동에는 '신기사 정비공장'의 옆 골목에 목로주점이 많아 선원들이 즐겨 찾았으며, 주민들은 뱃머리부근 사창가로 기억하고 있다.

**집창촌
깊이 읽기**
..

평택 쌈리

평택의 사창가는 한국전쟁 이후 미군부대가 위치하면서 생겼다고 얘기한다. 하지만 평택에서 성매매가 본격 시작된 것은 1930년대 말로 그 역사는 80여년에 달한다.

경기 남부의 중심도시인 평택은 1894년 청일전쟁 때 격전지 중 하나였다. 당시 청나라군은 아산만에 상륙해 북진을 했고, 일본군은 서울에서 남하해 평택에 진을 치고 있었다. 두 군대는 평택시와 천안시 접경 지역인 성환에서 격전을 벌여 결국 일본군의 대승으로 끝난다. '아산이 무너지나 평택이 깨지나 해보자' 라는 말이 나온 것도 청일전쟁 시기다.

평택은 1905년 경부선 철도가 부설되면서 비약적인 발전을 했다. 일본인들은 당시 경부 철도를 부설하면서 오랜 전통을 지닌 안성 대신 거주민이 적어 수탈이 쉬운 평택에 철도역을 신설했다. 하지만 당시 평택역 위치는 지금보다 남쪽이었다. 현 평택초등학교 인근 원평동 일대가 당시 일본인 거류지였으며, 철도길 남서쪽에 평택역과 일본인 거리가 위치했다. 여기에는 평화병원, 금택여관과 함께 일본인들을 주로 상대하던 유곽이 2~3채 있었다고 한다. 또 그 일본인 거리를 지나면 한국인들을 상대하는 허름한 사창이 있었다.

해방 직후인 1946년 큰 홍수가 나면서 저지대였던 원평동 일대가 물에 잠기는 곤욕을 치른 데다 1951년 7월 미군의 공습으로 인해 역 인근이 폐허로 변하자 평택의 중심가가 동쪽으로 이동하기 시작했다. 이 지역 역사를 연구해온 김해규(44) 평택 한광중학교 교사는 '6.25사변 이후 구평택시 지역에 있던 평택역과 관공서들이 철도 동편으로 옮겨오면서 현재의 사창가 길목이 형성됐다. 이곳은 논과 웅덩이로 형성된 저습지였으며, 통복천을 따라 유입된 조수(潮水) 때문에 염해(鹽害)도 많았고 수해도 많았던 지역이었다'고 말했다. 1980년대까지만 해도 장마철에는 평택역 일대가 물에 잠기기도 했다. 1950년대 평택역 앞에서 경찰서까지 일직선으로 큰 도로가 있었고, 역 좌측 연탄공장 주변으로 사창가, 오른쪽에는 공용버스터미널이 건설됐다.

평택의 사창가 발달은 한국전쟁 직후 인근 서정리와 안정리, 송탄 신장리 등에 미군부대가 위치한 것이 기폭제가 됐다. 캠프 험프리스(K-6)로 불리는 안정리는 1942년 일본의 병참기지를 위한 일 해군시설대 302부대가 주둔했던 곳이다. 비행장 시설을 만들던 이곳은 일제가 패망한 뒤 미군이 점령했으며, 한국전쟁 이후에는 주변에 기지촌이 형성됐다.

초가집 7채가 있던 작은 마을인 안정리에는 소위 '양공주'들의 행렬이 줄을 이으면서 눈사람처럼 판잣집들이 불어났다. '산직골'로 불렸던 안정리 앞 기지촌은 1960년 인천 부평의 보급부대와 정보대가 이동하면서 더욱 커졌다. 이곳 양공주들은 2,000명에 달하기도 했으며, 1984년의 경우 603명에 달했다. 특히, 카투사 훈련소가 위치하고 있고, 1976년부터 팀스피리트의 전진기지로 활용돼 미군은 물론 한국 카투사들도 자주 찾았다.

1970년대 들어 미군 상대 클럽을 중심으로 기지촌이 새롭게 형성되면서 기존 산직골은 한국인 상대 윤락업소로 바뀌었다. 그러다가 1985년 경찰의 강력한 단속 등으로 산직골이 없어지고 안정리 기지촌의 여성들은 평택역 옆 사창가로 흡수됐다. 당시 안정리 산직골에 평택경찰서 정보과장 딸이 인신매매돼 윤락생활을 했다가 탈출하면서 경찰의 강력단속이라는 철퇴를 맞았다는 소문이 퍼지기도 했다. 평택3동에 있는 한 세탁소 주인의 말에 따르면 자신이 어렸을 때부터 평택역 주변에는 성매매 여성들의 판잣집이 늘어서 있었다며 당시에는 그리 큰 규모가 아니었는데 이상하게

1980년대 중반에 크게 커졌다고 한다.

평택에 위치한 윤락가를 보통 '쌈리'로 부르는데, 이는 이곳이 과거 평택군 평택읍 평택3리였기 때문이다. '쌈리골목'은 불과 10여 년 전만 해도 역에서 우성장(현 한림장) 쪽을 중심으로 기독병원까지로 현재의 절반 크기에 불과했다. 그러던 것이 서울 지역의 성매매 단속에 밀려온 사람들이 합쳐지면서 그 크기가 전국 3대 성매매 집결지로 꼽힐 만큼 커졌다.

평택역에서 쌈리로 들어가는 입구격인 역전파출소 바로 뒤에는 '씨티극장'이라는 동시상영극장이 있었다. 하지만 1990년대 중반 극장이 문을 닫고 그 자리에 교회가 자리 잡고 있다. 예전에는 초가집과 슬레이트지붕 아래 성매매 여성들이 살고 있었고, 골목길도 매우 좁았지만 점차 집들이 개량되고 골목길이 정리돼 지금의 모습이 됐다고 한다.

보통 사창가 주변에 술집이 있는 것과는 달리 평택 쌈리에는 윤락가 속에 포장마차촌이 위치하고 있다. 무지개길로 불리는 골목길에는 유리창에 '가30호'처럼 가나다순으로 구획되어 있으며, 창문에는 '여성단체 방문사절'이라는 안내문이 붙어 있다. 더구나 최근에는 자신들을 '성노동자'로 부르는 민주성산업인연대 사무실이 평택에 위치, 정부의 집창촌 단속에 앞장서 반대하고 있어 한국 집창촌을 대표하는 지역으로 더욱 입지를 굳힐 것으로 예상된다.

집 창 촌
깊이 읽기
•••

원주 희매촌

원주역 건너편에 있는 설악추어탕과 역전건강원 뒤에는 강산정육점이라는 간판과 함께 빨간색 형광등 불빛이 보인다. 소위 말하는 원주 희망촌(행정구역상 강원도 원주시 학성동)이다. 최근에는 이 골목 이름을 '광명마을'로 바꾸었다. 절망의 늪에서 벗어나고자 하는 간절한 소망이 담긴 것이다. 희망촌에는 25곳의 윤락업소가 밀집되어 있다. 마치 달동네를 올라가듯 좁은 언덕길을 따라 윤락업소들이 이어져 있다. 업소들 규모가 작은데다 붉은 색 초를 켜놓아 흡사 카페촌에 온 듯한 착각마저 준다.

　　큰길 건너 모범약국 안쪽 역전시장 골목에 형성되어 있는 매화촌의 경우는 희망촌보다 그 규모가 훨씬 크다. 언뜻 보기에도 희망촌 업소보다 그 숫자가 2배가 넘는 50여 개 정도의 업소들이 자리 잡고 있다. 또 각 업소의 규모도 커서 희망촌이 1~2명의 성매매 여성들로 일하고 있다면 매화촌은 2~5명의 여성들이 일했다. 보통 희망촌과 매화촌을 합쳐서 '희매촌'이라고 부르지만 원주 사람들은 매화촌을 성매매 업소의 주류로, 희망촌을 그 아류로 분류한다.

원주는 고구려 장수왕 시절(469년) 평원군으로 불릴 정도로 오래된 도시지만 근대 군사도시로의 발전은 한국전쟁 이후 군부대가 주둔하면서 이뤄졌다. 원주기차역 앞은 1950~1960년대 중심 지역이었는데, 시청 이전 등으로 퇴락했다. 한국전쟁 직후 매화촌이 먼저 생겼다. 당시에는 달동네를 따라 올라가면서 판잣집이 늘어섰고, 여기에 전쟁미망인들이 군인들을 상대로 윤락행위를 했다. 이 판잣집들이 여인숙으로, 또 집창 지역으로 바뀌었다.

해방 이후 이재춘이란 지역 유지가 피란민들을 위해 마련한 임시거처였던 희망촌도 점차 유곽 지역으로 바뀌었다. 이곳에 지난 1976년에 102명이, 1983년에는 약 150여 명의 성매매 여성들이 거주했다. 이들은 매주 화요일에 정기검진을 받았으며, 자치 사무실을 운영하기도 했다. 그러나 원주 성매매 지역의 대명사인 희매촌은 성매매특별법 이후 주춤하는 실정이다. 반면 인근 방석집, 여인숙의 영업은 여전하다. 특히, 방석집들은 계속 늘어나는 추세라는 것이 지역 주민들의 말이다. 방석집들은 성인 1명당 20만 원에 맥주 10병과 성행위 등을 제공한다. 이곳 방석집들은 20대 초반의 젊은 여성들이 호객행위를 한다. 중앙장로교회 앞에서 만난 여인숙 나까마는 '돈 있는 사람들은 방석집에, 중간치는 희매촌에, 없는 사람들은 2~3만 원으로 여인숙을 찾는다'고 말했다.

집 창 촌
깊 이 읽 기

춘천의 장미, 난초마을

일제시대 강원도에는 유곽이 없었고, 기껏해야 요릿집이 있어 성매매 여성을 공급했다. 그러다가 해방과 한국전쟁을 거치면서 춘천역 주변에 난초촌이 형성되고, 소방서 뒤편에 장미촌이 들어섰다. 1930년대 춘천역이 만들어지면서 자연스럽게 난초촌이 형성됐을 것이라는 추정도 있지만 난초촌이 역으로부터 800~900m 떨어져 형성됐기 때문에 사실이 아닌 듯하다. 오히려 소방서 뒤편에 위치한 장미촌이 먼저 생겨난 것으로 보인다.

주민들에 따르면 한국전쟁 이후인 1953년 춘천에 미군부대 캠프 페이지(Camp Page)가 들어서면서 소양로3가 소방서 뒤편으로 성매매 여성들이 모여들기 시작했다. 1960년대 말에는 캠프 페이지 정문 인근에 7개의 미군 전용 클럽이 생겨 미군의 출입을 통제하면서 한국인 전용 업소로 바뀐 것으로 보인다.

당시 세븐, 레인보우, 빅토리, 21센추리, 플라밍고, 뉴욕, 스카이락 등의 업소가 있었는데 이중 뉴욕과 스카이락은 흑인 전용 업소였다. 1960년대만 해도 신부읍 유포리에 미 군사고문단, 동내면 학곡리에 지대공미사일기지 등 미군 기지가 3개나 위치해 이들 기지촌 클럽은 성황을 누렸다. 캠프 페이지 미군 수는 1960년대 2,000여 명에 달했었지만 1978년 1,200명 수준으로, 지난해 200명 정도로 감소했다가 최근 폐쇄됐다.

30여 년간 미군부대에서 일했다는 윤정일(63) 씨는 '당시 이들 미군 출입업소를 양색시촌 또는 백(白)카페로, 한국인들이 주로 가는 소방서 뒤편을 창녀촌이라 했으나 듣기 흉하다고 해서 장미촌으로 부른 것으로 보인다'고 말했다. 장미촌 인근에는 카페, 다방, 여관 등이 밀집돼 있어서 허름한 기와집 20여 호가 성매매를 해왔다. 그러나 최근 소양로3가 일대에 재개발이 추진되면서 장미촌은 지난 2006년 6월부터 철거가 시작됐다.

춘천역 인근 근화동 난초촌은 전국에서 유일하게 4차로 바로 옆에 위치해 있는 곳이다. 하지만 앞에는 캠프 페이지 담벼락이 있고, 뒤로는 철로가 있는데다 춘천역에서도 800~900m나 떨어져 있기 때문에 오히려 다른 도시에 비해 청소년들에게 노출이 적은 편이다. 또한 남춘천역을 중심으로 상업지구가 발달한 춘천에서 춘천역 앞은 캠프 페이지 때문에 가장 외진 곳 중 하나로 꼽힌다.

　　춘천역에서 근화정비소를 지나서 대한통운 창고에서부터 할렐루야슈퍼마켓까지 20여 호가 영업을 하고 있는데, 이들 업소들이 위치한 장소는 원래 철도청 부지로 1970년대에 들어서 민간에 불하되었다고 한다. 이 지역 한 주민의 말에 따르면 1960년대만 해도 허름한 판잣집이 몰려 있었는데, 1990년대에 서울 미아리 등지에서 미성년자 성매매 근절운동이 언론에 보도되면서 서울 윤락업소 모습을 본 따 모두 유리방으로 바뀌었다고 한다.

IV

사창전국시대
(1946~1961)

사창전국시대 · 1946~1961

일본이 패망하고 식민지 통치가 끝나면서 집창촌에도 큰 변화가 찾아왔다. 공산정권이 수립된 북한 지역에서는 일제의 유곽들이 폐쇄된 것에 반해 남한 지역에서는 1947년 공창제폐지령이 마련됐음에도 별 실효를 거두지 못했다. 옛 유곽이 공창에서 사창으로 간판을 갈아 걸고, 인근에 새로운 사창가가 번성했다. 불법적 공간인 사창의 묵인은 이후 60여 년간 경찰과 검찰 등의 자의적 단속이라는 또 다른 폐해를 만들었다. 즉, '재수 없으면, 빽 없으면 걸린다'는 부정적인 법 경시풍조의 서막이었다.

해방의 혼란이 수습도 되기 전에 겪은 3년간의 한국전쟁은 성매매와 성매매 여성들의 집결지를 전국으로 확산시켰다. 대규모 피란인파가 몰린 부산과 대구, 마산, 포항 등 전쟁의 인파가 지나간 곳에는 어김없이 성매매 여성들의 집결지가 생겨났다. 시골에서 한평생 농사를 지으며 생활하던 사람들이 전쟁의 격랑을 타고 타지로 흘러들었고, 그 낯선 공간 속에서 성을 사고파는 행위가 자연스러운 현상으로 받아들여졌다.

그렇다고 전혀 새로운 지역에 성매매 집결지가 생성된 것은

163

아니었다. 과거 유곽이 있던 곳이나 그 인근에 형성됐다. 이는 일제가 설계해놓은 근대도시의 발판 위에서 한국의 현대사가 전개됐기 때문이다. 다만 북한이라는 적을 대치한 서울과 경기, 강원 등 지역에서는 미군이 들어오면서 기지촌이라는 새로운 성매매 지대가 생겨났다. 강원도와 경기도 북부 지역 등 일제시대 개발의 소외 지역이던 곳에 미군과 한국군이 대거 주둔하면서 기지촌이 들어선 것이다.

▪── 공창제 폐지

미군정이 인천을 거쳐 서울로 진주한 것은 1945년 9월 8일이다. 공창제도를 폐지하자는 여론이 들끓었지만 미군정 당국은 공창을 바로 폐지하지는 않았다. 미군정이 미적거리는 사이 소련군이 진주한 북한 지역에서 먼저 공창제가 폐지되었다. 또 패전국인 일본에서도 공창이 자취를 감췄다. 공창폐지가 시급한 문제로 대두되자 미군정 당국은 1946년 5월 서둘러 '부녀자 매매 또는 그 매매계약의 금지'를 법령 70호로 제정, 발표했다. 그러나 러취 미군정청 장관이 '부녀자의 인신매매만을 금지할 뿐 공창제를 폐지한 것이 아니다'라고 밝힌 것처럼 미군정 당국은 공창제도를 폐지할 의도가 없음을 분명히 밝혔다.

    부녀자 인신매매 또는 그 매매계약의 금지 발표 당시인 1946년 5월 27일 동아일보는 '서울시내에는 신정 293명, 한성 280명(병목정 87명, 서서헌정 193명), 미생정 126명 등 모두 699명의 농중조(籠中鳥)가 유곽에서 뛰쳐나올 것'이라고 보도했으나 20여일 뒤 용산 미생정의 성매매 여성 중 귀가한 여성은 27명에 불과했다. 명목상 인신매매는 금지됐으나 성매매 장소인 유곽이 존치되면서 마땅히 갈 곳 없던 성매매 여성들은 다시 유곽으로 되돌아갔다. 그 결과 7월 한 달 동안 창기가 120명이나 늘어나는 현상이 빚어졌다. 해방 이후에도 성매매가 꾸준히 지속되면서 '향린원'이라는 한 여성단체는 서울의 대표적인 유곽인 묵정동 신정 유곽과 용산 미생정 입구에서 '어머니를 알고 자매를 알고, 자기 딸을 아는 사람은 유곽에 들어가지 마시오'라는 유인물을 나눠주기도 했다.

그러는 사이 유곽의 주인들이 속속 바뀌었다. 일본인들이 버리고 간 신정 유곽과 용산 미생정 유곽은 인근 동신지나 대화신지에서 유곽을 운영하던 한국인들이 서둘러 접수했다. 또 일부는 폭력조직과 같은 세력이 인수했다.

포주와 성매매 여성이 교체되는 과정에서 유곽의 이름도 바뀌었다. 대구의 야에가키초(八重垣町) 유곽은 '자갈마당'으로, 대전의 가스가마치(春日町)는 '중동 10번지'로 명칭이 바뀌었다. 또한 부산 미도리마치(綠町)는 '완월동'으로, 인천의 부도정 유곽은 '선화동'으로 그 이름을 달리 했다. 극도의 궁핍한 생활을 하던 시기였기 때문에 일본인 여성의 빈자리는 한국 여성들에 의해 손쉽게 채워졌다.

미군정의 애매모호한 정책은 성매매 여성의 수를 증가시켰다.

한성일보는 1947년 8월 2일 성매매 여성의 수가 7,000~8,000명에 달한다고 보도하기도 했다. 여성단체는 물론 각 신문이 사설을 통해 즉각적인 공창제폐지를 주장하여 미군정은 1947년 11월 '부녀자의 인신매매 및 매매계약 금지와 공창제도 등을 폐지' 공포하고 이듬해 2월부터 효력이 발생했다. 주요내용은 아래와 같다.

① 일제 이래 악습을 배제하고 인도(人道)를 표명하기 위해 남녀평등의 민주주의적 견지에서 공창제도를 폐지하고 일체의 매매행위를 폐지한다.
② 1916년 3월 경무총감부령 제4호 유곽업 창기취체규칙은 폐지하고 이 규칙에 의해 취득한 유곽영업, 창기 가업(稼業)의 허가 및 유곽영업자 조합 설치의 인가는 효력을 상실한다.

1948년 미군정청 후생부 부녀국에서 파악한 공창 2,124명의 거주지는 아래와 같다.

표⁶ 공창폐지 당시 집결지

지역	집결지	공창 수	비율
서울	중구 묵정동, 용산구 도원동	732곳	34%
부산	영도구 목도유곽, 서구 완월동	450곳	-
경기(인천)	인천 선화동 *수원, 개성에는 없음	115곳	5%
대전/충남	대전(54)	54곳	2.5%
충북	청주(8)	8곳	0.38%
전북	군산(87) 등	204곳	9.5%

광주/전남	광주(58), 전주(80), 목포(72), 순천(5), 여수(40)	190곳	9%
경북/대구	대구(107), 영일(90), 상주(7), 금천(15), 영덕(2)	221곳	10.4%
경남	진주(40), 마산(40), 진해(50), 울산(20)	150곳	-
강원	-	-	-
제주	-	-	-
계	-	2,124곳	100%

※출처 : 보건복지부, 『부녀행정 40년사』, 1987

    공창폐지 지역 중에는 1930년대 중반까지 공창이 없다고 알려졌던(1930년대 중반 총독부의 대좌부 영업지정구역 조사에서는 충북, 평북, 강원 지역에는 공창이 없었다) 충청북도 청주도 포함돼 일제 말에는 성매매가 전국적으로 확산됐음을 여실히 보여주고 있다. 1930년대 말쯤부터 사창이 공창보다 더 많았다는 점 등으로 미뤄볼 때 이때 폐쇄된 공창 지역은 당시 모든 성매매 집결 지역의 극히 일부에 불과했을 것이다. 실제로 『부녀행정 40년사』와는 달리 다른 기록에는 1946년 경기, 인천 지역에는 연백(현 북한 지역), 수원, 본전, 인천 등 각처에 1,153명의 공창이 산재해 있었다고 적혀 있다.

    공창폐지와 발맞춰 서울과 부산, 대구, 대전, 마산, 청주, 광주, 인천 등의 지역 유력가나 독지가들은 '공창폐지대책위원회'를 조직해 성매매 여성들의 자활을 도왔다. 이 지역에는 당연히 '공창'이라는 이름의 윤락업소 밀집지대가 있었다는 것을 의미한다. 유곽의 위치가 비교적 명확한 다른 지역과는 달리 충북 청주의 경우, 정확하게 어디에 윤락업소가 있었는지는 분명하지 않다. 청주 지역의 과거 성매매 여성 집결지는 상당구 우암동의 '오정목 텍사스'가 유명하지만 텍사스라는 명칭을 사용하는 것으로 보아 이곳은 한국전쟁 이후 형성된 것으로 추정된다.

공창폐지 날이 다가오면서 공창주인들의 모임인 '대석업자연맹'에서는 '법령에는 찬성하지만 실시 기일이 너무 촉박해 전직을 구하기가 촉박하다'며 '1년 6개월만 연기해 달라'는 진정서를 제출하기도 했다. 또 공창이 폐지되기 하루 전날인 2월 13일 서울 신정 유곽이 있던 묵정동의 성매매 여성들은 삼삼오오 마주 앉아 희망의 날을 속삭이면서도 얼굴은 수심에 쌓인 듯 창백하고 초조했다고 한다. 당시 신문 인터뷰에서 경북출신의 최순자(당시 23세) 씨는 '어떠한 운명에 이런 몸이 되었는가는 밝힐 수 없지만 자유로운 몸이 된다는 것이 기쁘다'고 말했다. 하지만 성매매 여성들은 침구와 방을 쓰겠다고 주장하고 포주들은 방과 침구가 있어야 여관이라도 할 수 있다며 맞서며 갈등을 빚기도 했다.

공창폐지령 발표와 더불어 인천 부도정에 있던 공창 118명은 전부 도립병원에 강제수용됐으며, 유곽 건물은 여관과 음식점, 카페, 당구장 등으로 사용하기로 했다. 또 신정 유곽업자들은 전업을 모색하다가 적산가옥 유곽촌을 여관으로 전업하기로 했으며, 성매매 여성 중 성병에 걸린 사람들은 인근 신정병원과 시민병원에 수용됐다. 업주들은 100명 가까운 창기들을 그대로 식모로 채용하기로 하면서 성매매에 대한 속내를 드러내 눈 가리고 아웅 한다는 비난을 받기도 했다.

하지만 성매매 여성들이 막대한 빚을 지고 있는 상황에서 뚜렷한 생계대책도 없이 추진한 폐지령은 오히려 포주와 일부 성매매 여성이 입법위원 및 고위관리에 뇌물 등을 주게끔 만들었고 이로 인해 공창폐지 연기론이 등장하게 되었다. 또한 공창제폐지법 제정 반대를 위한 700만 원의 정치자금 모집사건까지 발생했다. 당시 업주들은 창기들에게 1인당 2,000원씩 거둬 모은 700만 원의 자금으로 관련 입법의원들에게 로비비용으로 사용했다.

미군정의 공창제폐지법은 창기들의 현실을 제대로 반영하지 못해 당초 목표했던 매춘제의 근절이나 매춘여성들의 탈매춘 계기로 작동하지 못했다. 창기들은 당시 '노예', '조선여성계의 수치', '백노(白奴)', '가정 파괴자', '마귀의 맏딸'이라는 사회적인 낙인 등이 제거되지 않은 상태에서 온전하게 사회로 복귀하지 못했다. 대부분 음식점과 여관, 카페, 바 등에 취직, 밀매춘을 해나갔고, 국가는 성병검진의 실시와 그 결과에 따라 허가증을 발부하면서 이들의 '사창' 영업을 인정하는 꼴이 됐다.

그나마도 허가증을 받은 사람들보다 무허가 접대부들이 많았다. 가령 인천 지역의 경우 허가증이 있는 접대부는 330명이었으나 무허가자는 그 두 배에 해당되는 500~600명에 달했다. 이들 무허가 접대부들은 부두 일대에서 성매매를 했는데, 그 수입은 허가 접대부들보다 많았다. 공창폐지 1년 뒤에도 사창이 번성하자 한 신문은 '공창폐지의 고귀한 정신이 폐지 이후에 대책이 부족해 보람도 없이 이슬과 같이 사라졌다'고 탄식하면서 '구렁에 몰려 들어가는 그들에 대한 관·민간의 시급한 대책이 요구된다'고 지적했다.

　　일제시대 공창이 존재할 때에는 누구나 집창촌을 쉽게 알 수 있었다. 하지만 모습이 사창으로 바뀌면서 눈에 잘 띄지 않는 밀매음 형태로 바뀌어갔다. 사창가의 주인들은 고객을 끌어들이기 위해 인력거꾼들에게 알선을 부탁하고 대가를 지불했다. 오늘날 택시 운전사들이 취객을 안내하고 소개비를 받는 것과 비슷하다. 경찰은 사창을 단속하기 위해서는 먼저 인력거꾼들의 알선을 단속해야 했다. 실제 박주식 서울종로경찰서장은 1948년 3월 29일 인력거꾼들 170여 명을 일제히 소집, '사창박멸에 차부들의 협력을 바란다'는 등의 말을 하고 '만일 추후 손님을 사창에 안내하는 때에는 공창폐지법에 의하여 엄벌에 처하겠다'고 경고했다. 하지만 인력거꾼들은 사창안내를 중지하면 밥을 먹을 수 없다고 불평을 하면서 성매매 알선 행위를 그치지 않았다.

　　공창폐지에도 불구하고 성매매 여성들은 감소하기는커녕 오히려 증가하는 추세를 보였다. 1953년도 보사부에서 실시한 연도별 접대부 검진표에 따르면 1947년 1만 6,874명이었던 성매매 여성은 1948년 4만 2,567명으로, 1949년에는 5만 3,664명으로 급증했다. 당시 신문보도는 '사창은 어째서 날로 늘어나는가'라고 되물으며 '서울에만 수천 명에 달한다'고 밝히고 있다. 특히, 이 시기에는 종로3가 일대가 사창의 핵심 지역으로 떠올랐다. 당시 신문들은 종로3가 인근 훈정동, 익선동, 봉익동에서 사창이 횡행하고 있으며, 특히 인력거꾼들이 이를 알선하고 있다고 보도했다.

성매매나 성매매를 소개하는 행위는 형식상 불법으로 간주됐다. 그러나 미군을 상대로 하는 댄스홀, 카바레, 카페 등은 오히려 증가했다는 사실에서 알 수 있듯이 내용상으로는 묵인이 횡행했다. 실제 미군을 상대로 하는 여성과 미군을 소비자로 하는 댄스홀, 카바레, 카페, 클럽 등은 무수하게 증가하기 시작했다. 1946년 8월말 서울시내에서 허가를 받은 유흥업소는 카바레 14곳, 바 59곳, 고급 요리점 31개, 카페 12곳, 일반음식점 322곳이었는데 그 해 연말에는 카바레 29곳, 바 81개, 카페 32개, 고급요리점 35개 댄스홀 5개로 늘어났다. 당시 주한미군들로부터 성적 서비스에 대한 요구가 많아 명월관과 국일관, 송중원, 동명관 등은 미군들이 사용하기 편리하도록 개조하고 막걸리와 소주 대신 맥주 등을 반입하여 판매하기 시작했다.

미군의 성적 욕망 배출구가 필요한 미군정으로서는 공창폐지를 최대한 늦추려고 했다. 그 결과 사창은 팽창했고, 성매매 여성들은 더욱 늘어났다. 더구나 공창지대라는 한정된 장소에서 성매매를 하던 여성들이 시장 인근 천변이나 부둣가 등에 있는 판잣집을 차지하고 성매매에 나서면서 사창가들은 소규모로 분산돼 퍼지기 시작했다.

■── 초기 미 기지촌 형성

한국의 기지촌은 크게 6차례의 변동을 겪었다. 그 내용을 간단히 살펴보면 아래와 같다.

표⁷ 한국 기지촌 변동

형성기	~1945년	일본 군대 위안부 성격의 기지촌 형성
변환기	1945~1950년	해방 직후 미군 기지촌으로의 변경
확산기	1950~1960년대 말	미군 기지촌의 확산
통제기	1970년대 초~1980년대 중반	기지촌에 대한 정부 통제
전환기	1980년대 후반~1990년대 중반	기지촌의 산업형 매춘
외국인 유입기	1990년대 중반 이후	외국인 여성의 성매매

※출처 : 김현선, 「기지촌 매매춘과 여성 인권」, 2001

  이중 1945년 해방 이후 한국전쟁까지는 일본식 문화가 아닌 미국식 성매매 문화의 유입기라고 할 수 있다.
  미군은 1945년 9월 인천을 거쳐 서울로 진격하면서 인천 부평에 첫 둥지를 틀었다. 당시 부평에는 일제시대 건립된 대규모 창고가 있었기 때문에 인천항에서 하역돼 운반되는 미군물자의 수송본부로 제격이었다. 부평은 4,000여 명의 미군이 주둔하면서 남한 전역의 미군부대에 대한 병참, 보급, 수송업무를 총괄했다. 그리고 이들 군인을 상대로 하는 여성들이 몰려들면서 부평은 최초의 미군 기지촌으로 성장했다.
  미 61병기사령부가 자리 잡은 부평동의 신촌은 부평 미군기지 정문 앞 10호에 불과했으나 미군 진주 이후 수개월 만에 수백 호의 간이주택이 자리 잡은 기지촌으로 발전했다. 1,000여 명의 성매매 여성들은 철조망이 쳐진 정문 앞 초소 부근을 오가며 미군과 성거래를 했다. 당시 성매매 여성들은 미군과의 성거래에서 주로 점퍼와 담배, 사탕 등 군수물자를 대가로 받았다. 일본의 항복으로 2차세계대전이 끝났지만 고향에 돌아가지 못하는 미군들은 자신들의 처지를 여자와 술로 달랬다. 복무기간이 끝나 고국으로 돌아가기만을 기다렸던 이들 미군은 한국 여성들에게 선심이 후했다. 당시 성매매 여성들은 영어라고는 '헬로(Hello)'나 '기브 미(Give me)', '달러(Dollar)' 정도밖에 몰랐지만 성매매를 위한 의사소통에는 문제가 없었다. 부평 신촌뿐만 아니라 304통신대가 있던 백마장과 192병참부대가 주둔한 서부동에서도 비슷한 현상이 일어났다.

서울 용산과 부산 범전동에도 부평보다 규모는 작지만 일정 규모의 기지촌이 형성되기 시작했다. 청일전쟁 이후 50년간 일본군대가 머물던 용산은 미 육군 24사단이 접수했다. 일본인들이 경마장으로 사용했던 부산 범전동은 캠프 하야리야가 차지했으며, 그 주변에 기지촌이 만들어지기 시작했다. 부평과 용산, 범전동에서 보듯 미군 기지가 들어선 곳에는 일본 군 병참기지 등 일본군의 이용시설이나 일본인들의 집단 거류지가 많았다.

군산시 옥서면의 미군 공군기지인 K-8 역시 1938년 일본에 의해 전투비행기지로 쓰이던 곳이었다. 경기도 평택 안정리의 캠프 햄프리(K-6) 역시 일본군 해군시설대인 302부대가 머물던 곳이었다. 미군이 이들 지역을 점령한 것은 도로와 숙소 등 사회기반시설이 갖춰져 있는데다 한국인의 민원 제기 가능성이 적었기 때문이다. 패망 후 일본으로 떠나지 못한 일본군은 한동안 미군과 함께 기지를 사용했다. 실제로 1945년 미군은 평택 안정리의 일본군 기지를 접수한 뒤 한동안 일본군과 같이 지냈다. 일본군은 부대 안에서 물건을 지키거나 잡일을 했다. 주변 마을 주민들도 '하우스 보이'로 미군 부대에 취직해 청소나 잔심부름 등을 맡아 하였다.

초기 성매매 장소는 성매매 여성들이 미군기지 근처에 접근해서 기지 내 막사나 부대 근처 풀밭에서 이뤄졌다. 담요를 깔고 성행위를 하기도 했으며, 판잣집이라 불리는 초라한 임시변통의 주거지에서 성매매가 이뤄졌다. 당시 미군 성매매에 대한 사회적 낙인이 심했기 때문에 이들 여성들은 낮 동안에는 주택가에 있다가 밤에만 활동하는 올빼미 영업을 했다. 또 댄스홀이나 카바레, 심지어 밤거리에서도 지나가는 외국인을 상대로 하는 성매매가 횡행했다. 그러다 보니 '댄스홀이나 카바레 같은 데서 춤추는 여자들 가운데는 외국인에게 대한 호기심과 허영심에 빠져 민족정신을 잃어버리고 밤마다 외국인 숙소를 찾아다니는 여성들이 많다'는 탄식이 나오기도 했다.

1948년 9월에는 미군을 상대로 매음을 하던 여성 60명을 여자경찰대에서 검거하였다. 이들을 조사해 보니 대부분 북한 지역에 월남한 동포였으며, 굶주림을 참을 수 없어 성매매를 한 것으로 드러났다. 또 서울역 앞에서 검거된 한 여성은 15세에 불과한 소녀였다.

미군의 주둔지가 대부분 일본군 시설이 있던 곳이나 그 이웃이었기 때문에 미군 기지촌은 과거 일본 유곽을 그대로 이어받거나 아니면 그 이웃에 새롭게 형성됐다. 그리고 미군이 군정을 위해 일제시대 도청소재지 등에 주둔했는데, 그런 도시에는 대부분 유곽이 있었다. 당시 한반도에 주둔한 미군은 7만여 명으로 제7사단과 제40사단, 제96사단 등 주력부대와 제308전폭비행단과 군수지원부대로 편제되어 있었다. 이중 제7사단은 서울을 포함한 경기 일원, 강원, 충청 일대를, 제40사단은 영남 지역을, 호남 지역은 제96사단을 대체한 제6사단이 맡아서 군정을 실시했다.

    1947년부터 미 의회 등에서는 한국에 대한 전략적 가치를 낮게 평가하고 높은 주둔비용을 들어 철군논의가 일어났다. 그 결과 1948년부터 조금씩 철군이 시작되어 1948년 4월에는 미군의 수가 3만 명으로 줄었다. 정부수립 이후에도 철군이 계속되면서 1949년 초에는 7,500명 수준으로 낮아졌다. 그리고 6월에는 500명의 주한 군사고문단만 남기고 모든 미군이 철수했다. 미군이 속속 철수를 하자 부평 등 기지촌 도시는 하루아침에 죽은 도시로 변했다. 양색시를 비롯한 뜨내기 주민들은 거의 보따리를 싸들고 뿔뿔이 흩어지게 되었다.

■── 임시수도 부산의 사창가

1950년 6월 한국전쟁이 일어나자 부산은 북새통으로 변했다. 북한군을 피해 피란민들이 한꺼번에 몰려든 데다 임시수도로서 역할도 담당했기 때문이다. 거기에다 항구라는 지리적인 요인이 부산을 판잣집과 무허가 건물의 천국으로 탈바꿈시켰다. 피란민들은 공터만 있으면 판자로 벽을 만들고, 지붕에는 군용 천막 조각이나 기름먹인 종이, 깡통 조각 등을 이어서 비를 피했다. 당시는 긴급한 임시조치였기 때문에 당국으로서도 난립을 막을 수 없었다.

1953년도에 철거대상인 무허가 건물물만 해도 중부 관내 1만 1,000호를 비롯해서 초량동 3,000호, 부산진구 2,000호 등 도합 2만 호에 달했다. 피란지 부산에는 밀주, 밀도살은 물론 위조화폐, 가짜 담배, 가짜 의사들이 횡행했을 뿐만 아니라 강도, 날치, 폭력행위도 끊이지 않았다. 또 시내 주요 간선도로에는 성매매 업소들이 들어서기까지 했다. 하지만 당국의 단속은 그리 효과를 거두지 못했다. 특히, 부산에 주둔한 미군과 유엔군을 상대로 하는 성매매가 횡행하면서 부산은 성매매 온상으로 이름을 떨치게 됐다.

부산 진구 범전동 300번지, 해운대구 우1동 609, 초량동 텍사스 등도 바로 이 시기 형성됐다. 주민들에 따르면 범전동 300번지 일대는 당시 늪과 같은 저지대로 한국전쟁 당시 미나리꽝과 연꽃 지대가 있던 곳이다. 일제시대 경마장 자리에 미 하야리아 부대가 자리잡는 등 서면 일대에 유엔군이 주둔하면서 이들을 상대로 하는 성매매 여성들이 거주하기 시작했다. 당시에는 클럽 같은 시설은 전혀 없었고, 단지 사방이 차단된 공간만 있으면 성매매가 이뤄졌다. 이 일대를 범전동 300번지 혹은 서면 3각지로 불렀다. 제법 큰 부락을 이루면서 집집마다 조그맣게 번호판을 붙이기도 했다.

초기 유엔군을 상대로 하는 성매매 여성들은 전쟁이 끝나고 유엔군이 철수한 뒤 피란민이나 부산 시민들을 상대로 성매매를 하기 시작했다. 그러면서 범전동 300번지는 남은 미하야리아 부대원들을 상대하는 여성들과 부산 진구 관내 여관과 여인숙의 연락을 받고 출장 성매매를 하는 '여관발이'가 집단 거주하는 성매매 여성 집결지가 됐다. 범전동 338번지에 거주하는 서병석(73) 씨는 '1970년대에는 영도 봉래동, 초량 갈비골목, 동광동 고개, 범일동 마차골목 등 곳곳에 성매매 여성들이 모여 있었으며 어디에서든지 여성을 살 수 있었던 시기였고, 이곳 300번지에도 성매매 아가씨들이 600여 명이나 달했다'고 말했다. 은행원 출신으로 부산 역사를 기록해온 박원표 씨는 '1960년대 중반에도 이 일대에 120개 업소에서 영업을 했으며, 용모가 저급하기 때문에 완월동이나 봉래동보다 몸값이 다소 싼 편이었다'고 밝혔다.

현재 그랜드호텔과 웨스턴조선호텔 바로 옆에 위치한 '해운대 609'도 이 시기 형성됐다. 한국전쟁 당시 군수물자 하역 등을 위해 미군부대가 송림공원이 있는 우1동 609번지에 주둔하면서 미군 상대 성매매 여성이 몰려 '609번지'는 성매매 여성 집결지로 유명해졌다. 609번지의 성매매 업소는 1959년 9월 추석날 새벽 부산을 강타한 태풍 사라호로 인해 집들이 파손되면서 인근 645번지 일대로 이주했다고 한다.

609라는 명칭은 번지수가 아니라 당시 주둔했던 미 609탄약중대에서 따왔다는 주장도 있다. 실제로 1970년대만 해도 극동호텔 뒤편에 미 609탄약중대가 있었고, 미군 탄약고와 미군 골프장이 지금의 AID아파트, 달맞이 고개에 위치해 있었다. '해운대 609'는 1970년대까지만 해도 미군만을 상대로 하는 기지촌이었다. 그러다 조금씩 학생과 군인들을 받았고, 609부대가 이전한 뒤 해운대를 찾는 관광객이 늘면서 한국인만을 상대하는 업소로 변해가기 시작했다. 609는 현재에도 해림가든 옆 사철나무 화분 주위의 '운촌4길'을 따라 10여 채가 남아 유리방 영업을 하고 있다.

초량동 텍사스촌도 한국전쟁 뒤 미군과 유엔군을 상대하는 기지촌에서 출발했다. 부산 기차역 바로 건너편 외국인 거리에 자리한 텍사스촌은 당초 주한 유엔군과 외국인들을 위한 유흥가로서 부산 중구 중앙동에 위치했으나 1953년 대화재로 인해 초량동으로 옮겼다. 초량동은 19세기 개항기에 중국의 조차지가 위치해 청관길로 불렸는데, 지금도 '상해거리'가 형성될 정도로 중국인들이 많이 산다. 이곳은 1950년대 전성기를 거쳐 1960년대 초반까지만 해도 화려한 조명과 요란한 미국식 음악, 짙게 화장한 여성들로 넘쳐났다. 월남전을 전후해서도 모두 19개 업소에 성매매 여성들이 450명에 달했다.

당초 업소마다 라이언, 뉴욕, 오아시스, 타이거, 허리우드, 텍사스, 런던 등 영문자로 표기해놓았으며, 여성들은 모두 드레스 혹은 중국옷 차림을 하고 '에리나', '메리', '안나', '춘희' 등으로 불렸다. 당시 교통부가 이곳을 관광업소 특수지대로 인정하면서 업소 주인들은 1개월에 500달러 이상의 미화를 저축해야 했다. 그리고 그 대가로 저축의 절반에 해당되는 특수외래품을 구입할 수 있도록 허용됐다. 이곳에서는 코카콜라, 바이스로이 담배, 캐나디언 위스키 등이 거래됐지만 외제품 단속의 면제지대로 인정됐다.

미국 닉슨 대통령이 '괌 독트린'을 발표한 뒤인 1970년대 후반부터 미군 철수가 본격화되면서 초량동의 호경기도 점차 시들기 시작했다. 그러나 상주 미군 대신 부산항에 들어오는 외국 선원이나 미국 군함의 병사들을 바라보고 장사하는 술집이 20군데가 넘었고, 양공주라고 불리는 여성들은 200명을 넘었다. 그들은 어쩌다 큰 군함이라도 부산 앞바다에 들어와 닻을 풀면 한꺼번에 5,000명이 넘는 군인들이 쏟아졌기 때문에 며칠 사이에 큰돈을 손에 쥐기도 했다.

그러다 1980년대 말 미군들이 떠난 뒤 한-러 수교의 바람을 타고 러시아 선원들이 그 자리를 차지하기 시작했다. 그 결과 러시아 여성을 고용한 업소가 늘면서 러시아 여성을 사기 위해 이곳을 찾는 한국 남성들도 늘고 있다. 하지만 부산의 관문인 역 바로 앞에 외국인 윤락단지가 있는 것에 논란이 끊이지 않아 한때는 텍사스를 현 부산공예학교 자리로 이전할 것을 모색했으나 진전이 없는 상황이다. 다만 상인들이 이전에 비해서 시설투자에 인색해져서 건물은 점차 허름해지고 있다.

이들 신생 윤락가뿐만 아니라 일제시대 마기노시마(牧島) 유곽이 있던 영도구 봉래동도 사창가로 변했다. 당시 봉래동은 완월동보다는 한 수 아래였다. 반면 300번지보다는 한 수 위로 취급됐고, 주로 뱃사람이나 밀수꾼들이 많이 이용했다. 유곽 안에서만 영업을 했던 일제시대와 달리 한국전쟁 이후 사창으로 바뀌면서 호객여성(나까이)들이 큰길까지 나와 지나는 사람들에게 추파를 던지는 바람에 자녀 교육상 문제가 있다는 지적도 많았다. 봉래동 사창가에는 1960년대 성매매 여성만 500여 명에 달했으나 1970년대 도시재개발이 진행되면서 사창가는 사라졌다.

동광동 고개에도 사창가가 들어섰다. 이곳은 현재 국제시장

서쪽에서 영주동 쪽으로 통하는 언덕길이다. 지난 1953년 11월 부산역 대화재 이후 언덕 주변으로 신축건물들이 들어서면서 '하숙집'이 생겼는데, 그것이 1950년대 말에 사창굴로 변했다. 이곳에 사창가가 형성된 것은 완월동이나 봉래동의 성매매 여성들이 이곳에서 하숙을 하면서 긴밤 손님들을 많이 끌어왔기 때문이다. 이후 여성과 하룻밤 잘 수 있는 곳으로 소문이 나면서 남성들이 몰렸다. 거기에 다른 윤락업소들까지 들어서면서 남성여자중고등학교 동쪽에서 부산중부경찰서까지 700m 가량 골목이 형성되기도 했다. 동광동 고개는 특히 가출소녀 등 미성년자가 성매매를 하는 곳으로 소문났다. 이외에도 동래 온천장에는 '너구리탕'이라고 해서 100여 명의 여성들이 성매매를 했고, 송도에도 '갈매기'라고 불리는 여성 100여 명이 있었다.

  피란지라고 해서 고급 성매매가 없던 것은 아니다. 1952년 전방에서 한창 포화가 오가는 시기에도 여관을 가장한 고급 요정에서 성매매가 이뤄졌다. 경찰이 그 해 10월 유흥가를 급습한 결과 정부부처 차관을 비롯한 이사관급 3명 등 52명의 고위 공무원들이 적발되기도 했다. 이처럼 전쟁 혼란기에 성매매 집결지가 부산 곳곳에 생기면서 1954년 국내 최초로 성매매 여성들에게 미용, 양재 등 기술을 가르치는 '갱생원'이 서구 아미동에 신설되기도 했다.

  부산뿐 아니라 한국전쟁 당시 마지막 방어도시였던 대구시에도 미군의 군사시설이 들어서면서 기지촌이 형성됐다. 대봉동과 봉덕동 등의 기지촌을 통해 흘러나온 물건들이 '양키시장'에서 유통돼 새로운 명물로 자리 잡았다. 서구 원대동의 달서천 인근에도 '305번지'라고 불리던 사창가가 형성됐다.

성매매 여성들의 상당수는 전쟁 중에 남편을 잃거나 가족과 헤어진 여성들이었다. 당시 사회에서는 '남편과 함께 죽어야 하는데 아직 죽지 아니한 아내'라는 뜻으로 미망인(未亡人)이라고 불렀다. 이들 전쟁미망인들은 남편을 잃은 슬픔을 뒤로한 채 가사노동은 물론 자녀양육, 노부모 보양 같은 전통적인 역할뿐 아니라 가족의 생계까지 책임져야 했다. 이들은 농업과 어업, 떡 장사 같은 영세상업에 종사했으며, 성매매에도 나섰다. 1955년 8월 경향신문은 전국 성매매 여성 가운데 태반이 전쟁미망인이라고 보도할 정도였다.

당시 성매매 여성은 30~43만여 명으로 추정됐는데 이중 약 15~20만 명 정도가 전쟁미망인인 것으로 파악했다. 미망인 외에도 생계를 위해 성매매에 나선 여성들도 많았다. 1953년도 10월 동아일보 보도에 따르면 조사 여성 5,103명 중 전쟁미망인은 1,010명으로 19.8%였으며, 유부녀가 811명(15.9%), 이혼녀 835명(16.4%), 미혼자 1,494명(29.3%)으로 나타났다. 특히, 미혼자가 30% 정도밖에 되지 않은 것은 얼마나 많은 여성들이 전쟁 후유증에 시달린 끝에 성매매에 나섰는지를 그대로 보여준다.

■── **기지촌의 전국 확산**

일본 공창 지역 및 그 부근에만 한정됐던 미군 기지촌이 전국으로 확산된 것은 1950년 한국전쟁 이후다. 전쟁이 발발하자 철수했던 미군이 서둘러 한반도를 다시 찾았고, 이에 따라 기지촌이 새롭게 만들어지기 시작했다. 전쟁으로 남편과 아버지를 잃은 여성들은 도덕과 양심을 버리고 생업을 위해 육체시장에 뛰어들었다. 이들은 미군을 따라 이동하면서 미군들의 출입항인 부산은 물론 미군이 북상했을 때에는 전선인 평양과 압록강까지 진출하기도 했다.

1951년 말 전선이 고정되고 미군 주둔 지역이 어느 정도 안정되면서 기지촌 여성들의 행선지도 점차 고정되기 시작했다. 미군부대가 과거 일본의 군사시설이 있던 곳은 물론 한국전 격전지, 북한과 대치하고 있는 전략적 요충지에 들어서면서 기지촌 역시 과거 일본인 공창 지역인 부산과 마산, 군산, 대구 등과 의정부, 동두천, 파주 문산, 강원도 원주, 서울 영등포 등에 집중적으로 형성되기 시작했다. 누가 기지촌 형성을 계획했거나 지시한 것은 아니었지만 전쟁으로 양산된 고아와 과부들은 빈곤과 사회적, 정치적 혼란으로 미군과 유엔군이 야영하는 지역에 몰려들었다.

해방 직후 미군의 첫 기지촌의 명성을 지녔던 부평은 1952년 미군 군수지원사령부가 다시 들어오면서 활기를 되찾았다. 미 군정 기간 동안 '기지촌연습'이 착실하게 이뤄졌기 때문에 원주민과 뜨내기 양색시와의 마찰은 없었다. 부대 정문 앞 신촌을 중심지대로 백마장과 백마장 입구 관동주(현 부평구 산곡동), 다다쿠미(多田組)(다다쿠미란 1940년대 부평 조병창 공사를 했던 일본인 토건업자의 이름으로 다다쿠미사무소가 공사를 관장했던 현 부평역에서 북인천우체국 일대에 말한다.

일본군이 물러간 뒤 평화촌으로 부르자는 제의가 있었으나 주민들은 지속적으로 다다쿠미로 불렀다), 삼릉, 서부동 지역으로 퍼져나갔다. 신촌은 홀을 출입하는 여성들의 주거지 겸 영업장소로, 삼릉에는 동거 생활하는 여인들이, 다다쿠미에는 소위 길거리 여인들이 거주하면서 몸으로 달러를 벌었다.

피란 시절 수도였던 부산에는 서면 하야리아 부대 주변과 해운대의 탄약부대, 범일동의 보급창, 제3부두의 수송대대, 부산 공설운동장, 전포동 주변 등 미군이 있는 자리에는 달러를 찾는 여성들이 몰려들었다. 전쟁기 미군들은 언제 죽을지 모르는 공포감 때문인지 월급을 봉투째 이들 여성들에게 던져줬다. 전쟁이 끝나면서 609탄약부대, 제3부두 근방의 70수송부대, 미 제142보급창 주변 범일동 일대와 초량 주변 등에 여성들이 집단거주하면서 기지촌이 만들어졌다. 부산을 비롯해서 대전과 대구, 왜관, 춘천, 군산, 목포, 마산, 진해, 포항 등 주요 군사적 요충지에도 기지촌이 생겨났다.

수도 서울에도 용산을 중심으로 미 8군이 주둔하기 시작했다. 1944년 창설된 미 8군은 당초 사령부를 일본에 두고 있었다. 하지만 한국전쟁 발발 이후 1950년 7월 대구중학교로 옮겼다가 서울 동숭동 서울대 문리대 캠퍼스를 거쳐 1953년 용산으로 이전했다.

8군 사령관은 4성장군인 대장으로 주한미군 사령관을 겸했다. 미 8군은 주한미군의 상징이었는데, 사령관은 주한미군사령부, 한미연합사령부, 유엔사령부의 참모장을 맡고 있어 '용산 커맨더 (Yongsan Commander)'로 불렸다. 미 8군은 메인 포스트, 사우스 포스트, 캠프 킴, 캠프 코이너 등 4개 지역으로 되어 있었다. 이중 메인 포스트에는 한미연합사령부, 주한미군사령부, 미8군사령부 등이 있다. 출입문만 해도 20여 개나 되어 출입문 인근에 주점, 양색시들이 모여들었다. 이후 해방촌, 군인아파트 등이 건설되면서 용산은 2만여 명 외국인이 사는 이색도시로 바뀌어갔다.

북한과 대치한 경기도 북부와 강원도 등 전략적인 군사 지역에 기지촌이 가장 많이 형성됐다. 이들 도시는 전쟁 이전에는 인적이 드문 농촌이었으나 전쟁으로 인해 군사도시가 되었고, 성매매 여성들이 몰리면서 기지촌으로 이름을 떨치게 됐다. 특히, 경기도는 유엔군이 가장 많이 주둔하던 지역이라 외국 군인들을 상대로 하는 성매매 여성들도 가장 많았다. 1953년 경기도 내 기지촌 성매매 여성은 모두 3,478명으로 전체 기지촌 여성의 절반을 차지했다. 이들은 유엔군 부대 주변을 배회하면서 매춘행위를 했으며, 점차 인천과 평택, 양주 등 시내까지 들어와 매춘행위를 시작했다.

인천의 경우 1954년 9월말 등록된 성매매 여성이 750명인 데 비해 등록하지 않은 여성이 500여 명에 달했다. 당시 미 헌병대와 여자경찰서, 육군헌병대의 단속이 인천 송도, 인천시 신생동, 사동, 선화동 일대에 집중됐다. 경인일보 1955년 11월 23일자에 실린 이러한 기사를 고려할 때 이들 지역에 성매매가 번성했음을 알 수 있다.

경기도 양주 지역에도 수백 명의 성매매 여성들이 있었다. 당시 양주는 현재 동두천시나 의정부시를 포함했다. 양주군 이담면 동두천리, 양주군 의정부읍이던 두 도시가 1963년 독립하기 전까지 양주군은 인근 파주와 함께 최대 기지촌 지역으로 분류됐다.

　양주군 이담면 동두천리의 경우 한국전쟁 당시 허허벌판이거나 공동묘지 지역이었으나 1952년 2월 미 제7보병사단이 주둔하면서 거대한 군사도시가 형성되었다. 미군 4개 보병사단(미 24사단, 3사단, 7사단, 2사단)이 동두천시 전체 면적의 30%에 해당되는 871만 5,950평에 주둔했다.

　특히, 미군의 외출과 외박이 허용된 1957년부터 이 일대 촌락은 본격 기지촌의 모습을 갖추기 시작했다. 동두천은 1963년 1월 양주군 이담면에서 동두천읍으로, 1981년에 동두천시로 발전하게 됐다. 동두천의 기지촌 여성이 지난 1956년 1,300여 명에서 1962년에는 7,000명까지 늘어나면서 동두천은 '기지촌 1번지'로 불렸다.

　미 2사단 포병여단 본부인 캠프 스탠리가 자리 잡은 양주군 의정부읍 고산리 116번지 역시 동두천 못지않은 기지촌이 됐다. 배나무 밭이 많던 이곳은 한번 발을 들이면 빼지 못한다고 해서 '뺏벌'이라고도 불린다. 전쟁 이전 의정부는 비단 제작에 종사하는 인구 1만 명의 작은 마을이었다. 하지만 전쟁과 함께 건달을 비롯한 수백 명의 실업자가 미군의 '달러'를 벌기 위해 몰려 인구가 증가했다.

　브루스 커밍스는 1950년대 의정부 근처 미군부대에 근무했던 친구의 목격담을 빌어 '금요일 밤만 되면 0.5톤 트럭이 흔들거리며 기지 안으로 들어와 주말 내내 미군과 머무를 수백 명의 여성들을 쏟아놓고 갔다. 당시 미군들이 1인당 국민소득 100달러에 불과한 한국 여성들에게 현금을 주면서 한 행동은 과거 일본인들이 강제로 위안부로 삼았던 것과 별 차이가 없었다'고 전한다. 1960년대라고 해서 상황이 그리 달라진 것 같지 않다. 당시 평화봉사단으로 한국에 왔던 브루스 커밍스의 일기에 적힌 의정부의 기지촌 풍경은 매우 비참하다.

> 미군기지 주변 일대는 지독히도 가난하다. 이 지역에는 기생적인 인구가 더럽고 낙후된, 불량한 주거환경에서 살고 있다. 그중에서도 사창가는 최악이다. 구역이 따로 없이 번화가 한편으로 속속들이 배어 있다. 미국인만을 상대하는 클럽들이 밀집해 있다. 거기에는 로큰롤 음악이 쿵쿵 울리고, 요란하게 꾸민 간판이 걸려 있으며, 우스꽝스럽게 치장한 한국 소녀들이 문 앞에 서 있다. 미니스커트를 입은 이 소녀들보다 더 바보 같이 보이는 것은 없다. 내가 무엇보다 당황했던 것은 2명의 아이가 매달려 있는 중년 여성이 거리 한복판에서 다가와 침대에서 놀지 않겠느냐고 물었던 일이다.

파주에는 용주골로 유명한 연풍1리와 연풍2리, 문산읍 선유4리 등에 기지촌이 형성됐다. 1953년부터 1971년 사이 미군부대 근처에 집중적으로 세워진 파주의 기지촌들은 '미군들의 왕국'으로 불렸다. 그곳은 낮에는 잠자는 빈민굴로, 밤에는 호화로운 유흥지로 바뀌었다.

오산공군비행장으로 알려진 송탄 신장리와 지산리 일대 역시 한국전쟁 이전만 해도 민가가 10여 채도 안 되는 작은 마을이었다. 아름드리 참나무가 많고 숯 공장이 있어 숯 굽는 고개라는 뜻을 지닌

'숯고개'로 불렸다. 그러다 1951년 7월 미 417비행중대가 비행장을 지으면서 초대형 미군부대로 탈바꿈했다. 미군은 13번이나 기지를 확장하여 현재 2001년 송탄 미군기지 면적은 축구장 1,640개 크기인 200만 평으로 국내 최대 미군 기지다. 신장동의 초기 기지촌은 황해도 피란민들의 판잣집을 중심으로 이뤄졌다. 하지만 전국 각지에서 사람들이 몰려들면서 성매매 여성만 한때는 3,000명 선까지 늘어났다. 또한 국제결혼한 여성만 해도 4,000명에 달했다.

광주의 송정리에 성매매 업소가 번성하게 된 것도 바로 이 시기다. 한국전쟁 이후 미 공군부대가 광산구 송정리에 위치하자 그 주변과 송정역 부근에 기지촌이 형성됐다. 과거 원동(송정1동)와 용보촌이 그것이다. 용보촌은 1991년 미군이 떠나간 뒤 쇠락의 길을 걸었으나 최근 미 패트리어트 부대가 주둔하면서 다시 활기를 띠고 있다.

이 시기 제주에도 기지촌이 생겨났다. 일본군 기지가 있던 남제주군 대정읍 하모리에 '케미지(KAMG) 부대'가 들어서면서 미군부대로 들어가는 골목마다 성매매 여성들이 모여든 것이다. 모슬포시내에는 1980년대 말까지 '럭키클럽'이라는 미군 전용 업소가 운영됐다. 케미지 부대는 1958년 이후 맥내브 컴파운드로 이름을 바꿨으며, 1995년 이후에는 미군휴양지로 사용되다 2005년 3월에야 한국 정부에 반환됐다.

이들 기지촌 여성 중 상당수는 전쟁 등으로 부모나 남편을 잃었거나 시골의 가난한 집안 출신이었다. 대다수가 초등학교조차 마치지 못했으며, 스스로를 '타락한 여성', '비정상'으로 규정했다. 이들이 스스로를 그렇게 부른 이유는 기지촌에 오기 전 이혼과 강간, 혼외 섹스로 인한 임신 등으로 사회적 지위와 자아 존중감을 잃었기 때문이다. 이런 여성들에게 있어서 기지촌은 생계를 위한 최후의 보루일 뿐만 아니라 자신을 추방하는 장소로 여겨졌다.

표[8] 과거 및 현재의 주요 미군기지

도시 위치	기지 이름
서울 용산 이태원	미 8군(캠프 킴, 캠프 코이너, 캠프 레이보스)
서울 성동구	캠프 이즈벨
서울 대방동	캠프 그레이
서울 영등포	캠프 스페이스
경기 김포공항(공항동 텍사스)	캠프 에일러(K-14)
서울 신길동(신길동 텍사스)	7사단 17연대, 미10보급대,
경기 동두천	캠프 호비
	캠프 님블
	짐볼스
경기 연천	감악산 ASA, 컨트레이닝 에리어
경기 동두천 보산동, 걸산동	캠프 케이시
경기 의정부시 가능동	캠프 레드 클라우드
경기 의정부 송산동, 고산동	캠프 스탠리
경기 의정부 의1동, 의3동	캠프 폴링워터
경기 의정부 의2, 가2동	캠프 라구아디아
경기 의정부 호원동	캠프 잭슨
경기 의정부 금오동	캠프 카일, 캠프 에세이온, 캠프 시어스
경기 평택 신장동	K-55(제7공군, 51전투비행단)
경기 평택 안정리	K-6(캠프 험프리)

경기 고양 → 경기 하남	캠프 콜번
경기 성남 수정동 신촌동	K-16(164 항공관제단)
경기도 이천	R510
경기 수원 권선구	K-13(공군 제10전투비행단)
경기 파주 조리읍 봉일천4리	캠프 하우즈(미 1기갑연대본부)
경기 파주	캠프 찰리블
경기 파주 광탄면	캠프 스탠톤
	캠프 게리오웬
	프리덤 브리지
경기 파주 군내면	캠프 그리브스
	캠프 불스아이
경기 파주 월롱면 영태리	캠프 에드워드
경기 파주 문산읍	캠프 자이언트
경기 파주 연풍리(용주골)	7사단 포병대, 2보병사단 단위부대
경기도 파주	캠프 보나파스(JSA경비대)
경기 포천 운천	캠프 카이저
경기 용인	캠프 용인
경기 양주	모빌
경기 포천	왓킨스 레인저
경기 포천 청산면 대전리	캠프 비버
경기 화성군 우정면 매향리	쿠니 에어레인저
인천 부평구 산곡동	캠프 마켓/ 캠프 테일러
인천 부평구 서부동	192병참대대
인천 부평구 백마장	304통신대
인천	캠프 시애틀
	캠프 에딘버러(50탄약보급소)
경북 김천	캠프 살렘

경북 칠곡군 왜관읍 석전리	캠프 캐롤
경북 포항	캠프 무적(미 해병 3원정대)
대구 봉덕3동	캠프 워커
대구 대명8동	캠프 조지
대구 이천1동	캠프 헨리
경남 진해	캠프 진해
경남 진해시 덕산동	K-10(진해 비행장)
경남 양산	캠프 브룩클린 힐
경남 사천	사천비행장
부산 송도	308 전투정보센터
부산 범전동(300번지)	캠프 하야리아
부산 강서구 녹산동	녹산
부산 해운대구 우1동(609)	609 탄약중대
부산 범일동	제 142 보급창
부산 제3부두	제 70수송대대
충남 신탄진	캠프 에임스
충남 천안 성환 수항리	캠프 하워드
충남 서천	서천비행장
군산 옥구 개정(아메리카타운)	제8 전투비행단
충북 제천 모산동 1180	제천비행장(R-605)
광주 송정리(1003번지)	제1 전투비행단/ 캠프 상무대
강원도 춘천(장미촌)	캠프 페이지(제4미사일사령부)
강원도 원주(희매촌)	캠프 이글, 캠프 롱
제주 대정읍 모슬포	캠프 맥나브

※출처 : 이시우, 「과거와 현재 주한미군 현황」, 2002

기지촌은 말 그대로 미군 기지에 의존하는 생계를 꾸리는 마을이다. 미군을 직접 상대하는 성매매 여성을 중심으로 술집과 포주 등이 자리 잡고, 그 주변부에 미군부대 PX에서 흘러나온 외제품 판매책, 암달러상, 미장원과 세탁소, 양복점, 사진관, 기념품점, 초상화점, 당구장, 국제결혼 중개업 사무소 등이 몰려 있었다. 실제 1960년대 의정부의 한국 인구 중 60%가 어떤 형태든 미군과 관련된 일에 종사했으며, 송탄은 1970년대 6만 명의 주민 중 80%가 미 군대에서 벌어들인 수입으로 생계를 유지했다.

지난 1999년 통계에서도 송탄 지역 500여 개 상점과 클럽, 18개 호텔이 은행과 환전소에서 환전한 달러만 3억4,000만 달러에 달했다. 당시 환율로 계산한다면 3,800억 원으로 이는 같은 해 평택의 대표적 공장인 쌍용자동차 연매출액 1조3,595억 원의 30%에 해당되는 액수다.

캐서린 문은 미 8군의 한 정보장교 말을 인용해 '1960년대 미국 군대가 남한 GNP의 25%를 차지하는 데 기여했고, 미군을 상대로 하는 성매매는 지역 경제를 좌우하는 수준이었다'고 평가했다. 산업 호황기였던 1987년에도 미군은 남한 경제의 GNP의 1%에 해당되는 10억 달러를 기여할 정도의 비중을 차지했다. 사정이 그렇다 보니 기지촌은 미군에게 늘 굽실거리며 비위를 맞췄다. 결국 '미 달러=법'인 세상이었던 것이다.

기지촌은 단순히 미군기지 주변 지역에서만 작동하지 않았다. 끊임없이 한국 여성들을 기지촌으로 끌어들였으며, 미국식 향락문화를 한국사회에 퍼뜨리는 역할을 했다. 특히, 미 기지촌에서의 성매매 만연은 한국사회 내부의 매매춘 근절의 의지를 늘 흐트러뜨렸다. 1948년 공창폐지가 제대로 실효를 거두지 못한 것도, 1962년 윤락행위 등 방지법이 기능을 발휘 못한 것도 그러한 이유 때문이다. '미군 성매매는 단속도 못하면서 왜 우리만 단속하냐'는 반발은 21세기에도 계속되고 있다.

■── 용산 도원동과 신정 유곽의 폐지

용산의 미생정과 대도정이 언제 없어졌는지에 대한 정확한 기록은 없다. 그저 해방과 한국전쟁 등을 거치면서 점차 역사의 뒤안길로 사라진 것으로 보인다. 하지만 일제시대 경성을 대표하는 문화코드로까지 자리매김을 했던 용산 미생정이 1945년 광복 이후 퇴락일로를 겪게 된 이유는 일본 제국주의가 보장해주던 성매매 독점권이 사라졌기 때문이다.

비교적 고지대에 위치한 도원동 유곽은 용산역 주변과 마포 공덕동, 서울역 양동 등 인근에 사창가가 발전하면서 상대적으로 위축됐다. 더구나 그 상징적인 위치로 인해 경찰의 시범적 단속에는 항상 타깃이 됐기 때문에 사창에 비해 퇴락의 속도가 더 빨랐을 것으로 보인다.

용산 토박이라는 안상열(74) 씨 증언에 의하면 일제시대 도화동에 일본인들이 많이 살아 일본인 전용사찰이 있었을 정도였는데, 해방 후에도 도원동 인근을 지나다 보면 2층으로 된 유곽건물 현관에 큰 번호가 쓰여 있었고, 각 유곽마다 여성 사진들이 걸려 있었다고 한다. 하지만 도원동 유곽의 여성들이 한국전쟁 이후에 어딘가로 떠났다는 것이다.

미생정과 대도정 유곽 해체는 1946년부터 3,8선 이북에서 내려온 피란민 수용이 결정적인 계기로 작용했다. 해방 직후 적산가옥인 요정과 유곽, 여관 등을 전재민들에게 개방하자는 언론 등의 요구에 따라 1946년 12월 25일 도원동 유곽 8곳이 전재민 2,000명에게 개방되면서 성매매가 불가능해졌다. 이후 미생정 창기와 포주는 중구 묵정동 적산유곽 한 채로 옮겨갔다. 비슷한 시기 대전 중동, 대구 팔중항정, 목포 앵정 유곽, 부산 완월동 등에도 일본 시모노세키 등에서 쫓겨난 조선인들이 돌아와 삶의 새 둥지를 틀었다.

신정 유곽이 있던 서울 중구 묵정동의 경우 1950년~1960년대에도 성매매 여성들이 소규모로 윤락행위를 하다가 적발됐다는 기사가 눈에 띈다. 하지만 용산 도원동 사창가에 대한 언급은 아예 자취를 감췄다는 것으로 보아 1950년대 초부터 성매매가 조금씩 사라진 듯하다. 하지만 도원동 성매매 업소들이 하루아침에 사라지지는 않은 것 같다. 1968년부터 용산에 거주했다는 김윤조(84) 씨는 '처음 용산 도원동에 이사 왔을 때에도 사창이 여전히 남아 있었다'며 '그래서 지금의 세창고개를 사창고개로 부를 만큼 성매매가 횡행했다'고 한다. 이후 성매매 여성들이 떠나면서 유곽 건물은 몇 번 주인을 바꿔 도시의 흉물로 남아 있다가 2000년대 들어 삼성 래미안아파트가 건설되면서 역사의 뒤안길로 사라졌다. 현재 도원동 일대에 남아 있는 일식가옥은 일제시대 기마부대의 마구간 등으로 사용됐던 곳 일부에만 있다.

　　이 시기 40년간 한반도 성문화의 대명사였던 서울 신정 유곽의 명성도 조금씩 허물어지기 시작했다. 신정 유곽은 해방 이후 잠시 명맥을 유지한 것으로 보이나 공산정권을 피해 남하한 사람들이 증가하면서 피란민 집단 수용실로 변해갔다. 주택부족현상을 겪던 정부에서는 일본인들의 주택인 적산가옥뿐만 아니라 요정을 개방하고, 여관 등을 남하한 전재민들에게 나눠줬기 때문이다. 당시 서울시 일인가옥은 중구에 1만3천 호를 비롯해서 용산구 8천 호, 서대문구 7천 호, 종로구 6천 호, 성동구 3천 호 등 모두 3만8천 호 10만 세대에 달했다. 이들 일본인 소유 가옥들이 피란민들에게 건네지면서 일본인들이 많이 거주했던 중구와 용산 일대에는 이북 사투리가 일상용어로 사용되었다.

　　미군이 주둔한 용산과는 달리 옛 신정 유곽이 있던 묵정동과 쌍림동, 광희동은 민가와 상업지구로 지정되어 발전했다. 신정 유곽의 중심지였던 장충동 186번지에는 1955년 10월 금수장호텔이 개업했다. 금수장호텔은 1972년 지하 2층, 지상 20층의 고층건물을 신축하여 소피텔 앰버서더로 거듭났다. 일제 때 전매국 인쇄공장이 위치해 있던 묵정동 1-23번지에는 1963년 제일병원이 들어섰고, 동국대학교가 1959년 종로구 명륜동에서 중구 필동으로 이전하면서 유곽의 흔적들을 지워나갔다.

■── 서종삼과 이봉익

신정 유곽이 퇴락의 길을 걸으면서 종로3가 골목과 서울역 앞 양동과 동자동 일대가 성매매 여성의 최대 집결지로 떠올랐다. '서종삼, 이봉익'이라는 말이 유행하기 시작한 것도 그 즈음이다. 즉, 종로3가에 간다는 말 대신에 서종삼이네 간다는 말을, 또 종삼 옆 봉익동에 간다는 말 대신에 이봉익을 만나러 간다고 할 정도로 종삼에서 봉익동에 이르기까지 사창가가 번성했다. 심지어 해방 10년의 여러 가지 부산물 중에 으뜸가는 특산물은 사창이라는 평가마저 있었다.

  종로 일대에 성매매 업소들이 들어선 것은 1930년대 말로 보인다. 일제시대에는 청계천을 경계로 남쪽에는 일본인들이, 북쪽에는 조선인들이 많이 거주했는데, 조선인 취객들은 주로 단성사를 중심으로 종로 일대에서 활동했다. 여기에는 한국인을 상대로 하는 음식점, 카페, 여관, 내외주점들이 많았다. 『종로구지』는 '일제 때에는 조선인들이 즐겨 찾는 홍등가가 있었으며 한국전쟁 후에는 이른바 종삼으로 불리는 사창가가 있었으나 1968년 종로 정비사업으로 없어졌다'고 밝혀 성매매 업소들이 일제 때부터 몰려 있었음을 시사한다. 그러나 한국전쟁이 일어나기 전까지는 그 규모가 그리 크지 않았던 것 같다. 특히, 일본이 정책적으로 후원하는 신정 유곽과 미생정 유

■ **종로3가 사창가**
한국전쟁 이후 사창가로 급팽창한 서울 종로3가의 가옥 풍경. 좁은 골목길과 기와지붕을 가진 'ㄷ'자 형태의 집 구조는 젊은 여성들이 방 한 칸을 얻어 남의 눈을 피해 성매매를 할 수 있는 최적의 구조였다.

곽이라는 공창이 존재하는 상황에서 종로의 성매매는 밀매음 형태의 사창으로 늘 단속의 대상이었다.

이러한 사창은 해방과 한국전쟁을 거치면서 거침없는 질주를 하게 된다. 과거 종로를 찾던 조선의 지식층들이 이른바 '종삼현상'을 피해 일본인들이 떠난 명동, 충무로 쪽으로 발길을 돌리면서 종로3가 일대는 뒷골목 전용특구로 성장했다. 한국전쟁과 1.4후퇴로 떠났던 시민들이 서울로 돌아온 1953년도 8월에는 이미 걷잡을 수 없을 정도로 커져 있었다. 이후에도 사창은 더욱 번져나가 1960년대에는 파고다공원(현 탑골공원)과 낙원시장 주변이 그 서쪽 끝을 차지했다. 동으로는 낙원동, 돈의동, 익선동, 운니동, 와룡동, 훈정도, 원남로, 종로5가까지 동서로 1km 이상이나 됐고, 남북으로 좁은 곳은 50m, 넓은 곳은 200~300m나 됐을 정도다. 사창은 종로통 북쪽뿐 아니라 남쪽 관수동, 장사동, 예지동까지 번졌다.

  종삼이 집창지대로 발전하게 된 것은 나름 이유가 있었다. 먼저 가옥구조 때문이었다. 줄지어 늘어선 나지막한 한옥들은 작은 뜰을 갖고 있었다. ㄷ자 구조여서 성매매 여성이 방 1칸을 차지하기 알맞은 구조였던 것이다. 게다가 직장과 술집의 거리가 가까웠던 것도 주요했다. 당시 대부분 직장이 종로구와 중구 관내에 몰려 있어서 직장인들은 하루 업무가 끝난 뒤 무교동, 명동, 낙원동 술집에 들려 술 한잔한 뒤 종삼을 찾곤 했다. TV가 있던 시절도 아니었고, 일찍 집에 들어간다고 해서 특별히 할 일도 없었기 때문이다.

  당시에는 전차가 주된 교통수단이었기 때문에 도보로도 쉽게 접근할 수 있는 곳이 종삼이었다. 특히나 전쟁 때문에 남성들이 희생당해 여성들이 넘쳐나 '남자 하나에 여자 한 트럭' 하던 시절이었던 터라 성매매 가격도 비교적 저렴했다. 당시 짧은 밤은 300원으로 커피 10잔 값, 또는 담배 10갑 가격에 해당됐다.

  시인 고은은 종삼에 가는 이유를 다음과 같이 적었다.

1950년대는 심상에 커다란 공동(空洞)이 생겼고, 그런 상태의 상식을 무엇인가로 충당하지 않으면 안 되었다. 잃어버린 것은 어머니와 집만이 아니었다. 책뿐이 아니다. 첫사랑의 소녀를 단 한 번 남산에 함께 올라 껴안아 보지도 않고 경련을 일으키면서 내려오고 만 뒤 잃은 것이다. 그들은 고향도 잃고, 철학도 잃고, 모든 것을 잃었다. 사랑하던 순희는 양갈보 에레나가 되어버린 것이다. 집은 폐허가 되고, 철학은 허무가 된 것이다. 오직 상처받는 혼으로 그런 상실감을 감당하지 않으면 안 되었다. 그것이 술이며 창녀였다.

김구용 시인도 1954년 「벗은 노예(奴隷)」라는 시를 통해 종삼을 이렇게 표현했다.

꽃 같은 화장품(化粧品)이 늘어 있고, 수면(水面)처럼 맑은 명대(鏡臺) 안에서 좁은 방 안의 양두사(兩頭蛇)가 일심이신(一心異身)이 아닌 이심일신(異心一身)으로 나타났다.

그는 종삼에서 하룻밤을 잔 뒤 아침에 나오면서 '여자의 마른 몸뚱아리와 더러운 이부자리가 역해서, 그는 옷을 주어입고 도망치듯 밖으로 나왔다'고 회고했다.

당시 남성들에게는 종삼만이 아니라 서울역 앞 양동도 빠지지 않는 대화소재였다. 특히, 양동은 성매매 여성들에게 있어서 일종의 입문처 역할을 담당했다. 포주들은 서울역 앞에서 기다리다가 보따리를 들고 상경하는 여성들에게 '좋은 일자리를 취직시켜주겠다'며 낚아채 윤락의 수렁에 빠뜨렸기 때문이다. 이는 소설과 영화에서 주요 소재가 될 정도로 빈번하게 일어났다. 특히, 호남선 철도가 오면 더욱 심했다고 한다.

양동에는 염쟁이들이 있었다. 이들은 서울역에서 꾐에 빠져 온 여성들을 성폭행해 탈출할 생각을 아예 하지 못하도록 만드는 역할을 했다. 염(殮)은 죽은 사람의 몸을 씻은 다음 수의를 입히고 염포로 묶는 '염습(殮襲)'의 준말이다. 이 무서운 용어가 사용되는 것은 성폭행당한 순박한 시골처녀가 과거 자신의 모든 정체성을 버리고 성매매 여성으로 전환됐기 때문이다.

이 시기 봉익동, 돈의동, 훈정동의 종삼이 가장 규모가 컸으며, 이어 묵정동 일대와 청파동 일부, 이태원 기지촌, 서울역 앞 양동, 봉래동, 만리동 일대 등에 사창이 번성했다. 당시 서울 인구 중 5만을 비롯해서 전국적으로 15만 명의 성매매 여성이 있었던 것으로 추정된다. 당시 서울 인구가 130만 명이었기 때문에 여성 13명 중 1명이 성매매 여성이라는 설명마저 나왔다.

■── **산재된 사창의 집촌화**

전쟁 이후 사회혼란으로 생활이 궁핍한데다 경찰 공권력이 제대로 발휘되지 못하면서 사창은 통제할 수 없을 정도로 퍼져나갔다. 서울시 경찰국은 물론 모두들 사창, 윤락가 폐지 등의 기치를 내걸기도 했지만 헛된 구호에 불과했다. 당시 서울 지역에만 밀매음촌이 46곳이나 달했다. 뿐만 아니라 부산 43개, 대구 6곳 등 크고 작은 사창가가 존재했다. 비교적 한적한 도시였던 천안의 경우 천안읍 문화동과 원성동, 성환동 등 3곳에 사창이 번성하면서 '창녀굴 노랫소리 때문에 밤늦도록 잠을 못 잔다'는 주민들의 원성도 나왔다.

확산 일로의 사창은 1950년대 말에 들어서 조금씩 집촌화되는 경향을 보인다. 그 이유는 집창촌이 되면 사창가로서 널리 알려질 수 있었고, 경찰 단속의 정보교환이나 주민 반발에 대한 공동 대처 등에서도 유리했기 때문이다. 사창 집단화 현상은 기차역을 중심으로 생겼다. 먼저 서울역, 부산역, 대구역, 청량리역, 용산역, 영등포역 인근에 예외 없이 사창가가 생겼고 그 규모 또한 상당히 컸다. 이는 역 인근에 여행객과 군인 등의 남성 이동인구가 많았기 때문이다.

지난날 유곽이 있던 자리에서도 유곽의 망령이 되살아났다. 부산의 완월동, 대구의 자갈마당, 대전의 중동 10번지, 인천 선화동, 마산 신포동 등이 대표적인 예다. 또 미군부대가 있거나 존재했던 기지촌과 그 부근에 윤락가들이 총총하게 모여들었다. 1957년 보건사회부 산하 성병진료소 89곳의 위치를 살펴보면 절반에 해당되는 43개소가 미군기지가 집중된 서울과 부산, 대구, 파주, 양주(동두천과 의정부 포함), 평택 등 6개 지역에 몰려 있었다.

당시 성매매 여성의 수는 헤아리기 어려울 정도로 많아 경찰에서는 서울시에만 약 5,000명 정도가 있다고 추산했다. 서울 '종삼'

표⁹ 성병진료소로 본 집결지 위치

지역	집결지
서울	10곳
경기	23곳(평택, 파주, 양주 각 6곳, 인천, 포천, 김포, 고양, 화성 각 1곳)
충북	6곳(청주, 충주, 제천, 괴산, 보은, 영동 각 1곳)
충남	6곳(대전, 천안, 강경, 조치원, 온양, 성환 각 1곳)
전북	5곳(전주, 군산, 이리, 남원, 옥구 개정면 각 1곳)
전남	7곳(광주, 목포, 순천, 여수, 고흥, 완도, 송정리 각 1곳)
경북	11곳(대구 8곳, 포항, 안동, 김천 각 1곳)
경남	10곳(부산7곳, 거제, 김해, 합천 각 1곳)
강원	8곳(춘천, 원주, 강릉, 삼척, 속초, 화천, 홍천, 묵호 각 1곳)
제주	3곳(제주, 북제주, 대정 각 1곳)
총	89곳

※출처 : 이임하, 『여성, 전쟁을 넘어 일어서다』, 2004

사창가는 종로3가는 물론 낙원동과 봉익동, 인의동, 장사동, 종로7가까지 이어지면서 '서(西)종삼시대'를 열고 있었다. 또 창신동 노벨극장 인근에도 성매매 여성 70명이, 청량리 시장과 역 일대에도 근 200명의 여성들이 성매매를 했으며, 서대문 신촌(100명), 청계천변 일대, 광희동1가, 묵정동, 명동과 남산동, 회현동 등도 꼽혔다. 서울의 관문인 서울역 앞 양동과 도동 일대에는 500명의 성매매 여성들이 살고 있었으며, 서울역 뒤 쌍림동, 봉래동 일대(50명), 용산역과 삼각지 일대에 군인을 상대하는 여성이 80명, 이태원에도 미군 상대 여성이 200명이나 됐다.

■ **도동의 10대 성매매 여성**
1960~1970년대 서울역 앞 도동을 비롯하여 양동의 여인숙과 여관 등 이른바 '하숙집'에서는 10대의 어린 소녀들의 성매매가 성행했다. 사진에는 성매매를 마치고 길가로 나서는 어린 소녀들의 모습이 보인다.

이태원은 1953년 미 8군이 주둔하면서 미군 상대 가건물주점과 기지촌, 술집 등이 생겨났다. 1963년 군인아파트가 지어지고, 1970년대 초 미 8군 121후송병원이 8군 영내로 이전하면서 부평 상인들도 대거 옮겨오면서 유흥기지촌의 모습을 갖췄다.

서울 수복 후 주둔 미군부대가 많았던 영등포 일대에도 사창이 많아 '사창도시'라고까지 불렸다. 세칭 판문점으로 불리는 영등포 역 뒤편의 신길동을 비롯해 당산동, 양평동, 대방동, 영등포 공설시장 부근인 영이동, 문래동 등 광범위한 지역에 걸쳐 300명에 달하는 성매매 여성이 포진하고 있었다. 특히, 문래동과 신길동은 주로 미군과 동거하는 여성들이 많았으며, 역 옆 골목 경방 정문 앞 홍성루 뒷골목이 가장 번창했다. 이밖에도 왕십리 뚝섬 일대, 미아리 시장 부근, 서대문 영천, 마포 갯변 등에도 사창가가 형성됐다.

집창촌뿐만 아니라 여름철이면 유원지 등에서 '유격부대'라고 불리는 이동 성매매 여성들이 나타났다. 특히, 한강이나 뚝섬, 우이동 등이 유명했다. 용산역 앞에서는 판잣집은 물론 손수레에 자그마한 방을 임시로 만든 이동식 판잣집에서 윤락을 하기도 했다. 한강로 큰길가에는 양공주 수십 명이 길가에 나와 호객행위를 했는데, 미군뿐 아니라 한국 남성들도 성매매 장소로 안내했다.

한국전쟁 시기 헐벗고 굶주린 여인들에게 있어 신분이니 체면이니 하는 것들은 나중 문제였다. 당시 성매매 여성 중에는 전쟁미망인과 대학생, 남편을 둔 가정주부와 15세 미만의 미성년자 등도 많았다. 진주의 경우 봉래동과 수정동(현재 봉수동), 천봉동 등지 주택가와 학교주변에 사창이 난무하여 이를 단속해달라는 주민들의 진정이 잇따랐다. 심지어 초등학생들도 학교 인근 사창가 폐지를 주장하면서 데모를 하는 풍경이 빚어지기도 했다. 또 1959년 10월 대구에서는 1개월 단속에 무려 성매매 여성과 포주 등 691명이 검거됐다. 또 부산에서는 고교생들 200명이 학교 입구에 있는 부산진구 범사동 사창굴을 철거해달라고 30분간에 걸쳐 데모를 벌이기도 했다.

집창촌 깊이 읽기
●

보산동 동두천 기지촌과 생연7리

동두천의 집창촌은 미군을 위한 보산동과 광암동, 그리고 한국 군인과 주민들을 위한 생연7리 등으로 크게 양분된다. 동두천에 미군이 머물기 시작한 것은 미군정 시기 경기도 포천군 청산면 초성리에 주둔하던 미군 중대본부 일부 병력이 동두천 창말2리에 주둔하면서부터다. 1949년 일시 철수했던 미군은 한국전쟁 말기에 미 3사단에 둥지를 튼 것을 시작으로 미 1사단, 7사단을 거쳐 현재 2사단에 이르면서 완벽한 미군도시로 자리 잡았다.

한국전쟁 이전 광암리는 화전민들이 사는 한적한 산촌이었다. 그리고 보산리는 공동묘지가 자리 잡고 있던 적막한 시골이었다. 전쟁으로 폐허가 된 농촌마을 동두천은 1950~1960년대 2만 명에 가까운 미군이 주둔하면서 미군에 의존하는 대형 기지촌이 형성됐다. 미군을 직접 상대하는 클럽이나 토산품가게 등은 물론 작은 구멍가게도 거의 미군부대와 직·간접적으로 연결되어 있었다. 1970년대 말 전체 인구 6만여 명 중 90%가 외부에서 미군을 따라 들어온 소위 뜨내기들이었다.

1950년대만 해도 술 취한 미군들이 자기들끼리 싸움을 벌이거나 동거하는 성매매 여성에게 폭력을 휘두르는 것은 보산리와 생연리 길거리에서 흔히 볼 수 있는 일반적인 현상이었다. 특히, 흑인과 백인 간의 갈등이 심해 주먹다툼은 물론 총질도 빈번하게 발생했다. 이러한 무법천지의 특성 때문에 '리틀 시카고'라는 별칭까지 얻었다. 미군과 결탁해서 양주와 양담배, 식음료 등 각종 미군물자를 빼돌리는 것은 물론 일부 조폭들은 아예 권총으로 무장하고 미군부대에 침입, 군수물자를 터는 일이 발생할 정도였다.

1960년대에는 미 2사단 정문 앞을 경계로 해서 북쪽인 북보산리는 흑인, 남쪽 남보산리는 백인 전용지로 구분됐으며, 서로 상대 영역을 침투하지 않는 것으로 불문율로 삼았다. 만일 이를 어기면 가차 없이 집단린치가 가해졌다. 특히, 1968년 4월 마틴 루터 킹 목사가 살해됐을 때에는 흑백갈등이 정점에 이르러 흑인병사들은 백인병사를 만나면 무조건 폭력을 휘둘렀다. 클럽은 물론 성매매 여성들도 흑인전용, 백인전용 등 서로 구분해서 영업을 강요당했다. 백인 상대 업소에서는 컨트리(Country) 뮤직을, 흑인상대 업소에서는 소울(Soul) 뮤직만을 틀었으며, 백인은 흑인을 상대했던 여성과 성관계를 맺지 않았다. 한국인 여성들도 백인 상대 여성은 '쌀밥', 흑인 상대 여성은 '보리밥'이라면서 서로 차별을 했다. 흑백갈등이 심화되자 미군 당국은 흑인 전용구였던 북보산리를 폐쇄시켰다. 또 클럽 업주들에게 의무적으로 컨트리 음악과 소울 음악을 섞어 틀도록 하고, 이를 어기는 업소에 대해 미군출입금지 명령을 내리며 갈등을 조금씩 완화시켰다.

전성기였던 1960년대 동두천의 양공주는 7,000명에 육박했지만 1971년 7사단 사령부 철수설이 나돌면서 조금씩 떠나갔다. 1977년 동두천 양색시는 3,031명으로 당시 주둔 미군이 1만7천이었다는 점을 고려하면 미군 5명당 1명의 양색시가 있었던 셈이다. 이들은 미 2사단 사령부와 제1여단이 있는 걸산리와 2여단이 있던 광암리, 지원사령부가 있는 보산리, 공병대가 위치한 동두천2리 등에 흩어져 있었으나 1970년대 말부터 정리가 되면서 보산동 천연장 뒤편으로 모였다. 2006년 현재 보산동에는 미군들을 위해 당구장을 갖춘 바가 10여 군데 이어져 있다. 이곳에서는 주로 필리핀과 러시아 여성들이 미군들을 상대로 호객행위를 하면서 술을 판다. 이들은 주인들을 배제하고 미군과 직접 구두계약을 통해 성매매를 하기 때문에 당국이 발각해도 처벌하기가 쉽지 않은 실정이다.

이곳 기념품가게 주인의 말에 의하면 10년 전만 해도

오후 6시만 되면 미군부대 앞에서 한국 여성들이 늘어서서 미군들이 나오기를 기다렸다고 한다. 하지만 요즘은 한국 경찰이 성매매단속을 하는데다 미 헌병의 단속이 강화되면서 성매매 현상이 크게 줄어들었다고 한다. 또 이라크 전쟁으로 2사단 부대원들이 대거 이라크로 파병된 것도 보산리 경기를 더욱 침체에 빠뜨린 원인이라는 것이다.

동두천 전화국에서 소방서 방면 사거리에서 우회전을 하면 동두천 시외버스터미널이 나온다. 동두천터미널 뒤편에 위치한 생연7리는 주로 한국인을 상대로 하는 성매매가 이뤄졌다. 하지만 지금은 내국인의 발길이 뜸해져 외국인 노동자들을 주로 많이 받고 있다.

생연7리 역시 기지촌으로 출발했다. 그러다 미군 감축이 진행되면서 한국인 전용 성매매 업소로 바뀌게 되었다. 이곳은 특히 동두천에 근무하는 카투사들이나 휴가 나온 군인들이 즐겨 찾는다. 윤락업소들의 친목단체인 청풍산악회 회장은 '예전에는 군인들에게 이렇다 할 오락이나 갈 데가 없었기 때문에 누구나 오가면서 들렀다'며 '한창 때에는 아가씨만 해도 300여 명에 달했지만 현재는 30집에 겨우 60명만이 일하고 있다'고 말했다.

보통 '칠리'라고 불리는 동두천 생연리 집창촌의 특징은 성매매 업소 입구를 초록색 천막 조각으로 봉해놓았다는 것이다. 원래 생연7리 일대가 전부 홍등가였는데, 집창촌

한가운데로 소방도로가 신설되면서 홍등가의 불빛이 도로 밖으로 나가지 않도록 임시방편으로 초록색 천막 조각을 달기 시작했다. 이곳은 동두천시로 승격되면서 생연7동으로 발전했지만 주민들은 여전히 칠리라고 부른다.

집창촌
깊이 읽기
..

파주 용주골

경기도 파주시 파주읍 연풍리 300번지 일대는 연풍리라는 마을 이름보다 용주골이라는 별칭으로 더욱 유명하다. 인근 의정부와 동두천이 그러하듯이 이 마을도 미군부대에 의존한 기지촌으로 급성장한 마을이다.

  용주골에 미군 상대 성매매 여성들이 자리 잡은 것은 한국전쟁기인 1951년도 늦여름이었다. 당시 전쟁포화에서 온전하게 보전된 4~5채의 가옥을 중심으로 성매매 여성들이 몰려들기 시작했다. 미군들은 적의 첩자가 있을지도 모른다며 미군들의 민가출입을 금지시켰기 때문에 양색시들은 담요 한 장을 들고 큰길로 나가서 미군들과 흥정한 뒤 산속에서 영업을 하기도 했다. 그러다 한국전쟁 직후인 1953년 주한미군 2사단이 파주읍에 주둔하면서부터 이들을 대상으로 한 상점과 클럽들이 우후죽순 들어섰고, 하나의 공인된 형식처럼 윤락업소들이 자리를 잡았다. 1956년에는 용주

■ **파주 용주골**
경기도 파주 용주골의 성매매 여성들이 흰색 유니폼을 입고 취객들과 몸값 흥정을 벌이고 있다. 1960~1970년대 미군들의 천국이었던 용주골은 미군기지 이전 등으로 쇠락하다 1990년대 중반 일산 신도시 개발에 힘입어 새로운 활기를 되찾았다. 사진 속 성매매 여성들은 다리가 길어 보이도록 강조하기 위해 10~20cm의 키높이 구두를 신고 있다.

골 사과밭에 미군 종합휴양시설인 RC1이 들어서 서부전선 미군 치고 용주골을 모르는 사람이 없을 정도였다. 1960년대 파주군에는 관광업소가 74곳이었고, 그중 20개가 용주골에 몰려 있었다. 연풍리 태생의 성주용(84) 씨의 말에 따르면 당시 연풍교를 건너 현재 상가 밀집지대에 색시촌이 있었는데, 지금과 달리 대부분 1층 집이었다는 것이다. 또한 성매매 여성의 숫자는 1,000여 명이 넘었다고 한다.

연풍1리 용주골에는 특히 흑인들을 상대로 하는 클럽이 많아 낙원홀과 파라다이스 클럽을 중심으로 흑인 집단촌이 형성됐다. 낙원홀을 경영한 조(趙)마마상이란 여성은 흑인 상사와 결혼하여 혼혈아를 낳았기 때문에 흑인들과 친했으며, 잘 다듬어진 매너로 흑인들의 존경을 받기도 했다고 한다.

1960년대 용주골에서는 '용주골 사람 치고 포커 못 치는 사람 없다'는 말이 있을 정도였다. 또한 파주 지역 주둔 미군뿐 아니라 서부전선의 모든 미군들이 주말이면 몰려들었다. 하룻밤을 위해 헬리콥터를 타고 용주골을 찾는 미군 장교도 있었다. 그래서 건전지가 떨어졌다고 라디오를 쓰레기에 버릴 정도로 용주골은 흥청거렸다. 매일 아침마다 취객들이 흘린 달러를 줍기 위해 골목을 누비는 사람들도 많았다.

용주골이라는 이름은 연풍4리 파주공고 옆에 있는 연못에서 용이 승천했다는 뜻에서 유래됐다. 처음에는 '용지(龍池)골'로 불렸으나 점차 부르는 과정에서 용주골로 변했다. 지난 1950~1960년대에는 그냥 연풍리로 통했지만 명확하게 구분하자면 현재 홍등가로 변해 있는 연풍2리 지역은 대추나무숲이 울창했다고 해서 대추벌로 불렸다. 1960년대 초반까지 이곳엔 대추나무숲이 울창했고, 마을사람들은 가을이 되면 대추 수확으로 톡톡히 재미를 보기도 했다고 한다.

일부 노인들은 여전히 홍등가가 전혀 없는 연풍4리 지역을 용지골로, 현재 용주골로 유명한 연풍2리 지역은 '대추골'로 부른다. 1965년 주한미군 상대 성매매 여성을 조사한 이응인은 용주골에는 당시 1,104명의 성매매 여성이 거주한다고 밝히고 있다. 1969년 발표된 닉슨독트린으로 주한미군 철수가 시작되고, 1971년 문산 미 2사단이 동두천으로 옮기면서 용주골의 기지촌은 쇠락하기 시작했다.

윤락업소들은 통닭집이나 호프집 등으로 바뀌었으나 성매매 여성들은 기지촌을 떠나지 않고 1980년대 초에도 300여 명이 남아 있었다. 이들은 점차 미군이 아니라 한국인을 대상으로 성매매를 시작했다. 한국인 상대 성매매 여성들은 어느 정도의 상가가 형성된 연풍4리보다는 비교적 한산했던 연풍2리, 현 대추벌 쪽에 집단거주하기 시작했다. 특히, 일산 신도시가 건설되고, 서울 지역에서 성매매와의 전쟁이 벌어지는 등 단속이 심해지면서 용주골은 새로운 전성기를 구가했다.

용주골에 있던 기존 업소만으로도 부족해지자 인근 논을 메워 '백일홍길'을 만들어 새로운 성매매 업소들로 채웠다. 성의 수요가 공급을 창출했을 뿐만 아니라 공급이 새로운 수요를 창출해내는 형국이었다. 과거 성매매 업소들이 벽돌집이나 슬레이트 지붕을 연결한 허름한 풍경이었다면 백일홍길에 들어선 윤락업소들은 서울시내 웬만한 모텔과 견줘도 손색이 없을 정도로 잘 지어진 5층 높이에 똑같은 모양과 비슷한 색의 페인트를 칠한 신축건물들이었다.

그러나 성매매특별법 이후 이곳에 찬바람이 몰아치고 있다. 이곳 포주 여성 김모(46) 씨의 말에 의하면 손님이 없는데다 성매매 여성도 구하지 못해 애를 먹는다고 한다. 그녀는 또 지난 2004년 9월 23일부터 발효된 성매매특별법의 여파가 너무 심해 5,000만 원 보증금에 월 400만 원씩 월세를 내고 있는데, 요즘 같은 추세라면 월세 내기도 빠듯하다고 볼멘소리를 했다. 인근 유성양품점 주인은 '남대문에서 홀복(성매매 여성들이 입는 비키니 비슷한 옷들)을 갖다가 팔아왔는데, 손님이 워낙 없고 아가씨들도 다 떠나니 이제는 뭘 먹고 살아야 할지 모르겠다'며 푸념부터 늘어놓았다.

> 집 창 촌
> 깊이 읽기
> ● ● ●

태백의 대밭촌

니기미 씨부랄 것 농사나 짓지 강원도 탄광에는 ×빨러 왔나
아리랑 아리랑 아라리요 노부리 고개를 넘어간다
산지사방이 일터인데 그리도 할 일 없어 탄광에 왔나
아리랑 아리랑 아라리요 아리랑 막장으로 들어간다
이판저판이 공사판인데 한 많고 설움 많은 탄광에 왔나
아리랑 아리랑 아라리요 아리랑 탄광은 말도 많다

〈광부아리랑〉

강원도 태백 황지에 위치한 대밭촌은 다른 시도의 집창촌과는 확연히 다른 모습이다. 작은 산골마을인 태백 황지는 일제 강점기의 일본인 흔적도 없으며, 인근에 미군 등 군부대 주둔지도 없었다. 험난한 산줄기로 둘러싸인 이 마을을 세상과 연결하는 것은 청량리역에서 출발하여 사북, 고한을 거치는 태백선 등과 시외버스뿐이다. 그렇다고 대밭촌이 역

주변에 발달한 윤락가는 아니다. 기차역과 버스터미널에서 도보로 무려 20~30분쯤 떨어져 있어 걸어가기란 여간 불편한 게 아니다.

대밭촌은 그래서 아주 예외적인 윤락가다. 윤락가의 형성 배경에는 석탄채광 열기가 자리하고 있다. 강원도 지역 석탄개발 열기는 1950년대 말부터 시작해서 1960년대 정점에 이르렀다. 정부는 본격적인 수출주도정책을 펴면서 급격하게 증가하는 에너지 수요에 대처하기 위해 석탄광 개발을 하는 민간 기업에게 재정지원은 물론 세금면제 등 각종 특혜를 베풀었다. 그리고 1973년과 1979년 두 차례에 걸친 석유파동으로 인해 수입석유에 의존하던 국내 에너지 자원을 석탄으로 급선회하기에 이른다. 그렇듯 태백의 황지를 비롯한 고한, 사북 등 수백 세대도 안 됐던 시골마을에 탄광이 개발되면서 외지에서 젊은 남성들이 몰려들었다. 그리고 비온 뒤 죽순이 올라오듯 골짜기마다 판잣집과 남성을 상대하는 술집들이 생겨났다. 1980년대 5공화국 정부가 소규모 탄광을 무분별하게 허락하면서부터 연간 10만 톤 미만을 생산하는 소규모 탄광 320여 개가 난립하는 석탄산업의 전성기가 형성된다.

강원도 산골짜기에 볼품없는 산줄기를 갖고 있던 사람들과 광산업자들은 벼락부자가 되어 흥청망청 돈을 써댔다. 그러면서 태백에는 대구관과 통일관, 황춘옥 등 크고 작은 요정 50여 개가 들어섰다. 그리고 황지천 옆 자유시장 인근에는 윤락가가 형성됐다. 당시 대구관은 건평만 150평이 넘었으며, '새끼마담'만 해도 10여 명에 기생은 보통 60여 명에서 많을 때는 최고 100여 명에 달했다. 대구관과 같은 업소들은 광부보다 광업소에서 월급을 많이 받던 관리직원이나 회사 측 지원을 받는 어용노조 간부들, 석탄회사에서 대접하고자 하는 중앙 및 태백시 공무원들을 주 고객으로 삼았다.

대구관 등이 술과 성을 함께 파는 고급스런 겸업형 윤락업소였다면 대밭촌은 전업형 윤락업소다. 대밭촌은 1961년쯤 태백시 황지에 탄광개발이 본격화되면서 생겨났다. 그러다 황지천 옆에 판잣집, 루핑집 등 간이 윤락업소들이 하나 둘 생겨나면서 규모가 커졌다. 1965년쯤에는 영월집, 의정부집 등 윤락업소만 60여 개였으며, 성매매 여성들만 해도 300여 명에 달해 동대문 밖에서는 가장 규모가 큰 윤락촌이었다. 주민들에 따르면 이곳을 대밭촌이라 부르게 된 것은 황지천 옆 야산에 무성하게 자라는 시누대(복조리 만드는 작은 대나무)를 볏짚 대신 잘라 지붕을 만들었기 때문이라고 한다.

물론 이렇다 할 문화생활을 누리지 못하던 당시 탄광의 젊은 인부들에게 윤락업소는 유일한 놀이터였다. 그들은 대부분 가족도 없이 홀로 탄광촌을 찾아온데다 토끼장 같은 사택에서 잠을 자면서 하루 8시간 이상 중노동에 시달렸다. 언제 막장이 무너질지 모르는 불안한 상황에서 술과 여자에 빠져드는 건 어쩔 수 없는 일이었는지도 모른다. 하지만 넉넉하지 않은 월급을 받는 광부들은 쌀전표나 손목시계를 맡겨놓고 여성을 사야 했다. 가장 일반적인 화대는 외상이었다. 대밭촌에 들러 광업소와 사번을 밝히면 여기저기서 외상을 주고 월급날 업주들이 회사에서 직접 돈을 수령해갔다. 황지자유시장에서 식당을 운영하는 김수만(66) 씨에 따르면 당시 탄광이 3교대로 24시간 풀가동되면서 황지 주변 식당과 윤락가도 24시간 영업했는데, 시장 통에는 사람들로 북적거려 발을 디딜 틈조차 없었다고 한다. 또 매일 싸움이 일어나 유리창이 파손되는 일이 반복되었다고 한다.

　　　　탄부들의 성욕 배설장소였던 대밭촌은 시설이나 위생이 그리 문제가 되지 않았다. 또 성매매 여성들의 얼굴과 나이 등도 그리 따지지 않았다. 다른 지역 윤락가에 비해 호객을 위한 큰 유리문이 없어도 상관이 없었다. 화장실조차 없어 페인트 통 같은 양철통을 문 옆에 두고 소변을 보는 매우 비위생적인 환경이었지만 업소는 빈자리가 없을 만큼 문전성시를 이뤘다.

　　　　지금은 강원랜드가 들어선 사북이나 고한의 경우 이러한 윤락업소가 없었다. 대신 술집에서 막걸리 등과 함께 여성을 파는 겸업형 성매매나 여관이나 다방 등의 여성들이 성을 팔곤 했다. 또 성욕만을 풀고자 했던 남성들은 태백으로 건너가기도 했다. 임권택 감독의 영화 〈노는 계집, 창〉의 탄광촌 술집 배경이 됐던 고한에서 30여 년 동안 거주했다는 서순자(67) 씨는 '남편과 함께 이곳에 와보니 당시 소주나 막걸리를 파는 술집들이 많았으며, 광부들은 이들 여성들과 2차를 나가곤 했다'고 말했다.

  태백시의 경우에도 대밭촌뿐 아니라 여관과 다방 등을 통한 성매매가 번성했다. 1986년 당시 인구 12만의 소도시였던 태백시에는 유흥음식점 25곳, 무도유흥음식점 3곳, 대중음식점 412곳, 숙박업소 138곳, 당구장 43곳, 윤락가 18곳, 다방 88곳이 있을 정도로 여관, 여인숙, 다방이 많았다.

  1980년대 중반에는 탄광촌 강아지도 1,000원짜리 지폐를 물고 다닌다는 말이 돌 정도로 흥청댔다. 하지만 1980년대 후반 들어 산업의 중심이 석탄에서 석유로 옮겨가면서 탄광촌의 경기도 가라앉기 시작했다. 이후 대밭촌은 그 규모가 점차로 줄어들었으며, 2006년 말 현재 12개의 업소가 영업 중이다.

**집 창 촌
깊이 읽기**

동해안의 부산가, 금호실업

강원도 동해시에는 '아파트 집창촌'이라는 매우 특이한 형태의 집창촌이 들어서 있다. 원래 동해에는 1940년 묵호항 개항과 함께 항구 주변 선술집에서 윤락을 해왔다. 이후 한국전쟁을 거치면서 무허가 판잣집이 증가하고, 현 동해시 중앙시장 맞은 편 해안가에는 판잣집 윤락가가 집중적으로 생겨났다.

오징어잡이가 호황을 이루면서 선원과 상인들을 상대하는 판잣집 윤락업소들 역시 호황을 누렸다. 오랫동안 가족과 떨어져 고기잡이배를 타야 하는 선원들에게 있어 출항 전과 입항시 선술집에서 술과 여성을 구입하는 것은 일상사로 인식되던 시기였다. 중앙시장에서 건어물 직매장을 운영하는 박복림(75) 씨에 따르면 오징어잡이가 잘 되면 윤락가도 장사가 매우 잘 됐다고 한다. 특히, 묵호항 일대에서 가장 큰 윤락업소의 이름이 '부산가'였는데, 그 후 윤락가를 부산가로 부른다는 것이다.

1960~1970년대 태백과 정선 일대에서 광산개발이 본격화되고, 석탄의 대일 수출길이 열리면서 묵호항은 오징어잡이뿐만 아니라 석탄수출기지로도 발돋움했다. 일본 석탄수입상들은 묵호항에 들러 부산가 등 윤락업소를 즐겨 찾았다고 한다.

1980년대 들어 동해시가 발전하면서 난립하는 윤락가를 정비할 필요성이 강하게 제기됐다. 동해시는 1984년 판잣집을 헐고 아파트를 신축해서 성매매 여성들과 포주들을 집단 이주시켰다. 현 중앙시장 맞은편 '종합가구 할인매장'이라는 커다란 아치형 간판 속으로 들어가면 2개 동으로 구성된 T자 형태의 아파트가 나타난다. 당시 강변가요제에서 '밤에 피는 장미'라는 노래가 금상을 차지하면서 해안가 밤에 붉게 피는 홍등을 장미로, 부산가를 '장미 아파트'로 부르고 있다. 제법 그럴싸한 비유인 셈이다.

발한아파트 2개 동 중 101동은 상가로 이용되고 102동만이 윤락업소로 이용되고 있다. 5층짜리 아파트 중 1층은 상가로 이용되고, 2층부터 5층까지 20호가 윤락가인 셈이다. 1990년대 말 러시아 선원들이 킹크랩 등을 싣고 많이 입항했을 때에는 5층의 5개 윤락업소가 러시아 선원 전용으로 사용되기도 했으나 최근 들어선 한국인들만 받는다고 한다. 이는 장미아파트의 선택이 아니라 동해시내에 러시아인

■ **발한아파트**
동해시에 위치한 국내 유일한 아파트 집창촌. 1950~1960년대 부둣가에 우후죽순으로 생긴 성매매 업소들을 1984년 아파트로 집단 이주시켰다. 예전에는 부산가로 불렸으나 현재에는 장미아파트로 불린다.

전용 업소가 들어섰기 때문이라는 것이 주민들의 설명이다. 부산가의 경우 성매매 여성들이 대부분 30대 이상으로 화대를 직접 챙기며 업주에게 월 40~50만 원의 방값만 지불하는 자영업 형태가 많다.

이웃한 속초시의 경우에도 항구와 탄광이라는 두 가지 요인에 의해서 윤락가 번성했다. 속초시 금호동 473번지 일대에 위치한 '금호실업'이 그것이다. 금호실업은 금호동에 위치한 업소라는 뜻으로 1970년대 탄광개발의 냄새를 진하게 풍기고 있다.

속초시에 윤락업소가 처음 생긴 것은 한국전쟁기로 추정된다. 전쟁이 한창이던 1953년 속초에 미군부대(HID)가 주둔했으며 미군과 한국군을 위한 '위안소'가 존재했다는 사실에서 속초 윤락업소 기원을 찾을 수 있다. 전쟁이 끝나면서 이들 위안소 여성들은 속초시내에서 윤락업에 종사했을 것으로 보인다.

속초 거주민들은 전쟁 이후 난립한 무허가 술집에서 윤락업소가 발전했다고 기억한다. 속초시는 원래 38선 이북에 위치한 지역으로 한국전쟁 이후 실향민들이 대거 정착하면서 형성된 도시다. 14세 때 고성에서 피난 왔다가 속초에 정착했다는 장낙인(75)씨는 '현재 중앙시장은 옥수수 및 감자밭, 논이 있었던 곳이고, 전쟁 이후 갑자기 사람들이 몰려들면서 이 일대에 무허가 술집들이 난립하게 됐다'고 말했다. 그러다가 시장이 발달하면서 무허가 술집들이 조금씩 안쪽으로 밀려가게 된다. 그래서 큰길 1선에는 상가가 형성되고, 그 뒤에 윤락업소들이 들어섰다. 지금도 중앙극장과 설악화장품, BYC매장 뒤편으로 꼬불꼬불 골목길을 따라 윤락업소가 30여개 위치해 있다.

　15통 통장을 맡고 있는 안기영(54) 씨에 따르면 36년 전에는 이 일대에 무허가 술집들이 늘어서 있었는데, 얼마 뒤 당국으로부터 허가받은 'OO관', 'XX옥'의 이름을 가진 술집들이 들어서면서 무허가 술집들도 윤락업소로 전환했다고 한다. 1972년 양양광업소에서 생산된 야철을 포항제철소로 실어 나르기 위한 야적장이 들어서면서 윤락업소가 점차 번성해갔다.

　속초시 윤락업소의 호황기는 1980년대 말부터 1990년대 초였다. 속초항과 동명항 등에서 명태잡이 등을 위해 출항하는 선원들의 성 수요가 늘어났기 때문이다. 윤락업소들은 설악산 관광을 온 남성고객들이 단체로 성매매 여성을 요구하면 봉고차로 여성을 설악산까지 나르기도 했다.

　1980년대 37가구였던 윤락업소는 2000년대 초 14곳으로 줄어들었다. 성매매특별법 이후 대부분 문을 닫고 2006년 말에는 5곳만이 영업을 하고 있다. 그러나 국내 선원뿐 아니라 러시아와 중국 선원, 고성, 간성 등 전방에서 군생활하는 군인들은 꾸준히 이곳을 찾고 있다고 한다.

V

특정지역시대
(1962~1980)

특정지역시대 · 1962~1980

　군사 쿠데타로 시작된 3공화국은 경제발전에 전념했다. 즉, '조국근대화'라는 명목의 경제발전을 위해서라면 그 무엇이든 희생시켰다. 여성의 성매매도 그 희생물 중 하나였다. 1961년 5월 16일 쿠데타를 일으킨 군부세력은 정권을 잡자마자 곧바로 '윤락행위 등 방지법'을 제정, 윤락행위를 불법으로 규정하고 단속을 약속한다. 허가받지 못한 불법적인 공간에서 법으로 금지된 성매매를 하고 있는 사창을 단속하는 것은 자신들의 권력을 알릴 가장 자극적이고 효과적인 방법이었던 것이다. 더구나 이 불법공간에는 폭력배와 기둥서방 등 기생하는 폭력조직이 있기 때문에 이 공간을 일소하고 '수렁에서 허덕이는' 여성들은 구해내는 것은 바로 정부의 정의로움을 알리는 일이기도 했다.

　　그러나 3공화국의 윤락행위 등 방지법은 불법적인 사창의 근절을 위해서 지속적으로 강한 단속을 하기보다는 선전효과를 거둔 뒤 특정지역 설치와 관광특구지정 등 사창가를 최대한 활용하는 방식으로 전환됐다. 법과 질서 수호에 대한 강력한 의지 표명으로 나름 성과를 거둔데다 완전근절은 현실상 불가능하기 때문에 말썽만 일으

227

키지 않는다면 묵인하는 방식을 택한 것이다.

일제 공창제의 잔재와 미군 기지촌이 엄존하는 상황에서 경제개발을 추진해야 하는 3공화국 입장에서는 사실 윤락가를 일소할 능력도 의지도 없었다. 오히려 주한 미군의 성적 가려움을 긁어주는 기지촌을 보호하고, 일본 섹스관광객을 끌어들이는 적극적인 외화유치 정책은 이 땅의 성매매가 불황기 없는 산업이라는 인식을 심어줬다. 여기에다 3공화국의 경제개발 최우선주의는 시골의 젊은 남녀를 서울로, 도시로 불러들이면서 산업형 성매매의 싹을 틔우는 계기로 작용했다. 농촌을 떠나 도시로 올라오는 여성들 중 상당수는 포주의 감언이설에 속아 윤락녀로 전락하는 경우도 많았다. 그리고 부유해진 도시 지역 사업가는 물론 홀로 서울에 올라온 시골 총각들에게 성 구매는 '남성다움'의 표현이었다.

■── 윤락행위 방지법과 특정지역

1961년 5월 16일 쿠데타를 일으킨 군사 정부는 '사회기강확립'이라는 명목아래 그해 11월 9일자 '윤락행위 등 방지법'을 제정, 성매매 단속에 나섰다. 이 법은 성매매 행위 관련자들을 행위 유형별로 세분하여 처벌의 수준을 달리 규정했다. 즉, 윤락행위와 윤락상대를 유인, 강요, 처소제공을 했을 경우 등에 따라 징역이나 벌금형을 부과하기 시작했다.

정부가 밝힌 법제정 목적은 성행하고 있는 성매매 행위를 방지하여 국민의 풍기정화와 인권존중에 기여하고, 더 나아가 직업교육 및 보도를 통해 자립갱생의 정신과 능력을 함양, 건전한 사회인으로 복귀시키는 데 있었다. 군사 정부는 이를 위해 법률시행과 동시에 전국 각지 19개소에 윤락여성 직업보도소를 설치했다. 또 사창들을 모아서 호객행위금지와 정기적 성병검사, 부녀상담원배치 등을 실시했다.

하지만 이는 미군정의 공창제와 비슷한 선언적 의미의 성매매 금지였다. 왜냐하면 시행령은 그로부터 8년이 지난 1969년 11월에야 제정됐기 때문이다. 더구나 1962년 4월 내무부, 법무부, 보건사회부는 이태원 등 32개 기지촌을 비롯한 성매매 여성들의 집결지 104곳을 특정지역으로 설치하고, 특정지역 내 성매매에 대해서는 묵인하는 형태를 취했다. 이는 특정지역 내 성매매를 보호하는 공창 아닌 공창을 인정한 결과였다.

성매매 근절을 위해 법을 제정했지만 이미 사창이 만연하는데다 미군 기지촌이라는 풀리지 않는 함수를 안고 있던 군사정권의 절충안인 셈이었다. 특히, 기지촌은 정부 단속에서 늘 제외됐다. 정부는 한 발 더 나아가 미군 등 유엔군을 상대하는 여성들을 관리하기 위한 등록제와 함께 아예 교양교육도 실시했다. 당시 기지촌 여성이 매주 5시간 받은 교양교육은 성병예방에 대한 지식, 공중위생학, 반공사상 고취, 영어 등이 포함되어 있었다. 이는 사실상 정부가 기지촌을 운영하고 있다는 하나의 증거였던 셈이다.

특정지역으로 지정된 104곳은 매우 중요한 의미를 지닌다. 1947년 10월 20일 공창제폐지 이후 어느 지역에 성매매 집결지가 생겼는지, 어느 지역에서 없어졌는지 그 흐름을 파악할 수 있는 유일한 자료였기 때문이다. 1962년 7월 조선일보는 '탐문한 바에 의하면 서울 지역 10개 특정지역이 있다. 종로구 대묘동과 탑동, 성동구의 모진동과 홍인동, 동대문구의 전농동, 영등포구의 대방동과 문래동, 신길동 등 10곳'이라고 적고 있다. '탐문'이라는 용어를 쓴 것으로 보아 정부는 당시 특정지역을 정확하게 공개하지 않았던 것으로 여겨진다.

보건사회부(1987)가 『부녀행정 40년사』에서 밝힌 서울의 특정지역 수는 9곳으로 서울역 앞 양동과 영등포역, 종로3가, 청량리, 전농동 등이 포함됐다. 서울의 대표적인 사창가였던 동대문구 창신동, 중구 묵정동 일대는 특정지역으로 지정되지 않고 곧 폐쇄될 지역으로 언급됐다는 점이 눈에 띈다. 이러한 사실로 미뤄볼 때 1962년도의 특정지역은 지역 주민들에게 윤락가나 사창가로 인정받는 모든 지역이라기보다는 '정부가 앞으로 불법영업을 묵인할 윤락가'라는 성격이 짙다.

표[10] 1962년 시도별 특정지역

시군	지역 수 (성매매 여성 수)	설치 지명 (성매매 여성 수)
서울	9	양동, 영등포역, 종로3가, 청량리, 전농동 등

지역	개수	내용
강원	7(214)	춘천 소양로(69-장미촌), 원주 학성로(85-희매촌), 강릉 묵호읍 발반리(11), 철원 신사면 대공리(7), 화천 하리(23), 양구 송정리(12), 남면 상원리(7) 이후 어촌과 광산지역에 번성하는 사창에 대한 관리의 필요성이 제기되면서 태백(황지촌), 속초(금호실업) 등도 특정지역으로 추가됐다.
충남	5(457)	대전 중동, 정동(112-중동), 대덕 북장면(106), 서산군 태안(74) 보령군 대천(95-새말 기지촌) 1945년 일제 패망 이후 미군이 대천해수욕장 주변에 주둔하기 시작했다. 한국전쟁 이후 신흑동 해망산에 미 미사일부대가 들어서면서 신흑동에 기지촌이 1970년 말까지 번성했다. 보령 출신 소설가 이문구(1974)는 중편소설 「해벽」에서 대천숭산 일대 미군기지와 기지촌 풍경을 묘사하기도 했다. 천원군 성환(70)은 일제시대부터 군 부대가 있던 곳으로 한국전쟁 이후 미군부대 캠프 하워드가 위치하고 있다. 현재 연암대학 정문에 조금 못 미쳐 미 탄약고부대가 여전히 남아 있다.
경북	5(707)	대구 도원동(자갈마당), 대구 태평동(똥치골목), 포항(중앙대학), 경주(적선지대), 칠곡
경남	4(261)	마산 상남동(61), 마산 중앙동(40), 진주 옥봉동(83), 진해 충의동(77) 상남동과 중앙동의 윤락가는 1973년 6월과 12월 강제 철거됐다. 1968년 진주시와 진주경찰서의 공동작전으로 철폐되자 성매매 여성들은 진주시 강남동 역 주변과 인사동 제일극장 주변으로 몰려들어 밀매음을 했으며 이후 제일극장 주변은 1976년에야 정화됐다.

부산	5(1,450)	동부산(120), 서부산(603-완월동), 부산진(230-범전동 300번지), 영도(414-봉래동), 동래(83)
인천	4	중구 숭의동(옐로우하우스), 남구 학익동(끽동) 등
경기(인천제외)	57	수원 2, 양주10, 부평 4, 평택 4, 파주 17, 안양 3, 포천9, 강화 1, 여주 1, 가평 1, 운천 1, 고양3, 김포 1
전북	5(343)	전주 경원동(21), 군산 송창동(109), 군산 영화동(134-미군 기지촌), 이리 창인동(16-창인동), 김제 황산면 황산리(63)
전남	3(392)	광주 대인동(대인동)과 묵동, 여수 교동, 목포 만호동(히빠리골목)
제주	–	–
총계	104(17,203)	–

※출처 : 보건사회부, 『부녀행정 40년사』, 1987

　　당초 사창가 업주들은 특정지역으로 지정되면 경찰의 단속이 집중될 것을 염려했다. 하지만 특정지역 선정이 사실상 '보호 지역'임을 의미하자 특정지역 지정을 추가로 요청했다. 그 결과 특정지역은 2년 뒤인 1964년에 42개소가 늘어난 146곳으로 증가한다. 특히, 기지촌이 많은 경기도에 28곳, 서울 5곳, 강원 1곳, 충북 3곳, 전남 1곳, 경북 2곳, 경남과 부산 1곳, 제주 1곳 등으로 늘어났다. 1964년도 성매매 여성 2만 2,972명 중 58%에 1만 3,326명이 경기도 내에 산재해서 주둔 외국인을 위주로 윤락행위를 했으며, 서울과 부산, 대구 등 대도시에도 30%에 해당되는 7,000명이 있었다.

표11 1962년도와 1964년도 특정지역 비교

지역	1962년		1964년	
	특정지역 설치 수	성매매 여성 수	특정지역 설치 수	성매매 여성 수
서울	9곳	2,073명	14곳	3,100명
경기	61곳	10,661명	89곳	13,326명
강원	8곳	217명	9곳	399명
충북	1곳	66명	4곳	93명
충남	4곳	567명	4곳	940명
경북	5곳	770명	7곳	1,556명
경남/부산	8곳	1,671명	9곳	2,432명
전북	5곳	786명	5곳	569명
전남	3곳	392명	4곳	555명
제주	-	-	1곳	62명
계	104곳	17,203명	46곳	22,972명

※출처 : 보건사회부, 『부녀행정 40년사』, 1987

　　1969년 〈선데이서울〉은 '1968년 9월말 현재 서울 지역의 특정 지역은 청량리 전농동(285명), 성동구 모진동(34명), 이태원동(618명), 영등포 역전(278명), 김포공항부근(155명), 시흥동(131명), 서울역 양동(396명), 도동(381명), 창신동(270명) 등으로 모두 2,837명의 성매매 여성이 영업하고 있다' 고 보도했다. 매체에 따라 특정지역이 차이가 있지만 1960년대 서울시내의 집창 지역은 종로구 종로3가 일대, 중구 회현동과 묵정동, 서울역 앞 양동과 도동, 용산 남영동과 이태원동 한강로 일대, 동대문구 창신동과 전농동, 영등포구 신길동,

공항동, 시흥동, 문래동, 성동구 장안동과 모진동 등이었다. 정부는 특정지역 설치가 오히려 성매매를 묵인하는 보호장치가 되고 있다는 여론에 부딪히자 1970년에 이를 폐지한다.

  소설가 이호철은 1966년 동아일보에 연재한 소설 「서울은 만원이다」에서 '중구 순화동 옛 대한일보 뒷골목과 서린동 골목, 서소문 전매청 개천가, 단성사 골목에서 종묘까지 이어진 종삼을 1960년대 대표적인 집창 지역'으로 묘사하고 있다. 이런 사실들로 미뤄볼 때 당시 서울시내에는 적어도 20곳 이상의 크고 작은 성매매 여성 집결지가 있었던 것으로 추정된다. 이 시기 신문보도에 따르면 서울에서 집중단속 대상이던 소규모 윤락가는 중구 오장동과 봉래동, 주자동, 태평로, 회현동, 묵정동, 서대문구 서소문동, 종로구 청진, 장사동, 성동구 시구문동 등 11개였다.

  3공화국의 특정지역 설치는 사실 윤락행위 근절에 목적이 있는 것이 아니었다. 무엇보다 특정지역을 일반주택과 분리하고 성매매 여성의 집단화를 통해 포주의 착취 예방, 성매매 여성들에 대한 합법적인 관리 등이 주된 목적이었다. 그런 점에서 볼 때 특정지역 설치는 나름 성과를 거뒀다고 평가받는다.

■── **종삼 철거와 양동의 쇠퇴**

1960년대 서울 종로 일대와 동대문구 창신동, 서울역 앞 양동 등은 서울의 대표적인 성매매 집결지로 유명세를 떨쳤다. 하지만 1960년대 중반 당국의 의지에 따라 조금씩 그 위용을 잃게 된다. 3공화국은 특정지역을 설정하면서 이들 지역을 특정지역에서 제외, 폐쇄할 의지를 밝혔으나 차일피일 미루면서 이들은 도시의 흉물로, 성욕의 하수구로서 역할을 지속했다.

 담보상태이던 윤락가 철폐는 크고 웅장한 계획보다는 작고 우연한 계기를 통해 이뤄졌다. 1966년 8월 15일 서울 동대문구 창신동 436번지 일대에서 윤락업소를 운영하던 정애심(당시 29세)이란 여성이 경찰에 지속적인 금품상납에도 불구하고 단속에 걸리자 그동안의 '상납장부'을 공개한 것이다. 상납장부에는 정씨가 동대문경찰서 소속 경찰관들에게 매월 상납한 돈의 액수와 날짜 등이 꼼꼼하게 적혀있었다. 정씨가 6개월 동안 상납한 돈은 4만 1,865원이었다. 정씨는 자신뿐만 아니라 다른 포주 60명도 비슷하게 경찰에게 돈을 상납하고 있다며 경찰관 이름까지 폭로했다.

 진상조사에 나선 경찰은 실제로 동대문서 경찰관들이 상납금을 받으면서 상납금을 낸 60개의 윤락업소에 한해서 '윤락허가증'처럼 번호표를 나눠준 사실을 밝혀냈다. 동대문서 경찰관들은 윤락업소 주인들로부터 3년 이상 지속적으로 금품을 상납받아 온 것으로 드러나 무더기로 파면, 구속됐다. 경찰은 정애심 폭로 후 1년이 지난 1967년 8월 20일부터 사창가 입구에 6개의 초소를 설치하고 서울시경 기동대와 동대문서 병력을 동원에서 24시간 교대근무를 실시했다. 명목은 사회정화 차원이었으나 경찰관들의 보복조치인 셈이었다. 이로 인해 창신동 적선지대는 사실상 폐쇄됐으며, 그해 청계천 복개공사를 하면서 철거돼 '청계7가'가 됐다.

　　종로3가 철폐 역시 우연한 계기를 통해 급물살을 탔다. 1968년 9월 윤락업소의 한 젊은 여성이 세운상가 건설현장을 둘러보고 예지동 골목길을 지나던 김현옥 당시 서울시장의 팔을 붙잡고 "아저씨 놀다가요"라고 호객행위를 한 것이다. 부산시장을 역임할 때 거침없는 추진력으로 '불도저 시장'이란 별명까지 갖고 있던 김 시장은 곧 바로 종로구청에 들러 '종로3가 홍등가 정화추진본부' 설치를 지시했다.

　　이른바 '나비작전'이었다. 나비란 여성의 몸을 구매하는 남성들을 뜻한다. 성매매 여성인 꽃에 대한 어떠한 조치는 사실상 효과가 없기 때문에 꽃을 찾는 나비를 잡는 방식으로 성매매를 근절시킨다는 독특한 조치였던 것이다. 서울시는 경찰의 협조를 얻어 종로3가 일대를 출입하는 남성고객을 적발하면 명단을 공개하기로 했다. 또 정화추진본부와 상담소를 두어 성매매 여성 853명에 대해 귀향조치, 직장알선, 부녀보호소 수용 등의 조치도 병행했다.

　　여기에는 한국전력 직원들도 동원돼 종삼 골목 입구에 수많은 100볼트짜리 전구를 밝혀놓고 남성들이 다가오면 직업과 이름, 주소를 물었다. 또 골목마다 하수도 공사를 한다며 도로를 파헤치고 무허가 건물을 철거했다. 여기에다 종로구청 및 종로서 경찰을 동원해서 남아 있는 성매매 여성 72명과 외박하던 남자 29명을 적발하기도 했다. 이렇게 1주일이 지나자 종로3가를 찾던 나비들이 거짓말처럼 떠나갔다. 또 나비를 애타게 부르던 성매매 여성들도 영등포와 청량리, 미아리의 새로운 꽃밭을 찾아 떠났다.

종삼소탕작전이 예상보다 빨리 끝난 것은 김 시장의 '나비작전'이 효과를 거둔 덕분이기도 하지만 전쟁 후 허무주의에 빠져 사창가를 찾던 남성들이 1960년대 중반에 이르러 점차 이성을 되찾았기 때문이다. 손정목 교수는 고은의 「나의 청동시대」를 인용해 '종삼의 나비작전은 시장의 결단이 아니라 이제 다른 단계가 시작된 시대를 표상하고 있다'고 적고 있다. 즉, 전쟁 후 15년간 종삼을 찾아 허무감을 달래던 지식인들이 이제 제1차 경제개발 5개년 계획이 성공적으로 끝나고 경제가 살아나면서 점차 일상의 경제활동으로 돌아가기 시작했다는 설명이다. 여기에다 1961년부터 TV방송이 시작되면서 프로레슬링과 연속극 등이 인기를 끌고, 남성 고객들도 종삼의 여인으로부터 가정의 아내에게로 되돌아갔다는 것이다.

1968년 사창가가 철거될 당시 종로 골목에는 서울시 전체 성매매 여성 2,827명의 절반에 해당되는 1,368명이 성매매를 하고 있었으며, 포주 111명, 소개꾼 170명들로 들끓고 있었다. 하지만 과거 종로를 찾던 소비자들이 점차 명동, 충무로로 옮겨가고, 또 1970년대 강남에 새로운 환락가가 등장하면서 종로는 점차 조용한 거리로 바뀌었다.

창신동과 종삼소탕에 자신감을 얻은 서울시와 경찰은 1969년도와 1970년에 도동과 양동 철폐에 나선다. 한국전의 혼란기를 틈타 급팽창한 도동과 양동의 사창가에는 1967년에 성매매 여성 382명을 포함, 포주와 펨푸(매춘 중개인) 등 1,000여 명의 여성들이 집단 거주하고 있었다. 그리고 이곳은 직장을 구하려 상경한 여성들을 윤락녀로 타락시키는 악의 소굴이었다.

    서울시는 500여 명의 성매매 여성들이 살고 있던 도동을 '정화 지역'으로 설정하고 이들을 시립부녀보호소에 수용하거나 이용기술을 취득할 수 있게 배려했다. 또 성매매 업소 등 무허가 유흥업소는 식당, 숙박업소, 이발소 등으로 전환시켰다. 양동의 재개발은 대우라는 산업자본의 힘이 매우 컸다. 1960년대 말 서울역 앞에 대우센터빌딩을 건립한 대우 김우중 회장은 1976년부터 관광호텔인 힐튼호텔 건립에 착수한다. 1980년대에는 국제통화기금(IMF) 및 세계은행(IBRD) 총회를 힐튼호텔에서 열어 주변 환경개선을 위한 양동 일대 재개발에 박차를 가했다.

    당국의 종삼 철폐와 양동 축소로 인해 1969년 서울 지역 최대 성매매 집결지는 기지촌인 이태원으로 바뀌었다. 그러나 해방 후 번성했던 성매매 집결지가 하루아침에 없어진 것은 아니었다. 일부 성매매 여성들은 자신들을 '종삼 재건파'로 부르면서 종로3가의 주점이나 여관에서 성매매를 계속했다. 또 윤락업소가 여인숙과 하숙집 등으로 모습을 바꾼 양동 등에서도 예전보다 한층 나이든 여성들이 몸을 파는 '여관발이' 영업이 본격 시작됐다.

■──— **텍사스촌의 전성기**

서울 중심가에 위치한 종삼과 창신동이 없어지면서 포주와 성매매 여성은 성북구 월곡동 미아리와 성동구(현 강동구) 천호동으로 이전한다. 1960년대 정릉천 주변의 허름한 판잣집 지대였던 월곡동은 물이 맑아 서울시내에 공급하는 콩나물공장 주산지였다. 이후 염색공장과 피혁공장이 들어서면서 콩나물공장이 문을 닫았으며, 미아시장 뒤편 정릉천 주변에 있던 양동과 종로3가 일대 사창가들이 철거된 뒤 그곳 포주와 성매매 여성들이 월곡동으로 몰려들었다. 여기에다 청개천 복개로 인해 황학동 주변 선술집 여성까지 모여들면서 윤락가로서의 면모를 갖추게 됐다.

26세 때부터 하월곡동에서 채소장사를 해온 진남이(74) 씨의 증언에 따르면 1960년대 정릉천을 가로지르는 목재다리를 중심으로 술집이 하나 둘 생기면서 지금의 윤락가가 형성됐는데, 당시 대부분 판잣집에 '하코방'이었다고 한다.

1970년대만 해도 지금처럼 전업형 윤락가의 모습이 아니고, 낮에는 선술집으로 영업을 하다가 밤에 윤락가로 모습을 바꾸는 형태였다. 선술집은 주업이 아니라 윤락업에 딸린 부업 정도의 역할을 담당했다. 당시 성매매 여성들은 선술집에 손님이 없는 날이면 여관에 불려가 성을 판매하는 소위 '여관발이'도 했다.

1975년 발행된 잡지 〈여성〉은 미아리 텍사스촌의 영업이 오후 6시부터 본격적으로 시작됐다고 보도한다. 당시 여성들은 술꾼들의 손이 드나들 수 있을 정도로 깊게 패인 옷을 입고 손님들과 술을 마시다가 밤 10시쯤 손님이 '누구를 데려가고 싶다'고 주인에게 말하면 함께 여관으로 자리를 옮겨갔다. 오늘날 단란주점이나 룸살롱의 '2차'와 비슷한 형태의 영업방식이었던 것이다. 화대는 하루 1,500원 정도였으며, 이중 절반인 750원은 술집주인에게 돌아갔다. 1961년 인구가 1만 4,246명에 불과했던 월곡동은 윤락가로 명성을 떨치며 인구가 급증해 1970년에는 6만 869명, 1980년에는 8만 6,387명으로 늘어났다. 이후 1980년에 시작된 정릉천 복개공사로 인해 하월곡동은 변두리 시골마을 분위기를 떨쳐냈다.

점차 윤락가로서 명성을 얻게 된 미아리 일대 선술집들은 술 판매를 점차 줄이면서 짧은 시간에 많은 이익을 올리는 전업형 성매매로 변해갔다. 과거 맥주를 팔던 선술집의 경험은 무허가 영업인 역 인근 사창가와 확연한 구별을 지어줬다. 즉, 미아리의 성매매업은 구청에 일반음식점, 유흥주점 등 술을 팔 수 있는 업소로 등록한 뒤 성매매를 했기 때문에 무허가건물에서 불법영업을 하는 역 인근 사창가와 다른 변태영업이었다. 업주들은 전업형 성매매로 전환한 뒤에도 손님들에게 형식상 맥주 한잔 마시게 한 뒤 성을 판매하는 '텍사스' 시스템으로 발전시켰다. 단속을 나온 경찰이 윤락행위를 했다고 추궁하더라도 '단지 술을 팔았을 뿐'이라는 충분한 변명거리가 됐기 때문이다.

비슷한 시기에 출발한 천호동 텍사스도 마찬가지였다. 천호동은 1963년 경기도에서 서울시로 편입되는 시기에 맞춰 인근 성동구(현 송파구) 거여동에 공수부대가 주둔하면서 윤락가로서 모습을 갖추기 시작했다. 당시 천호동 423번지와 410번지 일대에 한두 개 방석집이 들어서고, 종삼에서 쫓겨난 여성들이 합류하면서 사창가로서 면모를 제법 갖췄다. 처음에는 방석집에서 성을 판매하다가 아예 방석을 걷어내면서 전업형 성매매로 간판을 바꿔 달았다.

18세기 미국 서부개척시대 영화를 보면 1층에서 술을 마시다가 성매매 여성과 함께 2층으로 올라가는 장면을 자주 볼 수 있다. 사람들은 이런 술집들을 텍사스로 불렀는데, 미아리나 천호동 업주들은 스스로를 텍사스라고 부르면서 기존 사창가와 구별을 지었다.

1960년대 말만 해도 천호동은 특정지역에 속하지 않았지만 1970년대에 들어서면서부터 적색지대로 분류됐다. 특히, 1980년대 강남개발 붐에 힘입어서 4천여 평 자리에 200여 개 업소에서 800여 명의 성매매 여성을 고용하여 미아리 텍사스, 청량리 588과 함께 서울의 3대 윤락가로 꼽히기도 했다. 이외에도 서울시내에서는 신길동 옛 우신극장(현 도림신용협동조합 건물) 뒤편에 위치한 성매매 집결지를 텍사스로 불렀다. 신길동 윤락가를 텍사스로 부른 것은 당시 미군부대가 있던 영등포와 문래동, 당산동, 대방동의 미군들이 많이 출입했기 때문으로 여겨진다. 텍사스로 불리는 곳은 미아리나 천호동처럼 형식상 맥주를 파는 '3종'이거나 미군 등 외국인들을 대상으로 성을 파는 업소들이다.

부산 초량동의 경우도 한국전쟁 이후 미군 등 유엔군에게 술과 성을 판매하는 외국인 전용 업소가 밀집하면서 텍사스로 불렸다. 신길동의 경우 대방동 미군부대가 이전한 뒤 육교 건너편에 해군본부가 위치하면서 윤락가 형태를 유지한 것으로 보인다. 인근에서 약국을 운영하는 한 약사에 따르면 해방과 한국전쟁 당시만 해도 그곳은 공동묘지가 있었을 정도로 한적했던 곳이었고 한다. 윤락가가 형성된 것은 1950년대가 아니라 1960년대에 종로3가 등에서 윤락 여성들이 몰려 왔기 때문이라는 것이다.

    1960년대가 끝날 무렵인 1969년 서울시내 성매매 집결지는 양동과 도동, 창신동, 전농동, 신길동, 시흥동, 김포공항동, 영등포역 앞, 이태원, 삼각지, 성동구 모진동 등 10개 지역으로 모두 2,700여명 정도가 성매매활동을 했을 것으로 추정된다.

표[12] 1969년도 시도별 특정지역

지역	집결지	집결지 명칭	포주	성매매 여성 수
서울	7곳	청량리 588, 미아리 텍사스, 성동구 모진동, 용산구 이태원, 영등포역전, 공항동, 시흥동, 신설동	438명	2,768명
부산	5곳	서구 송도, 동구 범일동, 영도구 봉래동, 부산진구 범전동 300, 동래구 609	408명	1,956명
경기·인천	21곳	23개 시군중 이천, 용인을 제외한 21곳	232명	13,088명
대전·충남	12곳	대전, 천안, 대덕, 연기, 논산, 서천, 보령, 홍성, 서산, 명진 등	200명	860명
충북	2곳	진천, 제천	-	85명
전북	4곳	전주 경원동, 군산 영화동, 창성동, 이리시 창인동	162명	643명

광주·전남	2곳	광주, 목포, 여수, 광산군	250명	567명
경북·대구	5곳	대구, 포항, 경주, 영일, 칠곡	241명	1,772명
경남	3곳	마산, 진해, 울산	142명	363명
제주	-	-	31명	91명
계	71곳		2,237명	22,670명

※출처 : 이세영, 「윤락실태에 관한 연구」, 1975

    1969년 특정지역이 71곳이었다는 점을 들어 일부에서는 성매매 집결지가 당시 71곳에 불과했다고 주장하는 경향도 있지만 이는 잘못된 것이다. 당시 특정지역은 모든 성매매 집결지를 지정한 것이 아니라 정부가 그나마 용인해주고자 했던 일부 지역일 뿐이었다.

    〈선데이서울〉은 그해 '적선지대 백서'라는 이름으로 전농동 285명, 모진동 34명, 이태원동 618명, 영등포역전 278명, 김포공항 부근 155명, 시흥동 131명, 신길동 89명, 양동 296명, 도동 281명, 창신동 270명이라고 보도했다. 접대부 여성이 30명 이상 있는 큰 지역인 소위 특정지역 외에도 중구(인현동과 숭남동, 홍천동, 동자동, 회현동), 용산구(남영동, 한강로, 한남동), 성동구(홍인, 장안동), 영등포구(문래동, 양평동, 당산동)에도 적은 규모의 윤락가와 성매매 여성이 있다는 것을 전했다. 이중 모진동, 이태원동, 공항동, 시흥동, 신길동은 외국인 상대이며, 나머지는 한국인 상대의 업소들이었다.

    외국인을 상대로 하는 작은 업소들은 1980년대 미군부대 이전 및 철수 등의 영향으로 한국인 전용으로 모습을 바꿨다. 모진동은 화양리로 옮겨지고, 신길동은 신길동 텍사스로 발전한다. 이외에도 중구 오장동, 주자동, 봉래동, 남대문로가, 태평로, 회현동, 묵정동, 서대문구 서소문동, 종로구 청진, 장사동, 성동구 시구문동 등도 소규모 윤락 지역으로 경찰의 단속을 받았다. 당시 한 신문은 '신흥 홍등가로 염리동과 대학가인 신촌에 창녀촌이 번지고 있으며, 후암동과 회현동에는 전화로 고객을 유인하는 콜걸이 활개를 치고 있다'고 보도하기도 했다.

■── 기생관광과 종로의 부활

1970년대 초에는 기생관광으로 불리는 일본인들의 섹스관광이 본격적으로 시작됐다. 왈든 벨로는 아시아 지역에 산업화 매매춘이 형성된 주요배경으로 미국의 대규모 군사배치와 함께 일본의 막강한 경제력을 꼽는다. 이러한 지적은 한국에도 그대로 적용된다.

　　1970년 초 시작된 일본인 섹스관광은 국내 매매춘 시장에 새로운 활기를 불어넣었다. 1971년 '핑퐁외교' 이후 미국과 중국이 수교를 하자 일본 역시 이듬해 중국과 국교를 정상화했다. 이후 일본과 타이완의 관계가 악화되면서 일본인 사업가들은 타이완 타이베이 후아시거리나 룽산사원 주변 등 타이완 매춘가에서 서울과 부산, 제주 등으로 섹스관광지를 변경했다.

　　한국 정부는 이 기회를 활용하기 위해 단순관광이 아니라 섹스판매를 통해 고수익을 올리고자 하는 기생관광을 정책적으로 추구하게 된다. 1973년 관광기생들에게는 허가증을 주어 호텔출입을 자유롭게 하는 한편, 통행금지에 관계없이 영업을 하게 해줬다. 정부는 아예 관광진흥을 위해 국제관광협회(현 한국관광공사)에 요정과를 설치하고 요정기생에게 사실상의 매춘허가증이나 다름없는 접객원 증명서를 발부하여 호텔출입과 통행금지에 관계없이 영업을 할 수 있게 했다. 더욱이 대학교수 등을 초빙해서 특별교양교육을 시키기도 했다.

이러한 노력 덕분에 일본인 관광객 수는 비약적으로 증가했다. 1979년 전체 65만 명에 이른 외국인 관광객 중 60% 이상이 일본인이었을 정도다. 특히, 순수관광 목적의 경우 80% 이상이 일본인이었으며 이중 94.3%가 남자였다. 당시 유럽인 순수관광객 남녀 비율이 50대 50이라는 사실과 비교할 때 일본인 남성들의 이상 비율은 확연하게 드러난다.

당시 일본인의 제주관광 일정은 기생관광의 실상을 그대로 드러낸다. 일본인들은 한국에 오자마자 공항에 마중 나온 여행사 직원의 안내로 곧바로 버스를 타고 호텔에 들러 짐을 풀고 30분~1시간 정도만 시내관광을 했다. 그 뒤 오후 3~4시쯤부터는 저녁만찬장으로 이동하여 한복을 곱게 차려입은 마담이 나눠준 번호표에 따라 한국인 여성들과 짝짓기를 했다. 그리고 서먹서먹한 분위기를 녹이기 위해 가라오케와 일본음악 등을 부른 뒤 한국인 여성과 호텔방으로 직행했다. 이러한 만찬은 이튿날 오후 4시부터 다시 시작됐다.

제주도의 기생관광은 지난 1978년 제주시 연동에 청원각이 문을 열면서부터 시작됐다. 그 후 일본인 관광객이 급증하면서 '기생파티'는 제주여행의 첫 코스가 될 정도로 1990년대 초까지 성행해 여자 종업원만 무려 1,500여 명에 달했다. 제주도 관광요정은 청원각을 비롯해서 송림각, 버드나무집 등이 유명했는데, 이중 청원각이 1980년대 말 문을 닫았고, 이어 버드나무집이 1996년 윤락행위방지법 강화 여파로 없어졌다.

사실 일본인들의 기생관광은 한국과 일본의 국가적 이해관계가 맞아떨어진 결과였다. 식민지 상황을 거쳐 근대화를 추진하는 한국의 입장에선 외화취득 방법으로 여성을 성적 도구로 활용한 관광산업 육성에 치중했다. 반면 일본은 경제발전으로 인한 혜택이 독점 대자본과 고도의 관료 엘리트에게 돌아가는 상황이었다. 당연히 내부 소외계층의 갈등과 불만을 해결하는 방편이 필요했다. 게다가 일본 내 여권신장 등의 여파로 인해 성욕배출의 한 방법으로 해외 원정 섹스관광을 선택한 것이다.

1983년에도 이러한 관광요정은 모두 27곳에 달했다. 이중 서울 종로구에 10곳, 중구에 1곳, 성북구 2곳, 도봉구 1곳 등 14개가 있었고, 부산에 7개, 경주에 4곳, 제주에 2개 있었다. 이외에도 각 지방의 큰 호텔에는 이른바 '한국관'이 있어서 외국 손님들의 파트너인 한복 입은 여성들이 술을 따르거나 음식을 권했다. 특히, 산청각과 대원각 등은 성북동 부잣집 동네 가운데 있었다. 그래서 접대 여성을 품에 안고 술잔을 손에 든 일본관광객이 서울 야경을 한눈에 볼 수 있어 명당 중 명당으로 꼽혔다.

　기생관광은 외화벌이를 위한 부끄러운 단면이었지만 정부는 물론 국회 차원에서도 기생관광에 대해 관대한 입장을 보였다. 한 국회의원은 보사위 회의 중에 이렇게까지 말했다고 한다.

　"요새 말하자면 관광꺼리란 것이 있어요. 내가 돌아다니면서 보니깐 한국 여성이 세계에서 제일 미인이야. 그런데 가장 미인인 한국 여성의 값이 세계에서 제일 싸. 우선 그 여성지위 향상보다는 여성의 그 몸값을 올려주는 것이 결국 지위 향상이 아니겠어요?"

　종삼의 철폐로 사라졌던 종로의 꽃들은 1970년대 일본인 나비들의 관광 붐에 힘입어 새로운 밤꽃으로 피어났다. 1979년 종로구에는 명월관, 오진암 등 10개의 요정이 있어서 일본인을 상대로 술과 음식, 성매매를 제공했다. 특히, 낙원상가와 옛 덕성여대 뒤편에 있는 명월관과 오진암, 대하, 청풍 등 요정이 있는 거리와 그 일대는 바로 한국 기생의 살아 있는 역사로 불린다.

　물론 이런 요정들은 21세기에도 명맥을 그대로 유지하고 있다. 최근 만난 요정의 한 젊은 여성에 따르면 한국 남자는 술을 많이 마시고 성행위는 짧게 갖는 반면 일본 남자는 술을 적게 먹고 갖가지 체형의 성행위를 요구한다고 한다. 그래서 한국인을 접대하는 여성과 일본을 접대하는 여성으로 나뉘어 영업을 하고 있다는 것이다.

　1973년도에도 서울시내 집창촌은 모두 약 20여 곳이었다. 당시 서울시는 18개소의 정화구역과 13개 재발우려 지역을 설정했다.

표¹³ 서울시 설정 지역

정화대상 지역	소공동, 남대문로5가(양동), 봉래동1가, 도동, 창신1동, 전농2동, 종암1,2동, 하월곡1동, 홍제동, 이태원동, 한강로1,2가, 영등포1,2동, 문래1동, 공항동
재발우려 지역	돈의동 전역, 묘동 전역, 봉익동 전역, 훈경동 일부, 종로3가 일부, 신당동 일부

  이들 지역에 총 2천여 명의 성매매 여성들이 있는 것으로 조사됐다. 당시 이들 지역에서는 여인숙과 여관 등 숙박시설의 신규허가가 금지됐다.

  서울시에서 '청소년 출입제한구역'으로 정한 34개 유흥가 역시 성매매 집결지로서 역할을 했다. 당시 명동 로얄호텔 앞 일대와 유네스코회관 뒤쪽, 명동 금강양화점 뒷골목을 비롯해서 충무로2가 태극당 앞 일대, 종로2가 국일관 뒷골목, 종로3가 뒷골목, 종로1가 파출소 뒷골목, 무교동 낙지주점 일대, 도큐호텔 골목 등이 이에 해당돼 일제 신정 유곽과 종삼의 후예들이 이 시대에도 활동했음을 보여준다.

  이와 함께 서울역 앞 양동 일대, 도동 일대, 서대문구 홍제동 중앙시장 입구, 숭의동234 주점 일대, 창신동 사창가, 신설동119 주점 일대, 용산역 앞 주점가 일대, 이태원산18 기지촌 한강로3가 40번지 창녀촌, 한강로1가 기지촌, 하월곡동 88번지, 전농동 588사창가, 용두동34 사창가, 공덕동 한흥시장 속칭 텍사스골목, 영등포3가 경방 입구, 신당동56 주점가, 흑석동35 연못시장 입구 주점가, 신당동

■ **무교동 낙지골목**
종삼 폐지 10년이 지나도 여전히 '청소년출입금지구역'으로 분류된 무교동 낙지골목을 술 취한 직장인들이 걷고 있다. 종삼 사창가는 1968년 정부의 단속으로 공식 폐쇄됐지만 일부 여성들이 떠나지 않고 인근 여관과 주점 등에서 성매매 영업을 지속하면서 도시의 골칫거리로 자리 잡았다.

중앙시장 옆 주점가, 신림동26 신풍시장 입구 주점가, 천호동125 주점가, 갈현동165 주점가, 남가좌동256 주점가, 수송동 동광극장 뒷골목, 관악구 오봉동26 주점가 등이 청소년 출입금지 구역으로 설정돼 이 지역에서도 성매매가 상습적이거나 간헐적으로 이뤄지고 있었음을 보여준다.

■── 기지촌의 거대화와 형질변경

한국전쟁 당시 32만 5,000명이 주둔하던 미군은 정전협정이 체결되면서 감소하기 시작했다. 1954년에 22만 3,000명으로, 1955년에는 8만 5,500명으로 줄어들었다. 그리고 한국군의 베트남 파병이 결정된 1964년에는 6만 3,000명으로, 또한 닉슨독트린이 발표되면서 1971년에 다시 2만여 명이 감축돼 4만 5,000명 수준으로 낮아졌다.

표¹⁴ 연도별 주한미군 규모 현황

시기	규모	특징
1945년 9월	7만 7,600명	광복 직후
1950년 6월 25일~ 1953년 7월 25일	32만 5,000명	한국전쟁 발발~휴전협정
1954년	22만 3,000명	한국전 종식에 따른 병력조정
1955년	8만 5,500명	
1957년	7만 명	한반도에 핵무기 배치
1964년	6만 3,000명	한국군 베트남 파병결정
1971년	4만 3,000명	닉슨독트린 발표
1977년	4만 2,000명	카터 행정부, 주한미군철수 추진
1984년	4만 6,000명	레이건 행정부, 미군철수 백지화
2004년	3만 7,000명	
2006년 8월	2만 9,000명	
2008년	2만 5,000명	(예정)

※출처 : 김일영, 조성렬, 『주한미군 : 역사, 쟁점, 전망』, 2003

미군 철수와 부대 재배치가 이뤄지면서 오직 미군만을 바라보면서 생활해온 기지촌에도 커다란 변화가 찾아왔다. 1953년부터 1971년까지 '미군들의 왕국'이었던 파주 지역 기지촌들은 미군부대 철수로 쇠락의 길을 맞게 된다. 1970년 여름 용주골은 미 제2보병사단과 그 지역 내 다른 단위까지 포함하여 1만8천여 명 군인들의 요구와 욕망을 만족시키는 2,000여 명의 '엔터테인먼트'를 과시했지만 1971년 7월에는 단지 200명의 여성만이 남게 되었다. 미군 철수는 기지촌 여성뿐 아니라 미군기지에 의존하면서 생활해온 한국인들에게도 경제적 기반의 붕괴를 의미했다. 당시 미군기지 고용원 3만2천여 명 중 6,000명이 일시에 해고당하게 됐다. 기지촌 내 클럽도 100개 이상 문을 닫고 미군이 재배치된 지역을 찾아 떠났다.

반면 이 시기 평택군과 양주군에 속해 있던 송탄읍과 동두천읍은 미군 재배치에 따라 인구가 증가하기 시작했다. 송탄의 경우 미군이 육군을 줄이고, 공군을 늘리면서 오산비행장 주변 상가들이 발달하게 됐다. 그 결과 읍에 불과하던 송탄읍과 동두천읍은 1981년 각각 평택군과 양주군을 제치고 시로 승격된다. 배보다 배꼽이 더 커진 격이었다. 1978년 평택(송탄 포함)에 등록된 성매매 여성 2,024명에 검진대상 연인원이 10만 2,176명이었고, 양주군(동두천 포함)은 3,115명 등록 여성에 검진대상 연인원은 12만 5,424명에 달했다.

동두천에서는 갑작스런 성매매 여성 증가로 인해 작은 방에 대한 수요가 늘어나 주택개량이 많아졌다. 동두천은 '1인 1방, 1가구'의 형태의 특이한 가족구성과 함께 1개의 집에는 7~10개의 방, 7

~10가구가 사는 기형적인 구조가 나타났다.

송탄 기지촌의 경우 오산비행장의 미군들만이 주 고객이 아니었다. 이웃한 오키나와 가데나, 괌 앤더슨, 하와이 히캄 등의 미군들도 주말이면 수송기를 타고 송탄에 내려 쇼핑을 하고, 음식과 술을 마시면서 성을 샀다. 또한 송탄시내 1,000여 개 외국인 전용상가 상인모임인 송탄상공회 회장단이 1989년 일본 오키나와 기지와 필리핀 클라크 공군기지를 방문하여 홍보활동을 벌이는 한편 주한 공군기관지인 〈미그 앨리 플라이트〉에 유료광고를 게재하기도 했다. 이런 덕분인지 1995년에만 오산비행장 항공터미널을 통한 미군 관광객이 무려 8만여 명에 달할 정도로 송탄 기지촌은 해외에서도 인정받는 곳으로 바뀌어갔다.

옥구아메리카타운이 조성된 것도 이 시기다. 한국전쟁 뒤 군산비행장에 미군이 주둔하면서 군산 영화동에 기지촌이 형성됐다. 하지만 시내에 위치해 각종 사회문제가 야기되면서 1969년 군산시 산북동 505번지로 이전하게 된다. 아메리카타운은 19개 외국인 전용클럽과 30여 일반상가 등이 몰려 있는 미군 전용 휴식처로 1970~1980년대 평일에도 500~600명의 미군과 군속들이 드나들면서 달러를 뿌려댈 정도로 번성했다. 이 시기 포주들이 조직한 위안부 자치대 등이 존재했는데, 이들은 기지촌을 대표하여 여러 가지 문제를 미군 지휘부와 직접 교섭하기도 했다.

한국 정부와 미군은 그동안 기지촌문제에 대해서 방임하는 태도를 취해왔다. 그러다 지난 1971년 7월 경기도 평택 안정리의 캠프 험프리에서 발생한 흑인폭동 이후 한국 정부와 미군은 '군기지 정화 운동'에 착수하게 된다. 먼저 기지촌과 기지촌 여성들에 대한 불시검문이 시작됐다. 이어 미군들의 성병과 기지촌 시설의 위생상태 등에 대한 점검이 이뤄졌으며, 길거리 매춘 호객행위에 대한 단속을 강화했다. 이에 따라 기지촌은 허름한 여인숙과 길거리 매춘이 아닌 허가를 받은 클럽 중심으로 질서가 형성되어 갔다.

미군들의 기지촌은 흔히들 '시카고'나 '텍사스'로 불렸다. 술주정과 싸움, 자살과 살인 등이 잇따라 발생하면서도 풍요를 구가하는 것이 마치 영화 속 미국 대도시 시카고나 텍사스를 연상시켰기 때문이다. 물론 이곳 주인은 미군들이고, 이들은 흑백갈등을 빚는 등 미국과 별 차이가 없었다.

이 기지촌에서는 마마상이라 불리는 포주들의 횡포가 심했다. 『평택군지』는 '이들 포주들이 색시가 들어오면 방에서부터 침대, 이불, TV, 전축, 의류장, 화장품 등을 외상 또는 빌려주고 첫날부터 원가의 몇 배나 되는 임대료나 할부금을 뜯어냈다. 마치 '줄을 쳐놓고 먹이를 기다리는 거미 같은 마녀의 화신'이라고 표현할 정도였다. 이들은 기지촌 여성들의 '친권자'로 행세하면서 수단과 방법을 가리지 않고 돈을 갈취했다. 또한 클럽업주와 포주들은 여성들이 밤에 딴 일을 하지 못하도록 클럽 내부에서만 접근하도록 방을 만들어놓았다. 기지촌 여성들은 돈을 모아서 시골에 보내기도 했지만 일부는 업주의 빚 갚기에도 벅찼다. 물론 기지촌 여성들의 게으름도 빚을 늘리는 데 한몫했다. 방청소나 세탁, 연탄불 갈기조차도 귀찮아 남의 손을 빌어 그 비용을 지불하는 여성도 많았던 것이다.

　　주한미군은 일제시대 일본인과 같은 점령군의 태도를 보였다. 하지만 한국 사회는 미국을 '형의 나라'로 대우하며 주한미군의 주둔 필요성을 지나치게 강조했다. 이러한 '반일, 친미, 반공'의 분위기에서 웬만한 미군범죄는 심각성이 무시되어 왔다. 성매매 여성이 살해돼야 약간의 관심을 가질 정도였다.

　　미군 소식지인 〈성조기(Stars and Strips)〉는 '하나님이 이제껏 창조하신 피조물 중 가장 아름다운 몇몇이 당신을 따라다니며 노래하고, 춤추고, 먹여주고, 곡주나 맥주로 당신을 씻기고, 항상 "당신이 최고예요."라고 말한다. 이것이 바로 당신이 듣고 열망하던 동양이다'라고 보도하면서 한국의 밤 시간대 활동을 탐험해보라고 고무시키기도 했다. 신시아 인로는 「매매춘의 동반자들」이라는 글에서 이렇게 상업화한 기지촌 문화는 현지 여성을 이용해 돈벌이에 나서는 현지 남성들만의 탓이 아니라 미군의 휴식과 오락 정책과 이에 대한 현지 정부의 노력, 여성의 성을 통해 이윤을 남기고자 하는 업주들이 함께 작용하고 있다고 지적했다.

　　미군 철수 및 재배치 등으로 텅 빈 기지촌은 20년~30년 전의 한적한 농촌으로 돌아갈 수도 없었다. 이미 여성의 몸에 의존한 상권이 형성됐기 때문에 기지촌은 미군 대신 한국인 등을 유인하기 시작했다. 그 대표적인 곳이 바로 용주골이다. 용주골은 미군이 떠난 이후 폐허의 도시가 됐다. 하지만 서울 인근이라는 장점과 고양, 일산 등 경기북부 도시의 팽창에 따라 한국인 전용 성매매 업소로 전환해갔다.

용주골뿐 아니라 서울의 이태원동, 공항동, 시흥동, 신길동 등 미군 상대 윤락업소들이 1970년대 중, 후반부터 떠나는 미군 대신 한국인 상대로 속속 돌아섰다. 신길동 우신극장 인근에 있던 신길동 성매매 집결지의 경우 미아리나 천호동처럼 맥주와 함께 술을 파는 텍사스 영업이 아니었는데도 미군 상대 영업의 기억 때문인지 여전히 텍사스로 불렸다. 1970년대 경제개발 붐에 따른 호황으로 부유해진 한국 남성들은 만연된 성매매 풍토에서 거리낌 없이 성을 구매했다. 그래서 이들 업소들은 1990년대까지 생명을 연장해왔다.

수도권뿐 아니라 지방에서도 미군 대신 한국인을 상대하는 성매매 업소들이 활기를 띠기 시작했다. 부산의 경우 1950년대 이후 생긴 윤락가인 해운대 609, 범전동 300번지, 초량동 텍사스 등이 한국인을 상대로 한 영업으로 바뀌어갔다. 부산역 앞에 있는 초량동 텍사스는 미군들이 떠나면서 침체기를 맞았으나 고객을 미군에서 러시아 선원들로 대체하며 생명을 유지했다. 또 러시아 여성들을 성매매 여성으로 고용하면서 한국인 남성들도 주 고객으로 끌어들이는 데 성공하는 등 환경에 재빠르게 적응해 발전하고 있다.

■── 호스티스와 겸업형 성매매의 태동

1970년대 산업화, 도시화 과정을 겪으면서 성매매 집결지에도 새로운 변화가 시작된다. 서울 용산역이나 청량리 588, 인천 옐로우하우스, 부산 완월동 등 홍등가나 평택과 동두천 등지에서 성매매는 성매매 자체를 목적으로 하는 직접 성매매, 전업형 성매매였다. 물론 성행위 전에 술을 제공하는 방석집이나 대전 중동이나 군산 대명동처럼 여인숙에서 여관발이로 불리는 여성과의 성매매는 겸업형으로도 볼 수 있다. 그러나 일차적인 목적이 성매매이기 때문에 전업형으로 분류된다.

반면 이 시기 발달하기 시작한 유흥주점, 단란주점, 마사지업, 증기탕, 이발소, 티켓다방, 노래방 등 유흥접객서비스 형태를 띠는 간접 성매매는 겸업형이라고 할 수 있다. 이러한 형태의 성매매는 주로 3차 서비스업을 중심으로 이뤄졌다. 특히, 음식과 숙박업을 주업으로 하면서 여기에 부가서비스로 성매매를 제공했다. 이는 서비스 부분에 대한 여성 노동력의 공급증가뿐만 아니라 향락업소를 매개로 호스티스, 콜걸, 면도사, 안마사 등과 같은 새로운 '겸업형 성매매 직업군'을 만들어냈다. 1970년대 말부터 불기 시작한 이러한 서비스산업 붐은 매춘 형태에도 큰 변화를 가져왔다. 반면 전통 매춘업을 상징하던 특정지역이라는 공간의 축소와 함께 전업형 성매매 여성의 소폭 감소를 낳았다. 그렇다고 해서 성매매 여성의 전체 숫자가 줄어든 것은 아니었다.

실제로 1962년 104곳으로 출발했던 특정지역은 한때 145곳으로 늘어났다가 1998년에는 48곳, 5,128명으로 줄어든다. 이는 1984년 현대사회연구소에서 발표한 1만 4,497명에 비해 거의 60% 정도 감소한 수치다. 그러던 것이 2002년부터는 35곳으로 줄어들었다. 더구나 특정지역 성격도 1970년대 전체 집창촌 중 정부가 성매매를 묵인하는 지역에서 모든 집창촌 지역으로 바뀌어 전업형 성매매 여성 숫자는 절반 이하로 급감했다. 반면 1972년 한강변 반포에 맨션아파트가 건설된 뒤 일어난 강남개발 붐에 따라 논현동, 신사동, 방배동 등을 중심으로 신흥 유흥가가 형성됐다. 그러면서 전통적인 윤락가들이 강남 신흥개발 지역으로 옮겨가면서 겸업형 성매매를 주도하기 시작했다.

'호스티스'라는 용어가 나온 것도 이 시기다. 유흥음식점에서 시중드는 여인을 뜻하는 호스티스는 각종 영화의 소재가 될 만큼 1970~1980년대 문화적인 코드였다. 이들은 단지 술시중만 드는 것이 아니라 성적 서비스까지 제공하여 성매매 여성으로 간주된다. 또한 같은 성매매라 하더라도 특정지역 창녀보다 미모나 학력 등 자질면에서 우수하고 수입도 더 높은 편이다. 이들은 룸살롱이나 요정, 나이트클럽 등에 나가면서 손님과 함께 밤늦도록 양주를 마시고 가끔 잠자리도 했다. 심지어는 벌주(罰酒)를 마시다가 숨지는 경우도 발생했다.

당시 26세의 호스티스 정현덕 씨는 동료 4명과 함께 호텔방에서 손님 임모(48) 씨와 일본인 4명 등을 접대했다. 그 자리에서 과일에 꽂힌 과일꽂이 중 가장 짧은 것을 뽑는 사람이 벌로 옷을 벗는 '옷벗기 게임'을 시작했고, 정 씨가 많이 걸려 옷을 벗어야 할 처지가 됐다고 한다. 정 씨가 옷을 벗기 꺼려하자 대신 벌주로 양주를 연거푸 5

잔을 마시게 했는데 이때 양주잔이 아닌 맥주잔으로 벌주를 마시다가 쓰러져 병원으로 옮겼으나 사망했다. 전남 광주가 고향인 그녀는 가족들에게는 '서울에서 백화점에 근무한다'고 말하고는 호스티스 생활을 했다고 한다.

1970년대 부산 사상공단이 조성되면서 '포푸라마치'라는 신종윤락업소가 등장했다. 사상공단이 활기를 띠면서 감전동 등 일대에는 술과 여성을 함께 파는 술집들이 번지기 시작했는데 이런 업소를 포푸라마치라고 불렀다. 한때 감전동 일대는 600여 명의 성매매 여성들이 있었을 정도로 호황을 누렸다. 맥주 한 박스를 기본으로 주문하고 술을 마시다가 접대 여성과 성관계를 맺는 감전동의 영업형태는 '포푸라마치식'이라는 용어로 다른 지역으로 파급됐다. 주로 OB맥주를 마신다고 해서 '오비집' 또는 이성 짝을 짓는다는 의미로 '짝집' 등으로 불렸다.

감전동은 일제시대부터 낙동강의 신선한 생선회를 파는 술집들이 포플러나무 아래 있었다. 그래서 일본인들은 '포플러나무가 있는 마을'이라는 뜻으로 '포푸라마치', '뽀뿌라마치'로 불렀다. 1999년만 해도 153개에 달했던 감전동 윤락업소는 경찰과 구청 등의 단속으로 2005년에는 거의 사라졌다. 그러나 아주 철폐된 것이 아니라 인근 괘법동 일대로 자리를 옮겨 여전히 포푸라마치식 영업을 하고 있다.

> 집창촌
> 깊이 읽기
> ●

군산 대명동

군산기차역에서 내리자마자 오른쪽으로 역전종합시장이 눈에 띈다. 그리고 성신여인숙이라는 간판이 한눈에 들어온다. 형제상회부터 강경젓갈까지가 바로 대명동 '쉬파리' 골목이다. 지금은 문이 닫혀 있는 폐쇄된 상황이다. 화재 이후 그대로 방치해놓은 것이다.

언제부터 쉬파리 골목이라고 불렸는지는 모르지만 소매를 잡아끈다는 뜻을 지닌 일본어 힛빠리(引っ張り)가 변용된 것으로 보인다. 전남 목포의 항동시장 뒤 '히빠리 골목' 역시 예전 여관골목이었다. 어떤 사람은 '여성의 성기인 썹을 파는 골목'이라고 주장을 하기도 하지만 설득력은 크게 떨어진다.

이곳은 1945년까지 일본 철도청의 땅이었으며, 대한통운의 창고가 위치했던 곳이다. 해방 이후 일본 시모노세키 등에서 귀국한 재일교포 등이 이곳에 집단 거주했고, 군산시내에서 없이 살던 사람들이 모여 살았다. 현재 역전종합시장으로 되어 있지만 당시에는 시장이 형성되지 않았고, 가시울타리가 울창하게 쳐져 있었다. 또한 하코방들의 연속이었다.

이곳에 시장이 형성된 것은 1970년대 초쯤이다. 당시 시장이 형성되고 역과 인근에 군산시장이 위치하면서 자연스럽게 역을 찾은 손님들을 상대로 하는 성매매업이 발생하게 됐다. 쉬파리 골목은 한때 업소가 30여 개에 달할 정도로 번성을 누렸지만 쇠락을 거듭한 끝에 지난 2000년 9월 19일 화재가 났을 때에는 7~8개 업소만이 영업 중이었다.

강경젓갈 옆에서 채소를 파는 한 상인에 따르면 예전에는 성매매 여성들에게서 시장으로 흘러드는 돈만 해도 한 달에 500~600만 원씩은 됐지만 화재가 난 후 여성들이 옮겨가고, 대형 할인마트가 들어서면서 시장이 쇠락했다고 한다. 화재가 난 지 6년이 넘었지만 당시 화재 흔적이 그대로 방치되어 있고, 골목길에는 '청소년보호구역'이라는 색 바랜 푯말이 걸려 있다.

대명동에는 쉬파리 골목 말고도 '감독'이라고 불리는 성매매 업소가 있다. 여기는 백장미, 명동, 신사동, 향촌, 충무로 등 유흥주점 간판과 함께 성매매 여성들이 집단 거주하고 있는 곳이다. 1960년대만 해도 여기에 '감도가'가 있었다고 한다. 감도가란 삼례나 완주, 금산사 등 군산 인근

산지에서 감을 사다가 끓는 물에 12시간 정도 데치면서 감의 독기를 빼는 곳이었다. 그 이후로 이곳은 감독이라고 불렸다.

　　인근에는 양조장이 있어서 양조장 근처에 하나 둘 대폿집이 생겼는데, 이들이 점차 유흥주점으로 바뀌고, 서서히 성매매 여성을 고용하는 방석집으로 바뀌었다. 10년 전만 해도 30여 호가 이러한 일을 했으나 지금은 5~6개 업소만이 영업을 하고 나머지는 불이 꺼져 있다. 이곳에서 30년째 구멍가게를 하고 있는 양익수(73) 씨에 따르면 예전에는 감금생활을 했지만 요즘에는 그런 일이 전혀 없다고 한다. 그리고 호객행위를 못 하게 되면서 아예 문 밖에 나오지 않는 경우가 많아 담배도 배달한다고 한다. 그에 의하면 군산 사람뿐 아니라 홍성, 대천, 전주, 익산 등지에서도 사람들이 놀러오곤 했는데, 4~5년 전 경찰차 4대가 출동해 밤에 불빛을 밝혀놓은 뒤부터 외지인들이 전혀 오지 않아 지역 상권이 그대로 주저앉았다는 것이다.

집창촌
깊이 읽기
••

포항 중앙대학

포항기차역에 내리면 왼편으로 역전시장이 길게 펼쳐져 있고, 그 옆에 역전파출소가 있다. 거기서부터 포항 중앙대학이 시작된다. 외지인에게는 중앙대학이라는 명칭이 낯설지만 이 지역 사람들에게는 매우 익숙하다. 황석영의 소설「삼포 가는 길」에서 등장인물 백화가 영달을 내려다보면서 "이거 왜 이래? 나 백화는 이래봬도 인천 노랑집에다, 대구 자갈마당, 포항 중앙대학, 진해 칠구, 모두 겪은 년이라구. 조용히 시골 읍에서 수양하던 참인데…. 야아, 내 배 위로 남자들 사단 병력이 지나갔어"라고 말하는 대목이 나온다. 이렇듯 포항 중앙대학은 경북 지역에서 대구 자갈마당 다음으로 가장 큰 윤락업소 규모를 자랑한다.

경찰청 자료에 의하면 지난 2002년 12월말 60개 업소에 155명의 여종업원이 근무하고 있었다. 그러나 성매매 특별법 이후 성매매 여성이 급감하면서 지난 2005년 9월에는 21개 업소 44명의 여종업원이 종사하는 것으로 조사됐다. 이 같은 숫자는 성매매특별법 발효 3년이 되면서 다시 늘어나는 추세다.

포항 중앙대학이 위치한 곳은 북구 대흥동 595-46번지 일대로 흔히들 중앙동이라고 부른다. 그래서 중앙대학이라는 별칭이 생긴 듯하다. 포항에는 해병대 포항1사단이 위치하고 있어 포항 중앙대학의 최대 고객의 역할을 하고 있다. 20대 초반의 젊은 군인들에게는 '대학'이 최대 화젯거리여서 그런지 중앙동 윤락가에 다녀온다는 말 대신에 중앙대학이라는 표현을 썼다고 한다.

만화작가 방학기 씨는 포항 해병상륙사단에 근무할 때 주위 사람들의 말을 듣고 5쪽짜리 '중앙대학탐방기'를 그렸을 정도로 중앙대학은 해병대 생활을 하는 사람들에게 최대의 화젯거리였다. 해병대 곤조가에도 '포항의 중앙대학, ××공장…' 이라는 노래가사가 있을 정도다. 특히, 예전에는 시외버스터미널도 중앙동에 위치했기 때문에 해병대 병사들은 휴가를 오가는 경우 중앙대학을 거치는 것이 하나의 코스였다고 한다.

포항 중앙대학의 고객은 해병대뿐만 아니라 미군들도 주 고객이 됐다. 특히, 팀스피리트 훈련이 있을 때에는 아예 동두천이나 의정부, 평택 등지에서 기지촌 여성들이 포항에 내려와 중앙대학의 일부 업소를 빌려 성매매를 하곤 했다. 갑자기 몇 만 명의 남성들이 몰리면서 기존 포항의 성매매 여성들로는 부족해지기도 했지만 한국 남성에 익숙해진 몸으로는 미군의 커다란 성기를 상대하기 힘들었기 때문이다.

포항에서 평생을 살아왔다는 경규엽(88) 씨에 따르면 1950년대만 해도 역 주변에는 판잣집에서 성매매를 했고, 그 외에는 전부 논이고 갈대밭이었다고 한다. 이곳에서 과거 윤락업소를 경영했던 김모(55) 씨는 '해병대 때문에 경북에서는 가장 큰 윤락업소가 됐다. 하지만 대구에 더 큰 자갈마당이 있어서 이곳에서는 자갈마당 흉내내기를 하고 있는 셈이다. 자갈마당에 유리방이 생겼다는 소식이 전해지면 며칠 뒤 이곳에도 유리방이 들어섰다'고 말했다.

포항의 경우 윤락가 포주들에게 그리 적대적이지 않은 사회문화가 형성되어 있다. 그래서 현재 중앙대학에서는 아버지의 대를 이어 윤락업소를 운영하는 경우나 4형제가 모두 윤락업소를 경영하는 집안도 있는 것으로 알려졌다.

**집 창 촌
깊이 읽기**
●●●

청량리 588

한국 집창촌의 대명사는 단연 '청량리 588'이다. 수도 서울에 남아 있는 윤락업소들 중 가장 규모가 컸을 뿐만 아니라 여성들도 다른 곳보다 '경쟁력'을 지녔기 때문이다. 청량리 여성들은 이미 1970년대에도 '탤런트 뺨칠 정도'의 미모와 몸매를 갖춘 것으로 정평이 나 있다. 최근 들어 '경쟁력 있는 선수'들이 상당수 강남의 룸살롱으로 흘러갔지만 여전히 '대한민국 성매매 1번지, 청량리'라는 자부심은 대단하다.

그러면 청량리 588은 언제, 어떻게 생겨났을까? 〈말〉지 기자인 윤영효는 휴전 직후 미군부대가 청량리역 인근에 주둔하면서 청량리 지역에 유곽이 생겼다고 적고 있다. 하지만 미군부대가 있던 곳은 옛 경마장 자리인 신설동 85번지 일대로 전농동과는 상당한 거리가 있다.

서울시립대 진양교 교수는 일제시대 번창했던 사창들이 중앙선과 경원선, 경춘선의 종점인 청량리역 주변에 난립했을 가능성에 무게를 두고 있다. 서울과 원산을 잇는 경원선은 1911년에 개통했다. 이미 1926년도 승하차 여객이 이미 40여만 명에 달할 정도로 번성했다. 하지만 이 시기에 바로 성매매 업소들이 번성하지는 않을 것으로 추정된다. 공창인 신정 유곽이나 미생정 외의 성매매 업소들은 단속의 대상이었기 때문이다. 그래서 사창이 번성하던 1930년대 중후반쯤부터 역 주변에 밀매음이 시작됐을 것으로 보인다. 여기에다 1938년 서울-제천-경주를 잇는 중앙선과 1939년 서울과 춘천을 잇는 경춘선이 개통하면서 청량리역과 그 주변을 더욱 발전시켰을 것이다. 경춘선의 당초 종점은 제기동의 성동역이었으나 해방 이후에 청량리역으로 바뀌었고, 옛 성동역사 자리에는 미도파백화점 청량리점(현 한솔동의보감)이 들어섰다.

청량리역 주변에 윤락가가 번성하게 된 결정적인 계기는 한국전쟁이었다. 특히, 강원도 철원과 금화, 화천, 양구 등지의 '피의 삼각지', '철의 능선'에서 치열한 교전이 벌어지면서 군인들이 청량리역을 통해 동부전선으로 보내졌다. 또 격전지 군인들에게 있어 고향으로 가는 첫 번째 관문은 청량리역이었다. 그래서 청량리 일대는 군인들을 상대로 하는 각종 산업이 발달했으며, 성매매 여성들이 모이기 시작했다. 사지(死地)로 떠나가거나 사지에서 돌아오는 젊은 군인들에게 청량리역 앞 윤락업소는 살아 숨쉬고 있다는 것을 느끼게 하는 장소가 됐을 것이다.

윤락가 입구의 대일톱 상회 주인에 따르면 1950년대 중반에도 이미 성매매 여성들이 득실댔다고 한다. 이로 미루어 늦어도 한국전쟁 이후에는 청량리 588에 윤락가가 상당히 번성했음을 알 수 있다. 여기에다 제기1동에 미군부대가 위치하고, 현 청량리2동 일대에 형성된 미군 기지촌도 이후 미군부대 이전에 따라 청량리역 앞으로 통합됐다. 더구나 종로3가의 사창가들이 철거되고 종삼의 여성들까지 합류하면서 청량리는 번성해갔다. 또 1960년대 후반에는 인접한 용두동에 마장동 시외버스터미널이 위치하여 기차역과 시외버스터미널 사이에 위치한 사창가들은 호황을 맞았다. 여기에다 경동시장과 청량리 청과물시장, 수산물시장, 동부시장이 들어서 강원도로부터 각종 농산물, 산나물, 수산물이 모이면서 상인들도 588의 주요 고객이 됐다.

이 시절 윤락가의 모습은 지금과는 천양지차였다. 유리창 대신 베니어합판으로 만든 루핑집의 형태였다. 청량리역 왼쪽에 깊숙이 위치한 역전 파출소 부근의 여인숙처럼 크고 작은 여인숙들이 다닥다닥 붙어 있었다.

유리방이 등장하기 전에는 골목의 여성들이 오가는 손님을 끌어당기면서 치열한 호객행위를 했다. 그러다 보니 고객 옷에서 돈이 빠져나오는 경우도 많아 새벽에 취객들이 흘린 동전과 지폐를 주워도 집 한 채 산다는 말까지 있었다.

■ **청량리 588**
한국 집창촌의 대명사인 청량리 588의 밤풍경. 빨간 드레스를 입은 젊은 여성들이 유리방 문을 열고 행인들에게 "오빠, 놀다가"라고 부르고 있다.

특히, 최대 고객인 휴가 나온 군인들은 군복을 입고 있기 때문에 모자를 낚아채서 안으로 들어가기만 하면 성매매 여성을 따라 들어갈 수밖에 없었다. 모자가 없으면 군에 복귀해서 문제가 될 것이기 때문에 안에 들어가 '흥정'을 하게 되고 결국 성거래까지 하게 됐다는 설명이다. 전농동 591-53번지에 청량리역 부녀상담소가 자리 잡은 것도 1966년도의 일이다. 하지만 지역 주민들이 기억하는 최대호황기는 역시 1980년대 초 5공화국시절이다. 이후 호황기는 10년간 지속된다. 현지 주민들에 따르면 겉모습은 1960년대나 지금이나 별다른 차이는 없지만 손님이 들끓던 1980년대가 가장 번성하던 시기였다고 한다.

1988년 올림픽을 준비하면서 오늘날과 같은 유리방이 등장했다. 외국손님들을 위해 환경정비에 나서면서 네덜란드 집창촌 모습을 그대로 본 따왔기 때문이다. 당시만 해도 성매매 여성들은 포주 등에게 늘 감시당하는 입장이라 문 밖에 나서는 것이 쉽지 않았다고 한다. 그런 만큼 펨푸들의 역할이 컸다. 특히, 경찰관들과 좋은 관계를 유지하는 것도 필수였다.

지금은 소속이 동대문경찰서로 바뀌었지만 예전에는 청량리경찰서 역전파출소가 있었다. 당시 청량리서 간부들은 물론 파출소 근무 경찰관들도 이곳 윤락업소 업주들에게는 '하늘 같은 존재'였다고 한다. 추석과 설 등 명절 때에는 업소들이 돈을 갹출해서 선물을 마련했다. 하지만 모든 경찰이 돈을 받은 것은 아니었다. 전동2동 통장을 맡고 있는 이태성 씨에 따르면 1970년쯤 파출소장을 했던 박대선 소장 등 몇몇 파출소장은 성매매 업소에서 건네는 어떤 선물도 받지 않았다고 한다. 그래서 벌써 35년이 지났지만 많은 업소 주인들이 박 소장을 여전히 존경하고 있다는 것이다.

청량리 588은 1980년~1990년대에는 8등신의 미녀가 많은 것으로 이름을 떨쳤다. 이는 성매매 여성을 업소에 소개하는 '빠리꾼'들이 천호동과 미아리, 용산 등 다른 지역의 성매매 장소에서 좀 괜찮다 싶은 여성들을 스카우트 해왔기 때문이다. 일부 여성들은 음란비디오 제작업자의 눈에 띄어 음란비디오 제작에 나서기도 했다. 또한 1960년대부터 청량리에는 다른 사창가보다 고학력자가 많았다고 한다. 특히, 정조관념이 강했던 1960~1970년대 대학 선배나 직장 상사에게 성폭행당한 뒤 오는 여대생들도 있었다고 한다. 일부는 경찰과 결혼하고 회사원들과 결혼해 떠났지만 아직도 청량리를 떠나지 못하고 펨푸 생활을 하면서 청량리에 머무는 여성들도 있다.

이들 청량리 여성들은 처음 보는 남성이라도 절대 존댓말을 쓰지 않는 것으로 유명하다. 대신 "오빠 이리와", "잠깐 놀다가" 등 반말을 사용한다. 남성이 자신보다 나이가 많거나 적거나 마찬가지다. 이는 상당한 친밀감을 요하는 성행위를 위한 가격흥정을 위해 벌이는 대화가 많기 때문에 비록 낯선 사람이라고 하더라도 친밀감 있는 반말로 대화를 하는 것이다. 만약 대화의 소재가 성매매가 아닌 다른 것이 된다면 말투 역시 공손하게 바뀌는 경향을 보인다. 통행금지가 해제되면서부터는 2교대로 바뀌어 주간에는 기혼여성이 직업처럼 출퇴근하고, 야간에는 미혼여성이 영업하는 형태를 띠고 있다.

588이라는 별칭을 왜 갖게 됐는지에 대해서는 두 가지 설이 있다. 하나는 전농동 588번지에서 유래됐다는 것과

588번 버스가 이곳을 지났기 때문이라는 설명이다. 하지만 어느 것도 명확하지 않다. 진양교 교수는 집창촌의 위치가 620, 622, 623번지로 588번지와는 상당한 거리가 있다는 점을 들어 588번지에서 유래됐다는 것은 근거가 없다고 밝히고 있다. 또한 588번 버스가 이곳을 지나는 것도 아니기 때문에 명칭의 유래는 여전히 미스터리인 셈이다.

전농동의 전농(典農)이란 조선시대 왕의 친경지(親耕地), 곧 국왕이 백성들에게 농사의 모범을 보이기 위해 친히 쟁기질하던 곳이다. 왕이 밭을 갈고 씨를 뿌려 농사짓는 본을 보이던 곳에 쟁기질, 혹은 씨 뿌리는 일이라고 비유적으로 일컫는 성행위 장소가 있는 것은 각별한 인연이다. 게다가 전농동의 길 건너편에는 과거 성매매 집결지가 있던 용두동(龍頭洞)이 위치하고 있다. 남성의 자위행위를 '용두질'이라고 하듯 남성의 성기를 뜻하는 용두동이 588 옆에 자리 잡은 것도 예사스럽지 않다.

**집창촌
깊이 읽기**
● ● ● ●

광주 대인동

일본강점기 때 유곽에서 출발한 황금동과는 달리 동구 대인동 롯데백화점 뒤편 대인동 성매매 지역은 1940년대 초부터 윤락가로 발전한 것으로 보인다. 광주부(光州府)는 1941년 대인동에 부청사와 공회당 예정 부지를 지정하고 이곳 사유지를 매수하기로 결정했다. 하지만 1942년에는 기존 청사를 증축하는 수준에 그쳐 당시 부청사를 신축하려 했던 예정 부지가 현재의 사창가로 변했을 것이라는 주장도 나온다. 김광우는 당시 신청사 예정 부지였던 곳이 현재의 대인동 사창가 주변이라며 신청사 부지가 사창가로 변했을 가능성을 제기한다.

　　광주기차역이 대인동에 자리를 잡은 것은 1922년이다. 하지만 당시에는 그 일대가 뽕나무 밭이었다고 한다. 그러다가 버스터미널이 위치하면서 장거리 여행객들이 증가하면서 그 일대에 여관골목이 번성하게 된다. 대연각, 모나

코모텔, 에로스, 삼화 등 모텔과 여인숙, 여관 등이 어림잡아 50여 개에 달한다. 투숙객들은 5~6만 원을 주면 '여관발이'라고 불리는 성매매 여성을 쉽게 부를 수 있다.

1968년에 광주역이 북구 중흥동(광주역이 옮긴 광주시 북구 중흥2동 지역에도 1990년대 중반 윤락업을 겸한 술집들이 하나둘 생겨나면서 환락가로 변했다가 1998년 북구청의 단속으로 윤락가는 사라졌다)으로 이전하고 그 자리에 동부소방서가 들어섰지만 여관골목의 명성은 최근까지 이어졌다. 광주 시민들은 지금도 여관촌이 위치한 골목은 '구 역전안길'로 부른다. 동부소방서 왼쪽으로는 라인극장, 뉴코아극장 등 극장 2곳이 위치해 있다.

대인동의 성매매 업소는 여관만이 아니다. 1990년대까지 있던 버스터미널 자리 주변에 유흥주점이라는 간판을 내걸고 있는 유리방 업소들이 있기 때문이다. 이곳의 업소들은 바나나, 딸기, 토마토 등 과일과 채소 이름은 물론 시드니, 발리 등 지명, 현대, 삼성, 롯데 등 기업 이름, 수련, 백련, 목련 등 꽃 이름 등 각기 부르기 쉬운 이름들로 구성되어 있다. 이들 업소에서는 유흥주점이라는 간판과는 달리 실제 술은 팔지 않는다. 1970~1980년대에는 번성했으나 1990년대 버스터미널이 광천동으로 이전한 뒤 시들해지고 있다고 한다. 특히, 성매매특별법 이후에는 영업을 아예 포기한 업소들도 속출하고 있다.

지난 2003년 경찰청 내부 자료는 이곳 대인동에 모두 21개의 업소가 영업을 하고 있다고 밝혔으나 2006년 8월에는 9곳만이 불을 밝히고 영업을 하고 있다. 집창촌과 이웃한 대금3안길 골목에는 일본식 다다미방 형태를 지닌 대금경로당이 위치하고 있다. 경로당에서 만난 백남순(70) 씨에 따르면 30년 전만 해도 성매매 여성을 찾는 손님들로 북적거려 구태여 호객행위를 할 필요가 없을 정도였다고 한다.

롯데백화점 옆 금남전자랜드 자리에는 신흥극장이 있다. 신흥극장은 대한극장으로 바뀌었다가 금남전자랜드가 들어서면서 문을 닫았다. 금남전자랜드는 인근에 있는 반도전자도매상가와 함께 이 일대를 전남 지역 최대 전자상가로 탈바꿈시켰다. 또 나이트클럽은 물론 카바레, 콜라텍 등도 인근에 있어서 남녀가 함께 모텔 앞으로 지나는 모습을 어렵지 않게 관찰할 수 있다.

30여 년째 이곳에서 무용학원을 경영하고 있는 위장복(65) 원장의 말에 의하면 불과 20년 전만 해도 사람들이 북적거렸고, 소매치기도 많아서 지갑을 갖고 다니기 힘들었는데, 10년 전부터 경기가 죽었다고 한다. 위장복 씨는 과거 '연애를 하기 위해선 이곳을 찾았지만 이제 집집마다 자동차가 있기 때문에 구태여 번거로운 시내 중심가에 오지 않고 교외로 빠지는 경우가 많아졌다'고 했다.

VI

新사창시대
(1981~2004)

新사창시대 · 1981~2004

한국전쟁이 끝난 지 한 세대가 지나면서 사회가 점차 안정화되고 경제호황기가 장기간 지속되면서 성매매 업소들이 모인 집창촌에도 변화가 생기기 시작했다. 윤락업소가 대형화되고, 기존 집창촌도 영역이 확대된 것이다. 그동안 정부가 단속의 편리성, 보건 관리의 효율성 등을 이유로 '특정지역' 내 윤락업소를 묵인하고 조장해준 덕분이다. 또 점차 지하철과 버스, 택시 등 대중교통이 발달하고, 마이카시대에 접어들면서 규모의 경제가 이뤄지지 않는 작은 윤락가들은 점차 외면을 받았다.

여기에다 유일한 성의 배출구로서 윤락업소가 갖고 있던 독점적 지위가 무너지게 됐다. 무엇보다 자본으로 무장한 겸업형, 산업형 성매매가 똬리를 틀면서 전업형 성매매의 집창촌은 20세 남짓 젊은이나 돈 없는 노인, 외국인 근로자들의 장소로 변해갔다. 친구들과 소주를 마시다가 역 앞을 기웃거리는 풍경도 점차 사라지고 대신 강남의 룸살롱에서 비싼 양주를 마시는 시대가 찾아왔다.

과거 달러를 벌기 위해 기지촌을 찾았던 젊은 여성들도 이제는 지갑 두둑해진 한국 남성들에게 눈길을 돌렸다. 과거처럼 미군과 결혼하여 외국으로 나갈 기회가 줄어드는데다 1992년 윤금이 씨의 잔혹한 사망과 에이즈 확산 등으로 한국 성매매 여성들이 기지촌 유입을 꺼리면서 기지촌 윤락은 필리핀 여성이나 러시아 여성 등 수입 여성들로 채워졌다. 2000년대 들어 군산 개복동과 대명동, 부산 완월동의 화재로 20여 명의 성매매 여성들이 집단사망하면서 촉발된 성매매특별법은 지난 100년간 번성해온 한반도 집창촌에 근본적인 변화의 바람을 불어넣고 있다.

■── 통금해제와 올림픽, 그리고 산업형 성매매

야간통행금지가 전격 해제된 것은 지난 1982년 1월 6일 0시. 1945년 9월 8일 군정을 담당한 미 제24사령관이 경성(서울)과 인천 두 지역에 저녁 8시부터 아침 5시까지 일반인의 통행을 금지한다는 일반명령을 내린 지 36년 4개월만의 일이다.

통금해제로 10시쯤부터 귀가를 서두르는 모습이 사라지면서 심야극장이 성황을 이뤘고, 3차, 4차로 이어지는 음주문화가 탄생했다. 통금해제 후 첫 심야영화는 그해 2월 6일 개봉한 안소영 주연의 「애마부인」으로 당시로서는 기록적인 31만 명의 관객을 동원하는 데 성공했다.

통금해제는 집창촌에도 큰 변화를 가져왔다. 통금해제 이전 윤락업소들은 밤 10시나 11시쯤에 문을 닫았다. 밤이 늦으면 '숏타임' 손님은 받지 않고, 자고 갈 손님만을 받았으나 통금이 해제되면서 그럴 필요가 없어졌다. 정오부터 밤 10시나 11시까지 하던 영업시간은 24시간 체제로 변경됐다. 그래서 성매매 여성들은 밤근무와 낮근무 2개조로 나뉘어 고객을 받기 시작했다. 이렇듯 통금해제 조치는 미아리와 천호동 등과 같은 신생 집창촌에 큰 활기를 불어넣었다.

군부 쿠데타와 5.18광주민주화혁명을 학살로 탄압하고 집권한 5공화국 군부정권은 그 해 3월 프로야구를 출범시키고, 컬러TV 방송을 전격 도입해 국민들에게 서커스를 제공하는 데 열을 올렸다. Screen, Sports, Sex를 아우르는 '3S정책'을 폈던 것이다. 5공화국은 3공화국의 특정지역 설치를 흉내 내듯 '윤락여성집중관리지역'을 설정했다. 그리고 윤락여성등록을 받아 보건증을 발급하고 정기적인 건강진단을 실시했다. 또 주기적으로 폭력배 소탕 등을 통해 윤락가에 기생하는 건달들에 대한 단속도 펴나갔다.

이 같은 정책은 성매매가 부도덕하다든지, 문제가 있다는 판단에서 추진했다기보다는 86아시안게임과 88올림픽을 앞두고 외국인들에게 자칫 한국이 후진국이라는 오명을 들을까 하는 '애국심'에서 비롯됐다. 당시 서울시내에 지정된 집중관리 지역은 용산구(이태원동, 한강로1, 2가) 성북구(하월곡동, 종암동), 영등포구(영등포1, 2가, 문래동1, 2가), 동대문구(전농동) 등 4개구 10개 동이었다. 이들 지역에다 천호동 텍사스까지 합치면 이들 모두가 2000년대까지 지속된 서울의 대표적 집창촌이다. 물론 이외에도 신길동 우신극장 뒷골목이나 광진구 화양동, 동대문구 창신동, 중구 신당동 등에서도 소규모 성매매가 성행했다.

　올림픽을 앞두고 1986년에는 아예 외국인들의 미관을 위해 윤락가 시설에 대한 대대적인 정비사업에 나섰다. 가령 서울시는 전농2동 '청량리 588' 주변 1만2천 평을 '특별정비사업지구'로 지정해 불량건물 재개발 및 불량주택 재개발을 했다. 청량리뿐 아니라 미아리, 용산, 천호동 등 서울 윤락가는 물론, 인천 옐로우하우스, 부산 완월동, 대구 자갈마당 등 각 지방의 윤락가들은 앞 다퉈 '환경개선작업'에 착수했다. 과거, 사람 한두 명만 지날 수 있던 비좁은 인도 대신 차들도 오갈 수 있는 널찍한 소방도로가 뚫리고, 네덜란드의 홍등가처럼 커다란 유리창을 갖춘 '유리방'이 본격 등장한 것도 바로 이 시기다.

　유리방 형태도 이후 진화를 거듭했다. 처음에는 문틀 4개, 고정문 2개의 미닫이 형태로 시작됐으나 점차 문틀 3개, 고정문 1개의 미닫이로 바뀐다. 공간 효율성을 높인 3개 틀 미닫이로 된 유리방은 이후 전국으로 퍼져나갔다. 뿐만 아니라 유리방 위에 차양을 달고, 또 붉은색이나 노란색 등 원색으로 조명을 달아 한눈에 윤락가임을 알아볼 수 있도록 부각시켰다.

　윤락가 정비사업은 집창촌을 대형화시키면서 전체 수를 축소시키는 촉매제로도 작용했다. 유리방을 하나 만들기 위해서는 기존 쪽방 3~5개를 헐어야 했기 때문에 돈을 들여 유리방으로 탈바꿈하지 못한 소규모 포주들은 퇴락의 길을 걸었다. 반면 대형화된 업소들은 더욱 성황을 일궈냈다. 포주들은 '88올림픽을 전후로 경기가 가장 좋았다'고 입을 모은다. 여기에다 1가족 1자동차 시대가 되면서 소위 '물 좋다'는 집창촌에는 자동차를 이용한 성 구매 원정대가 몰리고, 작은 규모의 집창촌은 더욱 초라해지는 빈익빈부익부 시대가 시작됐다.

집창촌에서 이뤄지는 전업형 성매매는 서울올림픽이 열렸던 1988년과 1989년에 최고점을 찍은 뒤 점차 감소하기 시작했다. 가령 부산 완월동 성매매 여성의 경우 1988년 1,157명, 1989년 1,286명으로 가장 많았으나 이후 점차 감소하기 시작해서 1990년 890명으로, 1991년 892명, 1992년 875명으로 줄어들었다. 이는 전업형 업주와 성매매 여성들이 줄고, 대신 잠재적 성매매, 산업형 성매매로 그 행태가 바뀌고 있다는 것을 그대로 보여준다.

표[15] **부산 지역 성매매 여성 숫자의 추이**

지역/연도	1988년	1989년	1990년	1991년	1992년
완월동	1,157명	1,286명	890명	892명	875명
초량동 텍사스	64명	46명	18명	40명	30명
300번지	291명	255명	306명	264명	237명
동래온천	95명	103명	74명	69명	67명
609	64명	15명	35명	24명	18명
합계	1,671명	1,705명	1,323명	1,289명	1,227명

※출처:『부산시정백서』

성매매 여성 집중관리구역 내 성매매 여성의 수도 매년 감소해왔다. 지난 1975년 1만 7,478명에서 1984년에는 1만 499명으로 줄어들었다. 그러다 이러한 수치는 1998년에 5,128명으로 감소한다. 물론 이는 집창촌 여성의 감소일 뿐이고, 성매매 여성 전체의 감소는 아니다. 축소된 집창촌 자리를 유흥주점과 룸살롱, 퇴폐다방, 인터넷 매춘 등이 점유했기 때문이다. 실제 유흥주점은 지난 1977년 2,726개에서 1985년에 1만 2,730개로, 1997년에는 1만 6,916개로 늘어났다. 다방도 1977년 283곳에서 1985년에 3만 4,388곳으로, 1997년에는 4만 663곳으로 늘었다. 여관 역시 1977년 1만 498곳에서 1985년 1만 5,686곳으로, 다시 1997년에는 2만 1,910곳으로 증가했다.

이는 1979년 오일쇼크 이후 경제호황이 계속되면서 소비지향적인 사회분위기가 조성되어 3차서비스업이 번성했기 때문이다. 특히, 1980년대 후반에는 올림픽 개최를 계기로 풍속영업규제가 완화되면서 윤락가뿐만 아니라 3차서비스업에서 음성적 매매춘 현상, 즉 겸업형 성매매가 점차 활기를 띠기 시작했다.

표[16] 1985년 특정지역 내 성매매 여성 수

지역	윤락 지역	집결지	포주	성매매 여성
서울	54곳	-	41명	4,135명
부산	6곳	-	232명	1,916명
대구	7곳	-	113명	640명
인천	2곳	-	126명	555명

경기	21곳	23개 시군 중 이천, 용인을 제외한 21곳	295명	3,966명
강원도	6곳	속초, 동해, 태백, 화천, 춘천, 원주	128명	394명
대전/충남	7곳	아산, 보령, 대전 등	86명	330명
충북	3곳	제천, 충주, 청주	-	120명
전북	7곳	군산, 이리, 옥구, 전주 등	346명	878명
광주/전남	8곳	광주, 광산, 순천, 목포, 신안, 여수 등	313명	743명
경북/대구	5곳	대구, 안동, 영인, 포항, 경주	159명	529명
경남	5곳	울산, 부산, 진해, 마산, 진주	65명	196명
제주	1곳	-	-	95명
계	132곳	-	1,904명	14,497명

※출처 : 김성천, 「도시지역사회 해체에 관한 연구」, 1985

      지방의 집창촌에 대해서는 어느 정도 사회적 합의가 이뤄져 대부분의 기록에서 상당한 일관성을 보이고 있지만 서울 지역 집창촌에 대해서는 다소 논란의 소지가 있어 보인다. 가령 김성천은 서울 지역 특정지역이 54곳이라고 밝히고 있으나 이는 포주의 숫자 41명보다 많아 주장의 신빙성이 다소 떨어진다. 아마도 서울 지역 특정지역에 소규모 성매매 업소와 산업형 성매매 업소 밀집지대를 포함시키면서 포주 숫자는 대규모 집창촌 숫자만으로 계산했기 때문으로 보인다. 지난 1991년 정부가 밝힌 '청소년출입제한구역'을 살펴보면 당시 집창촌의 위치가 어느 정도 윤곽이 잡힌다.

표[17] 1991년도 시도별 청소년 출입제한구역

지역	출입제한구역	위치
서울	30곳	•신길3동 329-154 •화양동 111 •대조동 19-4 •시흥1동 995-1 •신사동 501-4 •방배동 790-12 •신림5동 1432-81 •천호4동 423-176 •길동 459 •하월곡1동 104-13 •미아4동 460-59 •오류1동 44 •서초2동 1304 •신정2동 117 •방이동 38 •을지3·4가동 207-1 •남대문로5가 84-11 •남대문로5가 643 •회현1·2·3가 회현1가 92-6 •대현동 37 •창신1동 446-5 •한강로2가 352 •이태원동 126-16 •전농2동 620-47 •용두1동 34-10 •노고산동 106-10 •아현2동 330-5 •영2동 432-21 •영1동 618 •황학동 371
부산	4곳	•초량2동 485 •범전동 338-24 •충무2가 17 •감전동 104
대구	1곳	•도원동 333
인천	3곳	•숭의1동 360 •학익1동 428 •주안2동 507-43
경기	5곳	•수원 고등동 254-8 •성남중동 1005 •부천 심곡2동 170 •의정부 생연동 665 •평택 평택동 55-24
강원	9곳	•춘천 조양동 164 •춘천 소낙동 49 •춘천 근화동 96 •원주 학성1동 436-1 •원주 태장2동 1367-4 •강릉 교2동 156-16 •속초 금호동 484-4 •동해 발한동 2-21 •태백 황지1동 33-37
충북	2곳	•청주 남문로2가 구 청주극장입구 •충주 성남동 110
충남	3곳	•대전 유천동 330-77 •대전 정동 13 •천안 대흥동 62-44
전북	4곳	•전주 전동3가 131 •전주 서노송동 582-20 •군산 대명동 138 •이리 창인동1가 49-40
광주	11곳	•광주 금동 27-3 •광주 황금동 88 •광주 충장로2가 16 •광주 충금동 32-4 •광주 황금동 5-11 •광주 황금동 91-1 •광주 학동 74-7 •광주 대인동 25 •광주 송정동 273 •광주 송정2동 840 •광주 송정3동 999-1
전남	3곳	•여수 중앙동 683 •여수 공화동 319 •여수 교동 587
경북	4곳	•경주 황오동 179-94 •포항시 대흥동 717-1 •안동시 운흥동 186-5 •김천시 평화동 324

경남	1곳	•마산 신포동주유소
제주	-	-
계	81곳	-

※출처 : 〈중앙일보〉 1991년 9월 8일자

    1990년 서울시가 국정감사 자료를 통해 서울시내 성매매 여성 밀집 지역을 이태원 일대 기지촌 1곳, 용산역 앞, 청량리 588, 영등포역 앞 등 사창가 3곳, 하월곡동 88번지(미아리 텍사스)와 천호동 427번지 일대(천호동 텍사스) 등 유흥가 2곳 등 모두 6곳이라고 보고했다는 사실을 고려할 때, 이들 6개 지역을 제외한 24곳은 소규모 집창지역으로 보인다. 실제 신길3동 우신극장 부근이나 42개 윤락업소가 밀집된 카페골목으로 유명했던 화양동 118번지는 지난 1997년 경찰과 광진구청의 합동단속으로 사라졌으며, 광진구청은 이곳을 차 없는 거리로 전환시켰다. 대조동 등은 1990년대에까지 소규모 성매매가 계속된 지역이다.

■── 전국으로 퍼진 티켓다방

    티켓다방이 등장한 것은 1970년 중반으로 추정된다. 1970년 부산의 한 다방 마담이 커피 10잔을 배달해달라는 손님의 전화를 받고 여관에 배달 갔다가 성추행을 당할 뻔했다는 주간지 보도를 보면 이 시기에는 '티켓다방'이라는 용어 자체가 없었던 것으로 보인다. 그러다가 1976년 서울 영등포의 한 다방 주인이 여종업원에게 단골손님을 상대로 윤락행위를 강요하는 일이 생기는 등 티켓다방이 일부 지역에서 성행하기 시작했다. 그러던 티켓다방은 1980년대 중반에 급증하게 된다. 특히, 윤락가가 없는 농촌이나 중소도시, 신흥공단 지역을 중심으로 티켓다방이 급증하여 사회문제로 번지게 된다.

티켓다방은 고객이 성매매 여성에게 화대를 직접 지급하는 것이 아니라 다방 업주에게 티켓을 구입해 성매매 대가로 건네는 방식으로 출발했다. 종업원이 다방 밖에서 성매매를 하게 되면서 주인이 보게 되는 손실을 만회하는 개념이다. 손님은 다방 카운터에서 한 장에 5천 원이나 1만 원하는 티켓을 구입한 다음 가까운 여관에서 차를 주문하게 된다. 이어 여종업원이 배달세트를 들고 여관에 찾아가 형식상 차를 먼저 대접한 뒤 성관계를 맺고, 티켓을 받아 주인에게 돌려주는 것이다. 이후 티켓다방이 널리 퍼지면서 다방에 직접 들러 티켓을 구입하는 불편함이 없어지고, 대신 그 시간비용에 해당되는 금액을 종업원에게 직접 지불하는 방식으로 발전했다. 여관에서 차를 주문한 뒤 종업원이 오면 시간당 계산한 흥정을 벌이는 형태다.

1985년 보건사회연감에 나온 전국의 다방은 3만 822개에 달했다. 대도시 다방 숫자는 서울 8,003개와 부산 2,887개, 대구 1,662개, 인천 1,213개 등이었다. 물론 대도시 다방은 단순히 커피를 마시러 찾는 곳이 많았다. 하지만 지방의 1만여 개 다방 대부분에서는 성을 파는 이른바 티켓영업을 했다. 임권택 감독의 영화 「티켓」(1986)

이 만들어진 것도 이 시기다. 그만큼 1980년대 중반부터 티켓다방은 사회적으로 큰 주목을 받았다.

한국사회에 이렇게 티켓다방이 성행하게 된 이유에 대해 김현종은 사창가가 들어설 만큼 성의 수요가 없는 지역에 전업형 성매매 대신 커피를 팔면서 성을 공급하는 다방이 성행했다고 설명한다. 어떤 의미에서 티켓다방은 사창가 혹은 윤락가로 인식되는 공간의 확대를 막는 역할도 담당했다. 즉, 성매매가 독립된 공간을 점유한 성매매 업소가 아니라 다방이라는 기존 공간을 통해 침투했기 때문이다.

성의 수요가 제한적이라는 이유도 있겠지만 시골의 보수적인 성관념 때문에 윤락가가 새롭게 들어서기 힘들어 그 대안으로 티켓다방이 성행했다는 설명도 있다. 티켓다방은 중소도시뿐 아니라 농촌이나 추자도와 흑산도 등 섬마을에도 번져 1997년 추자도에만 50여 명의 성매매 여성이 있었다. 추자도의 경우 조기잡이 배가 들어올 때에는 티켓을 끊으려면 이틀 전에 예약을 해야 하는 현상도 빚어졌다.

반월과 안산 등 1980년대부터 새롭게 등장한 공단 지역 인근에서도 성매매 전업업소가 아닌 티켓다방이 들어섰다. 경찰 단속과 인근 주민들의 반발 등으로 인해 윤락가의 신설이 불가능했기 때문에 다방이 그 역할을 대신하게 된 것이다. 티켓다방에서 성매매를 하다가 적발될 경우 당국에서는 알선업주를 '윤락행위 등 방지법'에 따라 처벌했다. 그러다가 농어촌 지역으로 확산되는 티켓다방의 심각성이 사회문제화가 되자 정부는 1991년 12월에야 티켓다방 적발시 1차 2개월 영업정지, 3차 적발시 허가취소 등 행정처분을 내리는 강경조치로 전환했다.

 티켓다방 척결은 여자 경찰관들의 주요 임무 중 하나였다. 여성 총경 1호와 2호를 기록한 김강자, 김인옥 총경이 각각 1998년 충북 옥천경찰서장에, 2000년 경기 양평서장에 부임하면서 의욕적으로 추진한 것도 티켓다방 단속이었다. 두 여성 서장들의 티켓다방 척결은 언론의 주목을 받으면서 옥천과 양평 두 지역에서 상당한 성과를 거뒀다. 하지만 다른 지역에서는 남성들의 수요가 끊이지 않아 티켓다방 근절이 이뤄지지 않고 있다. 성매매특별법이 발효된 뒤에는 집창촌 여성들이 티켓다방을 법의 사각지대로 여기는 현상마저 빚어지고 있다.

 전체 인구가 5만 3,000명에 불과한 경북 성주군의 경우 지난 1998년 140개의 다방이 몰려 있어 군민 380명당 1개꼴로 전국 최고의 다방비율을 자랑했다. 밀집한 다방들은 월평균 1천만 원 이상의 매출을 올렸다. 하지만 매출액의 상당 부분이 커피가 아닌 '티켓' 판매를 통해서 이뤄졌다. 성매매특별법 이후 안산과 화성 일대에는 외국인 노동자들을 상대로 하는 티켓다방이 100여 개나 늘어났다. 실제로 2004년 9월 이후 외국인 노동자가 많은 안산시 상록구에는 150개의 다방이 새롭게 문을 열었고, 화성시에도 125개의 다방이 문을 열었다.

 티켓다방 여종업원을 주인공으로 삼는 영화가 지속적으로 만들어지고 있는 것도 티켓다방이 윤락업소 역할을 하기 때문이다. 심

혜진 주연의 「그들도 우리처럼」(1997)이 강원도 정선 사북의 티켓다방을, 전도연 주연의 「너는 내 운명」(2005)이 전라도 함평군 나산면의 티켓다방을 배경으로 하고 있는 것은 집창촌이 없는 곳에서 티켓다방이 윤락업소의 역할을 하기 때문이다.

■── 윤금이 사건과 외국인 기지촌 여성

1992년 10월 28일 경기도 동두천시 보산동에 있는 미군전용 클럽 종업원이던 윤금이 씨가 피살됐다. 이날 오후 4시 30분쯤 집주인 김성출 씨가 피살자를 발견했을 때 윤씨는 나체 상태였으며, 자궁에는 맥주병 2개가 꽂혀 있었다. 또 성기 밖에는 콜라병이, 항문에서 직장까지 27cm의 우산대가 꽂혀 있었다.

범인은 미 2시단에 근무하는 미군병사 케네스 리 마클(Kenneth Lee Markle, 당시 20세) 이병이었다. 경찰조사 결과 케네스 이병은 27일 저녁 클럽에서 윤금이 씨를 만나 집으로 가던 중 전날 밤 윤금이 씨와 잠자리를 했던 제이슨 램버트 상병을 만나게 된다. 램버트 상병은 '어젯밤 함께 잤던 여성이 다른 남자와 함께 있다는 사실'에 시비를 걸어 램버트 상병과 케네스 이병은 한바탕 싸움을 벌였다. 이후 케네스는 윤금이의 머리채를 휘어잡고 방 안에 들어가서 범행을 저질렀다.

검거된 케네스는 1993년 4월 14일 1심 재판에서 무기징역이

선고됐고, 그해 12월 16일 재판에서는 15년형으로 감형됐다. 그러나 미군이 범인의 신병을 인도하지 않자 '주한 미군의 윤금이 씨 살해사건 공동대책위원회'(공대위)를 비롯해 대학가의 시위가 잇따랐다. 또한 동두천시 택시기사들이 '미군 승차 거부 운동'을, 상인들이 '미군 손님 안 받기 운동'을 벌였으며, 그해 11월 7일 2,000여 명이 시민규탄대회를 미 2사단 정문 앞에서 열었다.

　　　　미군은 마지못해 사건발생 1년 6개월이 지난 1994년 5월 17일 케네스의 신병을 인도해 그는 천안소년교도소에 수감됐다가 지난 2006년 8월 가석방으로 풀려나 출국했다. 공대위는 윤금이 씨 살해사건을 단순한 개인의 살해사건이 아닌 주한미군의 구조적인 문제로 바라봤다. 그 결과로 더러운 몸이라고 손가락질 받던 기지촌 성매매 여성의 육체가 민족 자존심의 상징으로 격상됐다. 그리고 우리의 경계 밖에 배제되어 있던 기지촌 여성이 어느덧 '우리의 딸', '우리의 누이'로 바뀌었다.

　　　　당시 대학가에서는 "애국 시민여러분! 우리 딸이 처참하게 살해되었습니다. 범인은 미군 병사입니다", "50년 전 우리 누이들이 왜놈들에게 당한 수모를 잊을 수 없듯이 윤금이 누이를 이대로 눈 감게 할 수는 없습니다" 등의 유인물들이 뿌려졌다.

　　　　윤금이 사건은 시민들에게 반미의식을 고취시키는 데 이바지했지만 기지촌 여성들의 인권 향상으로 이어지지는 않았다. 윤금이 살해사건 이후에도 1996년 뮤니크 이병의 이기순 살해사건, 1998년 헨릭스 병사의 허주연 살해사건, 1999년 신차금 살해사건, 2000년 서정만 살해사건 등 제2, 제3의 윤금이 사건은 계속되고 있는 상황이다.

한편으로 윤금이 사건은 한국 여성들의 기지촌 유입을 급격히 감소시킨 계기로 작용했다. 미군이 뿌리는 달러만이 유일한 생계수단이 됐던 1960~1970년대에야 미군의 갖은 폭력에도 참고 견디었고, 운이 좋으면 미군과의 결혼을 꿈꾸었지만 이제는 상황이 바뀌었다. 성매매 여성들은 미군이 아니더라도 수많은 한국인 향락업소에서 비슷한 소득을 올릴 수 있기 때문에 미군의 폭력성을 안 이상 구태여 기지촌에 들어갈 필요를 느끼지 못했다. 이에 따라 기지촌에 유입되는 성매매 여성들이 크게 줄어들었다. 대신 필리핀이나 베트남, 중국, 우즈베키스탄, 러시아 등에서 미군 상대 성매매 여성 수입이 시작됐다. 기지촌의 클럽 업주들은 인력난을 타개한다는 명목으로 '한국특수관광협회'를 통해 외국인 여성들에게 예술흥행(E-6)사증을 발급해서 성매매 여성 수입에 나섰다. 특히, 수준급의 영어를 구사하는 필리핀과 러시아 여성들을 선호했는데 이 때문에 필리핀 여성들 중 상당수는 외국인 노동자로 들어와 기지촌으로 옮기기도 했다.

지난 2004년 10월 경기도가 국회에 제출한 국정감사 자료에 따르면 경기도 내 의정부와 동두천, 파주, 송탄, 평택 등 5개 기지촌에 있는 성매매 여성은 모두 899명으로 이중 한국인은 88명(9.8%)이고, 나머지는 811명(90.2%)이 외국인인 것으로 나타났다. 그리고 811명 외국인 중 90%에 해당되는 730명이 필리핀인이었으며, 나머지 81명은 러시아인이었다.

다른 시도의 경우도 마찬가지다. 경북 칠곡군 왜관읍 석전리의 경우 지난 2003년 10월 금문장, 카네기홀, 킹클럽, 체리클럽, 화이브클럽, 파라다이스, 슐리스클럽 등 7개 클럽의 여성 종업원은 내국인은 각 1명씩 모두 7명인 데 반해 외국인은 모두 20명이 근무했다. 또 비슷한 시기 전북 군산시 산북동의 파라다이스, 오비, 라스베가스 등 14개 업소 경우도 기지촌 여성은 러시아와 필리핀 여성으로 러시아 여성이 23명, 필리핀 여성이 36명이었다.

■── 텍사스 수난기

1980년대는 미아리와 천호동 등과 같은 텍사스들의 전성기였다. 특히, 5공화국의 통행금지해제 조치와 경제호황으로 인해 후발 윤락가였던 미아리와 천호동 텍사스는 금세 청량리 588과 맞먹을 정도로 성장했다. 서울 종로나 강남 등지에서 술을 마신 남성들이 밤늦게 택시를 타고 이곳을 쉽게 찾을 수 있었기 때문이다. 미아리와 천호동 텍사스의 성매매 여성들은 1970~1980년대는 한복차림으로, 1990년대는 웨딩드레스 차림으로 앉아 있다가 손님을 맞았다.

　　미아리의 경우 1980년대 업소 간 경쟁이 치열해지면서 한두 집에서 시작한 '성기로 붓글씨 쓰기', 혹은 성기 안에 대추를 넣는 등의 이른바 '미아리쇼'를 벌이기도 했다. 당시 성매매 여성이 20~30명에 달하는 대형업소가 많아 직장동료나 친구들이 단체로 '쇼'를

본 뒤 성관계를 갖는 이른바 '떼씹'도 유행했다.

천호동에는 미성년자가 많은 것으로 유명했다. 업소들은 출퇴근이 아니라 윤락업소에서 먹고 자는 생활을 하기 때문에 가출한 여중생, 여고생들이 돈이 떨어지면 쉽게 찾아들었다. '영계'가 많다는 소문을 듣고 찾는 남성이 늘어나면서 천호동은 1990년대 200여 개 업소에 1,000여 명의 성매매 여성이 종사하는 서울의 3대 사창가로 성장했다.

처음 미아리나 천호동 텍사스에서 인기가 높은 여성들은 일부 청량리 588이나 용산역 앞으로 스카우트되기도 했다. 청량리 588이나 용산역의 경우 출퇴근이 자유로운데다가 포주와 성매매 여성이 나누는 몫이 5대 5였기 때문에 미아리나 천호동 여성들이 선호하는 곳이기도 했다.

똑같은 집창촌이지만 용산역이나 청량리역, 영등포역 등보다는 미아리와 천호동, 신길동 등 텍사스 지역 단속이 유독 심했다. 그래서 업주들은 '왜 천호동만 단속하느냐', '왜 신길동만 폐쇄하려 하느냐', '하필 미아리냐'며 항의를 하기도 했다.

텍사스로 불리는 집창촌이 먼저 집중단속 대상이 된 것은 미성년자 고용이 많은데다 성매매 여성들이 도망하지 못하도록 집중 감시하는 등 사회문제를 많이 일으켰기 때문이다. 또 신길동의 경우는 인근에 우신초등학교가 위치하고 있는데다 다른 곳보다 규모가 작아 '조금만 강력하게 단속하면 쉽게 성매매의 뿌리를 뽑을 수 있다'는 확신을 검찰과 경찰 관계자들에게 심어줬기 때문으로 풀이된다.

■ **천호동 텍사스**
경찰의 집중단속으로 한산해진 천호동 텍사스의 대낮 풍경. 24시간 청소년 통행금지라는 간판이 무색하게 청소년들이 오가는 모습이 눈에 띈다.

강력한 단속의 기치는 천호동에서 먼저 올라갔다. 1996년 미성년자의 윤락업소 고용이 사회문제화되자 당시 김기영 강동경찰서장은 1년여 동안 '사창과의 전쟁'을 벌였다. 매일 천호동 집창촌 앞에 전경차를 세워놓고 80~100명의 전경들로 하여금 순찰을 돌게 하면서 손님 감소와 업소들의 백기를 이끌어냈다. 그 결과 1년 만에 170여 개 업소가 60여 개로 줄어들었다.

당시 김기영 서장의 딸이 윤락업소에 강제 납치됐기 때문에 강력한 단속을 벌이고 있다는 악성루머까지 나돌기도 했으나 근거 없는 소문이었다. 독실한 불교신자였던 김기영 서장의 강력한 단속에 윤락업소 주인들은 '번 만큼 세금 내고 영업하고 싶다'는 이색로비를 벌이기도 했다. 김 서장은 이후 치안감까지 승진했으나 지난 2002년에 불가에 귀의하겠다고 치안감에서 명예퇴직을 신청하여 다시 한 번 화제를 불러일으켰다. 이어 2001년에 강동서장에 부임한 주상용 총경 역시 '매춘을 뿌리 뽑는 것 외에 다른 타협은 절대 없다'며 강력한 단속을 벌여 성매매 업소 업주들이 '왜 천호동만 단속하냐'며 울상을 지었다. 이후 천호동은 급격히 그 세력이 위축되어 갔다.

　　천호동에 이어 신길동에서도 강력한 단속이 시작됐다. 신길동은 경찰보다도 검찰의 의지가 강력했다. 특히, 1997년 '자녀안심하고학교보내기운동'의 일환으로 학교 주변 사창가를 폐쇄하기로 한 것이다. 신길동 사창가는 우신초등학교에서 불과 100m도 안 되는 거리에 위치하고 있는데다 윤락업소가 45곳, 성매매 여성이 90여 명에 불과해 시범케이스로 적절해 보였다. 검찰은 노량진경찰서와 공동으로 그해 10월 29일 관련업소를 폐쇄하고 단전과 단수조치에 들어갔다. 지금 우신극장 건물은 그대로 도림신용협동조합으로 바뀌었고, 그 뒤편으로 펼쳐졌던 윤락업소들은 업종을 변경하거나 용주골이나 평택 쌈리 등 다른 사창가로 이전했다. 마지막까지 영업을 했던 윤락업소는 강제로 철거됐으며, 그 자리에는 유료 주차장이 들어섰다. 현재 남은 한양장, 용수장 등과 같은 여관들과 예전 윤락업소로 이용됐던 건물들의 3개 틀 미닫이 유리창 등이 옛 사창가 흔적을 어렴풋이 보여주고 있다.

　　미아리가 경찰의 집중단속을 받게 된 것은 2000년 1월 6일 여자경찰 40년 역사상 첫 총경인 김강자 씨가 종암경찰서장으로 취임하면서부터다. 지난 1998년 7월 여성 첫 경찰서장으로 충북 옥천서장으로 티켓다방과의 전쟁을 이끌어냈던 터라 언론의 집중조명을 받았다. 당시 김 총경의 종암서장 기용은 당시 경찰 내부에서도 파격으로 받아들여졌다. 총경 승진 2년도 안 돼 서울시내 서장을 맡은 것은 극히 이례적인 일이었다. 경찰 내에서 소위 잘나간다는 행정고시나 경찰대 출신들도 총경 승진 4년이 지나야 서울시내 서장을 맡는 것이 관례였기 때문이다. 김 총경은 취임사에서 '미성년자 윤락행위를 완전 근절하겠다'고 장담하면서 파격인사를 한 이무영 당시 경찰청장의 기대감에 부응했다.

　　김 서장은 취임 직후 미아리 텍사스촌 입주 업소 110곳의 업주들을 경찰서 4층 강당으로 초청해 '미성년를 고용하지 않겠다'는 각서를 받고, 미성년자 고용업자를 신고하면 보상금을 주는 등 적극적인 행보에 나섰다. 김 서장은 그 과정에서 '가만두지 않겠다'는 윤락업소 주인들의 협박을 받았다. 또한 종암서 소년계와 방범지도계, 파출소 근무 경찰관 50여 명이 매년 떡값과 회식비를 상납받았다는 사실이 폭로되어 7명이 구속되는 등 36명의 경찰관이 형사입건되는 우여곡절을 겪기도 했다.

　　김 서장은 포주들의 성매매 여성 임금착취를 막기 위해 현찰이 아닌 은행통장을 통해 월급 형식으로 이체시켜주는 방법을 고안해내기도 했다. 결국 김강자 서장은 취임 몇 달 만에 당초 목표했던 미성년자를 근절시키는 혁혁한 공훈을 세웠다. 당시 한 언론에서는 청소년보호위원회의 강지원 검사가 미성년자 성매매를 막으려고 수년간 뛰어다녀 겨우 이룬 성과를 김 서장은 단 1개월 만에 달성했다고 평가하기도 했다.

■── 영화 속 집창촌

1930년대 집창촌의 모습을 문학과 신문 등 활자매체 속에서 찾아볼 수 있었다면 1980년~1990년대에는 영화라는 영상매체를 통해서 재현됐다. 한국영화에서 집창촌은 먼저 지극히 단순하고 말초적인 본능을 자극하는 저급한 수준에서 출발했다. 특히, '창녀'라고 이름 붙은 여성들의 이미지를 팔아왔다. 또한 집창촌의 모습을 담기보다는 호스티스의 삶 등을 주로 다뤘다. 지난 1975년 김호선 감독의 「영자의 전성시대」, 박호태, 배창호 감독, 김수철 주연의 「고래사냥」(1984), 이미례 감독의 「수렁에서 건진 내 딸」(1984), 유진선 감독의 「매춘」(1988) 등 윤락가는 영화의 단골소재였다. 그러나 이들은 윤락가의 모습을 그대로 담기보다는 윤락가가 갖고 있는 자극적 이미지와 함께 불법공간을 탐닉하는 데 그쳤다.

　　영화에서 집창촌이라는 공간을 리얼하게 담아낸 것은 1997년

임권택 감독의 「노는 계집, 창(娼)」이라고 할 수 있다. 이 영화는 방울이라고 불리는 주인공 영은(신은경 역)이 10대에 윤락가에 들어가 보낸 20년 가까운 시간을 보여주며 사회 변화와 성매매 여성 개인의 성숙과정을 담아냈다. 영화 속에서는 1970년대부터 1990년대까지 서울의 대표적 사창가인 청량리 588과 영등포역 앞, 또 전북 군산의 감뚝, 강원도 정선 폐광촌인 고한의 술집 등 성매매 여성들의 집결지를 비교적 사실감 있는 화면으로 담아냈다.

이를 위해 임 감독과 주연배우 신은경 등 주요 스탭들은 2개월여 동안 서울 청량리 588, 영등포역 앞, 미아리 텍사스 등을 돌아다니면서 나름의 취재를 했다. 하지만 촬영은 주로 경기도 고양시 벽제에 만든 세트장에서 이뤄졌으며, 군산과 고한의 술집은 현지에서 직접 찍었다. 영화는 1970년대 허름한 작은 방에서 요를 깔고 손님을 받으며 세숫대야 물로 남성의 성기를 씻는 모습에서부터 1990년대 중반의 욕실이 딸린 침대방까지 사실적으로 담아내 화제가 됐다.

김기덕 감독의 「나쁜 남자」(2001)의 경우도 윤락가의 한 단면을 볼 수 있는 작품이다. 김 감독은 서울 용산역 앞 윤락가 모습을 세트로 만들어 촬영했다. 내용은 여대생에게 매력을 느낀 사창가 깡패 우두머리가 여대생에게 모멸감을 느껴 그녀를 성매매 여성으로 만들고, 그녀가 점차 성매매에 익숙해지는 과정을 그렸다. 감독은 총 제작비 7억5천만 원 중 1억 원을 들여 경기도 양수리 한국종합촬영소에 세트를 마련했다고 한다.

이어 만들어진 「대한민국 헌법 제1조」는 여야 의석수가 동수인 가운데 치러진 보궐선거에 윤락가의 한 여성이 출마하면서 겪는 에피소드를 담았다. 당초 여당의 손쉬운 승리를 예상했던 선거가 성매매 여성 고은비(예지원 역)의 출마와 당선으로 막을 내린다는 다소 황당한 스토리다. 이 영화가 주목받은 이유 중 하나는 모든 촬영을 실제 윤락가에서 했기 때문이다. 송경식 감독 등 스탭들은 전북 전주시 덕진구 서노송동에 위치한 선미촌에서 2002년 11월부터 3개월 동안 촬영을 했다. 이를 위해 감독은 전주 영상위원회 관계자와 함께 전주 선미촌 상가번영회를 수십 차례 찾아가 설득하여 촬영협조를 이끌어냈다. 그리고 실제 윤락업소 7개소를 빌려 촬영을 마쳤다. 그런 만큼 성매매 집창촌의 모습이 그대로 담겨 있다.

영화 속에 실제 윤락가의 모습을 담기란 그리 쉽지 않다. 무엇보다 업주나 성매매 여성 모두 다 꺼리기 때문이다. 그렇게 꺼리는 이유는 그들 스스로 불법이나 탈법영업, 또 창피한 일이라는 것을 잘 알고 있어서다. 더구나 이미 사창가는 널리 알려져 구태여 홍보할 필요가 없는데다 혹시나 촬영을 계기로 경찰 단속을 촉발하는 부메랑이 날아오지 않을까 걱정을 하기도 한다. 방송사나 신문사에서 사창가를 부정적으로 보도하지 않더라도 그동안 불법과 탈법을 방조했던 행정기관 관계자들이 언론보도를 계기로 새로운 제재를 가해오는 것을 너무 잘 알기 때문이다.

그럼에도 불구하고 영화에서 사창가를 담으려고 노력하는 것은 장소 자체가 불법공간인데다 그곳 종사들도 불법행위를 하고 있어 법이나 기존 질서와는 상반되는 인물을 담기 가장 좋은 배경이 되기 때문이다. 법에 의존해서 일을 해결하는 것이 아니라 칼과 주먹에 의한, 잔인한 정글의 복수를 관객이 원한다고 믿기 때문이다. 그렇기 때문에 행정기관으로부터 허가받지 못한 공간인 윤락가는 한국 영화의 가장 빈번한 배경 중 하나다. 2006년 9월 개봉한 「퍼즐」 역시 창녀촌의 포주와 창녀촌을 돌봐주는 전직 경찰, 창녀촌에 팔려간 여동생을 구하기 위해 뛰어든 남자 등 모두 창녀촌이라는 코드로 연결된 인물들이 나온다.

■── 군산 대명동, 개복동 화재

상당수 윤락업소에서는 성매매 여성이 숙식하면서 영업을 하기 때문에 늘 화재의 위험에 노출되어 있다. 특히, 기존 주택을 불법 혹은 편법 개조해서 쪽방을 만들어 영업하는 경우가 많기 때문에 소방시설을 갖추지 않은 탓에 작은 화재에도 큰 인명피해를 동반하는 실정이다. 더구나 포주들은 성매매 여성들의 도주방지를 목적으로 쇠창살 등으로 창문을 막아놓기 때문에 화재가 한번 발생하면 대량 인명피해로 이어진다.

　　1988년 서울 미아리 희전과 청량리 588의 대림장(사망 5명), 부산 완월동 제일장(사망 4명) 등은 대표적인 화재사건 장소로 손꼽힌다. 미아리 화재 발생 당시 소방통로가 약 2.5m에 불과해 소방차량 통행이 불가능했다. 더구나 소방통로 상부에는 차광막이나 비가

림 지붕을 설치해 화재진압 및 인명구조용 사다리조차 사용하지 못했다. 내부구조 역시 미로처럼 복잡한데다 임의로 목재와 합판 등을 이용해 쪽방 등을 만들었기에 불이 쉽게 번졌다. 또 비상구, 비상통로 등 탈출루트 역시 폐쇄되어 있었다.

사정이 이렇다 보니 지난 1988년 3월 26일 간이주점 희전에서 발생한 20분간의 화재사건으로 8명이 사망하고 4명이 부상당하는 대형참사가 발생했다. 당시 화재는 2층의 합판천정 안에 부설된 전기배선 합선으로 발생한 것으로 추정됐다. 소방 당국은 펌프차 4대, 탱크차 5대, 인원 62명이 출동 화재진압 및 인명구조에 나섰으나 대형참사를 막는 데에는 역부족이었다. 그러한 화재가 자주 발생하면서 집창촌 화재는 언론에서도 어느 정도는 무시되는 경향이 생겼다.

2000년 군산 대명동에서 발생한 화재도 그러했다. 역전시장 골목의 한 성매매 업소 2층 창문에서 발생한 화재로 5명의 성매매 여성이 사망한 사건이었다. 화재 건물 내부통로가 한 사람이 겨우 다닐 수 있는 통로로 연결되어 있는데다 각 창문마다 탈출방지 및 방범용 창살이 설치되어 있던 탓에 탈출이 곤란한 상황이었다. 이 사건은 20분 만에 5명의 성매매 여성이 사망했지만 단순 화재사건으로 묻히는 분위기였다. 게다가 당시 언론의 2000년 그리스올림픽 경기 보도에 밀려 거의 기사화되지 않았다. 그러나 '군산여성의 전화'를 중심으로 한 '군산윤락가 화재참사대책위'와 민주사회를 위한 변호사모임 등은 성매매 피해 여성들의 인권유린 상황은 물론 경찰과 관련 공무원 등 국가가 이를 묵인하고 방조했다는 사실을 밝혀내 국가가 유가

족에게 손해배상을 해야 한다는 판결을 이끌어냈다. 이 과정에서 업소들이 1998년 중순부터 군산 지역 경찰에게 100여 차례에 걸쳐 정기적으로 술 접대와 '성상납'도 했다는 사실이 드러나 성매매 업주와 경찰과의 검은 거래가 일부 밝혀지기도 했다.

    그로부터 1년 4개월 뒤인 개복동의 방석집 대가에서 전기합선으로 추정되는 화재가 발생했다. 1월 29일 오전 11시 56분부터 39분간 지속된 화재로 인해 또 성매매 여성 15명이 사망했다. 화재가 대낮에 발생하면서 발견이 늦어 소방 당국이 도착했을 때에는 이미 상당부분 화재가 진행된 뒤였다. 종업원들이 새벽까지 영업을 한데다 술에 취한 채 잠든 상태라 스티로폼 등에서 발생한 유해가스에 노출되어 피해가 더욱 컸다. 당시 여론은 성매매 업주들을 더욱 차가운 시선으로 바라보게 되었다. 이에 따라 이후 '성매매특별법' 제정이라는 획기적인 전기를 가져온다. 대명동 성매업소와 개복동 대가의 업주가 구속되면서 이 화재장소는 사고가 발생한 지 3년여가 지나도 방치됐다.

집창촌 깊이 읽기

대전 유천동

대전의 중동과 정동이 각각 일제시대와 해방 이후 시작됐다면 서부터미널 옆 유천동 텍사스는 1970년대 이후 발달한 집창촌이다. 1970년대 말 유등천변 옆에 서부터미널이 들어선 뒤부터 그 전에 있던 여인숙, 여관골목이 더욱 번성하고, 유천시장에서 서부종합시장 인근까지는 커다란 방석집 지대가 형성되기 시작했다. 이곳은 그 규모가 대인동보다 2~3배 크고 훨씬 화려하다.

지난 1971년부터 이곳에서 낙원약국을 운영해온 김학봉(70) 씨는 '청주에서 처음 이곳에 정착했을 때에는 인근에 솥 만드는 공장이 있었는데, 솥공장이 떠나고 윤락업소가 하나둘씩 늘어나 오늘의 모습을 갖추었다'고 전했다. 특히, 군산에서 화재가 난 뒤 더욱 늘어났다고 한다. 김학봉 씨가 기억하는 1970년 유천동은 비록 여인숙과 여관 등이 있었지만 평범한 중산층 거주 지역이었다. 그러다가 하나

둘씩 방석집이 들어오면서 일부 주민들이 떠나가기 시작했다. 빵집이나 중국집이 떠나가면 그 자리를 어김없이 '이화궁' 등 방석집이 차지했다. 주민들은 점차 교육환경 등을 이유로 동네를 떠나가고, 주민이 감소하자 상인들도 서둘러 이 지역을 떠났다. 대신 방석집들이 늘어나고 술 취한 남성들이 몰리면서 오늘날의 텍사스 지대를 형성했다. 김학봉 씨는 '과거에는 자신의 약국이 감기약 등 일반 주택가 약국이었는데 이제 방석집들이 들어서면서 술약, 피임약, 변비약, 임신테스트, 관장약, 콘돔 등이 집중적으로 팔리고 있다'고 전했다.

최근 들어 성매매특별법 이후 강화됐던 경찰의 단속이 느슨해지면서 새롭게 단장하는 방석집들이 늘고 있다. 더욱이 '경축 유천동 도시환경 정비사업자 선정'이라는 플랜카드를 비웃듯 사설 게임도박장 등과 함께 전당포가 계속 늘어나는 추세다.

집창촌 깊이 읽기
••

수원 고등동

　수원역 앞 터미널 인근에 언제부터 성매매 업소들이 생겼는지는 분명하지 않다. 옛 수원터미널 터를 경계로 직사각형 형태로 윤락업소들이 모여 있는 이곳은 행정구역상으로 고등동으로만 알려져 있지만 실제로는 매산동과 고등동 등 2개동이다.

　매산동의 경우 일제시대 일본인들이 많이 살았던 곳이고, 남문에서 수원역 앞까지 이어지는 매산동 일대에 일본인들이 특히 많이 살았다는 점을 고려했을 때 기생집이나 일본인 상대 유곽이 있었을 것으로 추정된다. 3.1운동 당시 수원 기생 김향화 등이 자혜병원에 검진 받으러 가다가 경찰서 앞에서 만세운동을 벌여 검거돼 6개월 형을 받았다는 점이나 일제시대 수원 남수동에 화성권번이 있었다는 점을 고려했을 때 수원에도 기생들의 성매매나 대좌부 영업이 어느 정도 성행했을 것으로 보인다. 화성권번이 있던 곳은 남수동의 남수교 건너 종료예식장 위쪽으로 민관식 전 문교부 장관의 생가 인근이다.

그러나 수원에 있던 권번에 대한 기록이나 체험담은 매우 한정적이다. 지금 생존한 노인들의 경우 기방을 출입하기에는 나이가 어렸고, 설사 나이가 찼다 하더라도 기생을 부를 만큼 형편이 여의치 않았기 때문이다. 다만 1921년 11월 17일자 동아일보에 '동아일보사 대표 만군기자대회 부회장 당선'을 축하하는 축하광고가 '수원예기조합'의 이름으로 실렸다는 점을 보면 복수의 권번이 있었을 것으로 보인다. 또 1936년 1월 20일자 동아일보에는 1단짜리로 '수원화성권번, 참의원 서죽필, 평의원 변금화, 평의원 홍운주, 예기 정금도, 예기 성일도, 예기 황국화, 예기 김송학, 예기 유벽조' 란 기명광고가 실리기도 했다.

수원역은 1905년 경부선의 한 정거장으로 개설됐다. 이후 1931년 수원-여주 간 수여선이, 또 1937년 수원-인천을 잇는 수인선이 개통되면서 동(여주), 서(인천), 남(부산), 북(서울)을 연결하는 철도교통의 요충지로 등장했다는 사실에 비춰 역 인근에 성매매 업소들이 있었을 것으로 추정된다. 특히, 수인선이 경기도 쌀 등을 인천으로 실어 나르는 식민지 수탈의 철도였다는 점을 고려한다면 역 인근에 여행객뿐 아니라 철도 노동자와 짐꾼을 상대로 하는 성매매 업소가 있었을 것으로 보인다.

수원 지역 성매매 업소 밀집지대는 수원역 앞과 구천동(현 인계동)으로 광복 이후에 그 수가 급증한 것으로 보인다. 『경기도지』(1955)는 '한국전쟁 이후 북한에서 남하한 동포의 수가 늘어나면서 북한 사투리가 날로 귀익어가고 각처에 군민회 간판이 걸려 있었고, 읍소재지에는 전쟁의 산물인 판잣집이 늘어가고 있다. 도내 웬만한 곳이면 으레 다방이 생기고 댄스의 유행, 윤락여성의 군상 등을 도처에서 볼 수 있다'고 적고 있다.

『수원시사』(1986)는 '수원에는 UN군이 오래 주둔한 적이 없으므로 소위 양공주로 불리던 윤락여성들이 다른 지역에 비해 없는 편이었다. 수원역 앞 부근과 구천동 이른바 텍사스촌은 주로 내국인을 상대했다'고 적고 있다. 수원역 앞은 원래부터 내국인을 상대한 듯하다. 인계동 일대는 1970년대에 텍사스촌이라고 불렸다는 점으로 보아 미군을 상대하다가 점차 내국인으로 바뀐 것으로 여겨진다. 1968년에 수원시에 등록된 성매매 여성은 192명이었으며, 1969년 167명, 1970년 187명 등 그리 많지는 않았다. 그러다 1977년에 이르러 576명으로 숫자가 크게 증가했다.

1967년 6월 경기도청이 서울에서 수원으로 이전하면서 도시 발달이 촉진됐다. 이에 따라 다방과 음식점, 여관 등 향락업소도 급증했다. 도청 이전 후 다방과 음식점, 여관이 각 1,000개씩 증가해 '3,000다(多)'라는 말까지 생기기도 했다. 당연히 윤락업소들도 급증했다. 1960년대 잠업단지, 축산단지, 화훼단지, 공업단지 등 '단지(團地)'라는 용어가 남발했는데, 수원역 앞 성매매 업소 밀집지대를 '요강단지'로 부르자는 제의가 생긴 것도 이 시기다.

수원역 인근 윤락업소들은 1980년대 정점을 찍은 뒤 쇠락하기 시작했다. 특히, 지난 2001년 터미널이 권선동으로 이전하면서 유동인구가 급감, 문을 닫는 업소들이 늘어났다. 터미널 인근 상가들이 이전하면서 윤락업소들이 큰길 앞으로 전진 배치됐지만 쇠락세는 더욱 가속화되고 있다. 내국인들이 많이 떠난 고등동에는 최근 들어 안산, 화성 등지 공장의 외국인 노동자들이 많이 찾아온다.

수원시에서는 옛 터미널 자리인 매산로1가 23번지에 짓고 있는 복합상가 완공 이전에 성매매 업소들을 정리한다는 계획이어서 고등동 집창촌은 머지않아 철거될 것으로 보인다.

**집 창 촌
깊이 읽기**
•••

서울 용산역 앞

현재 용산역 집창촌은 역 주변 여인숙 골목들이 발전해 오늘에 이르렀다. 언제 생겼는지 정확한 기록은 없다. 하지만 주변인들의 증언 등에 기초해볼 때 해방 이후로 추정된다. '내가 처음 용산에 도착했을 때인 1961년 용산역 주변은 하코방촌이었으며, 지금의 여인숙은 일본식 기와집, 양옥집, 양철집이었다'는 한 포주의 말처럼 용산 집창촌은 일본이 패망하면서 남기고 간 건물 위에 들어섰다. 해방될 당시 이곳에는 철도청 관사가 있었다. 요즘도 일본식 건물이 몇 채 남아 있어 건축을 공부하는 대학생들이 가끔 찾아와 사진을 찍어갈 정도다.

해방 직후에는 성매매가 그리 성행한 것으로 보이지는 않는다. 용산역 앞 한강로2가 일대가 사창가로 본격 등장한 것은 한국전쟁 이후로 보인다. 1958년 7월 17일자 동아일보는 용산역 앞에서는 판잣집은 물론 손수레에 자그마한

■ **용산역 사창가**
성매매특별법이 시행되기 전인 1990년대 서울 용산역 앞 사창가 골목의 한 장면.
한 성매매 여성이 한 겨울에도 브래지어만 착용한 채 행인들을 부르고 있다.

방을 임시로 만든 이동식 판잣집에서 윤락을 했다고 보도하고 있다. 비슷한 시기 조선일보도 용산역과 삼각지 일대에 군인을 상대하는 측이 80명, 이태원에도 미군상대가 200명 있다고 보도해 당시 종로3가나 양동 등 500명이 넘는 곳에 비하면 상대적으로 적은 수이지만 윤락이 꽤 성행했음을 보여주고 있다.

1964년 서울시 조사에서 이곳 성매매 여성 중 64명이 단속에 적발돼 시립부녀보호지도소에 입소할 정도로 그

규모가 더욱 확대된다. 아직 천호동 텍사스나 미아리 588이 등장하기 전이었기 때문에 용산역은 서울시내 다른 성매매 여성들의 집결지인 종로 일대나 남대문 양동, 서대문, 영등포, 청량리 등에 비해 후발주자에 속했다.

  용산역 앞이 집창촌으로 자리 잡기까지는 여러 가지 요인이 있었을 것이다. 먼저 일제시대 유명했던 미생정과 대도정이 위치했던 도원동이 용산역에서 그리 멀지 않은 곳에 있었다는 점이다. 일제시대에는 궤도전철이 있어서 미생정까지 손님들이 전철을 타고 갔으나 한국전쟁 이후 궤도전철 노선이 단선되면서 도원동보다는 기차역과 지하철역 주변에 사람이 많이 모였을 것으로 보인다. 이에 따라 도원동 세창고개에 있던 성매매 여성들도 용산역 주변 사창가로 몰렸을 것으로 추정된다. 더구나 용산역 주변은 원래 철도청 땅과 관사 등이 모여 있어서 한국전쟁 혼란기에 포주들과 성매매 여성들의 무단점유가 다른 곳보다 쉬웠다. 지금은 철도노조만 용산역을 지키고 있으나 일제시대에는 용산동인병원(철도병원의 전신), 철도전신기술생 양성소(철도고등학교의 전신), 철도 관사 120동, 통감부 철도관리국 등 철도와 관련된 모든 시설들이 용산에 몰려 있었다. 특히, 철도청 직원들의 관사로 쓰던 하코방이나 일식집들은 1950년대 중반부터 대부분 성매매 여성들의 작업장소로 전환됐다. 여기에다 논산훈련소로 가는 입영열차도 용산역에서 출발하면서 군입대 전에 동정을 떼려는 젊은이들도 용산역 앞을 많이 찾았다.

뿐만 아니라 용산역 주변에는 청과물시장이 있어 끊임없이 유동인구를 창출해냈다. 용산 청과물시장은 1980년대 송파구 가락동으로 이전하기 전까지 서울 시민들이 자주 찾던 곳이다. 그러다 보니 용산역에는 시장 상인들과 군인, 열차손님, 시골에서 야채를 싣고 온 농사꾼들로 넘쳐났다.

또한 용산역에서 멀지 않은 곳에 한강로1가와 이태원 등 미군 기지촌이 위치해 있다는 점도 용산역의 집창화를 부추긴 요인이었다. 당시 기지촌은 미 8군 건너편인 삼각지와 미 USO 건물 사이에 있는 대우월드마크 건물과 롯데자이 뒤편에 형성되어 있었다. 기지촌이 있던 한강로3가와 용산역 한강로2가 사이는 거의 500m 정도밖에 떨어지지 않아 미군들도 기지촌을 벗어나 용산역 앞을 배회하는 풍경도 당시에는 그리 낯설지 않은 광경이었다. 실제 1967년에는 B여대 가정과 이모(22) 양 등 여대생 2명이 이 미군들을 상대로 윤락행위를 하다가 검거되기도 했다.

지금도 대부분의 업소는 옛날 여인숙 상호를 그대로 사용하고 있다. 주민들에 의하면 이곳에 쇼윈도가 생긴 것은 1980년대 말, 1990년대 초쯤이라고 한다. 당시 유리방의 등장은 허름한 여인숙 골목에서 본격적인 윤락가로 변신하는 것을 의미했다. 한 포주의 말에 따르면 1983년에는 허름한 여관촌이었는데, 그냥 하코방들이 달려 있어 손님이 오면 접수대에 돈을 내고 방에 들어가는 방식이었고 한다. 당시에는 전자상가 자리에 농산물 도매시장인 중앙시장이 있어서 채소나 과일을 판 농민이나 상인들이 아침부터 들렸다는 것이다. 그러다 성매매 여성들의 모습을 보여주기 위해 조그만 창문을 만들었고, 1980년대 말부터 아예 커다란 유리방에서 호객행위를 했다고 한다. 1980년대만 해도 유리방을 아가씨방, 뮤직박스로 불렀고, 성매매 여성들을 '앉은뱅이'라고 불렀다. 용산역 집창촌이 유리방 형태를 띠게 된 것은 청량리에 쇼윈도가 생겨 손님들이 늘어난 것을 보고 따라한 탓이다. 그리고 쇼윈도의 색도 처음에는 검정색이었다가 점차 흰색, 빨간색, 노란색 등으로 바뀌어 갔다고 한다.

VII

집창촌의 현재와 미래
(2005~)

집창촌의 현재와 미래 · 2005~

개항이 이루어진 1876년 이후 개항과 더불어 개항장 조차지에서 시작된 한반도 집창촌문화는 이제 130년을 넘어섰다. 일본 식민지시대와 태평양전쟁, 광복과 남북분단, 한국전쟁, 미군주둔, 두 번의 군사쿠데타 등 굵직한 현대사 흐름 속에서 공창제와 기지촌, 국가 묵인의 사창 등을 통해서 성매매는 오래된 관습으로 굳어졌다. 심지어 성매매를 우리나라의 고유 전통이라고 우기는 사람들도 등장했다.

이제 국민소득 2만 불, 무역규모 세계 10위 경제대국이 됐지만 성매매에 대한 인식과 관례에 있어서는 여전히 후진성을 면하지 못하고 있다. 특히, 성매매 여성들의 이동과정에서는 인신매매가 적지 않게 행해지면서 인권후진국이라는 비난과 반성의 목소리도 높다. 특히, 군산 대명동과 개복동의 화제 이후 '성매매완전폐지'라는 명분론이 큰 힘을 얻었다. 이는 결국 성매매특별법 제정을 이끌어냈고, 집창촌의 해체와 재구성이라는 새로운 장을 열고 있다.

하지만 이러한 움직임으로 모든 집창촌 문제가 간단히 해결될 것으로 보이지 않는다. 언제나 그랬듯이 성매매나 집창촌 문제는 늘

317

진행형의 '뜨거운 감자'이기 때문이다. 전업형 성매매에서 겸업형, 산업형 성매매의 흐름은 촉진됐으며, 또 집창촌 단속과 인터넷 발달로 성매매가 주택가로 파고드는 '풍선효과'도 낳았다. 국내의 집중단속을 피해 외국으로 원정 성 구매와 성 판매에 나서는 성산업의 국제화도 감지되고 있다.

■── 여성에 의한 여성의 법, 성매매특별법

지난 2004년 9월 23일 발효된 '성매매방지와 피해자 보호에 대한 법률'과 '성매매알선 처벌에 대한 법률' 등 2개의 법률을 줄여서 흔히들 '성매매특별법'이라 부른다. 9월 23일 발효됐다고 해서 일부에서는 '9.23조치', 윤락가 업주들은 '9.23테러'라고까지 부르기도 한다.

성매매특별법은 지난 1961년 윤락행위 등 방지법이나 1995년 윤락행위 등 방지법 개정안과 비교했을 때 처벌이 매우 강해졌다는 특징을 갖는다. 하지만 법률의 취지나 법률규정에는 그리 큰 차이점이 있는 것은 아니다. 성매매특별법은 성을 판매하는 여성들은 물론 구매 남성들도 강력히 처벌한다는 쌍벌규정을 특징으로 내세우기도 하지만 사실 기존 윤락행위 등 방지법에도 성 구매 남성에 대한 처벌 조항이 있었다. 다만 법적용 의지의 문제였다.

표¹⁸ 윤락행위 등 방지법과 성매매특별법 비교

구분	윤락행위 등 방지법	성매매특별법
성매매 알선자 처벌	법정형 하한 5년	법정형 상한 10년
경제적 제재	없음	성매매 알선자의 수익 몰수 및 추징
성 구매 남성 처벌	1년 이하 징역, 300만 원 이하 벌금	동일
성 판매 여성 처벌	무조건 처벌	업주강요에 의한 성매매는 형사처벌 대상에서 제외

　　성매매특별법이 발효되기 이전에 성매매 여성이나 윤락업소 주인들은 주로 '식품위생법(식위법)' 위반이나 '풍속에 관한 법률' 위반으로 처벌을 받았다. 물론 성매매를 직접 규제하는 윤락행위 등 방지법이 있었지만 윤락행위를 입증하는 증거를 찾아내거나 증인 확보가 쉽지 않아 유명무실했다. 단속당하는 포주나 성매매 여성들도 '윤락행위는 절대 하지 않았다'고 강변하는 대신 처벌이 경미한 식위법 등은 위반했다고 스스로 인정하면서 타협을 이뤄냈다.

　　그동안 성 판매업자들은 휴게음식점, 일반음식점, 단란주점 등으로 허가받아 여성 접객원을 두고 영업하면 '식위법', 호객행위를 하면 '풍속위반', 이발소나 여인숙은 '공중위생관리법', 안마시술소는 '의료법', 외국인 전용클럽은 '관광진흥법', 전화방이나 휴게방은 '전기통신사업법' 등에 의한 처벌을 받았다. 윤락행위 등 방지법으로 처벌받는 경우는 경찰이 기습해 현장을 포착하거나 성을 구매

■ **김강자 서장의 순시**
2000년 1월 김강자 당시 서울 종암경찰서장이 직원들과 함께 서울 성북구 하월곡동 속칭 미아리 텍사스 골목을 순시하고 있다. 첫 여성경찰서장시대를 열었던 김 서장은 성매매의 전면 금지가 아닌 '미성년자들의 성매매 금지'라는 현실성 있는 목표를 제시하면서 사회 공감을 이끌어냈다.

했던 남성이 성행위를 자진신고하여 처벌을 요구하는 등 극히 일부에 지나지 않았다. 여성계에서는 '이미 사문화된 윤락행위 등 방지법으로서는 집행이 불가능해 개정이 아니라 새로운 입법이 필요했다'고 밝히고 있다.

성매매특별법의 특징은 이 법이 '여성들을 위해, 여성들에 의해서 만들어진 여성들의 법률'이라는 점이다. 윤락행위 등 방지법 등 그동안 윤락행위, 매매춘, 매춘, 매음을 규정했던 법률은 모두 국가권력이나 남성 법률가, 남성 국회의원에 의해 주도적으로 발의돼 제정됐다. 반면 성매매특별법 제정의 주도세력은 다름 아닌 여성이었다. 성매매특별법은 조배숙 의원이 대표 발의하고 나머지 남성 의원들이 동조하는 식으로 제정됐다. 성매매특별법은 성매매를 성매매 여성과 성 구매 남성 간의 계약에 따른 정상적인 거래행위로 보지 않았다. 남성들이 구조화하고 조직화한 범죄 집단에 의해 피해여성이 성매매를 강요당하는 행위로 바라봤다. 즉, 성매매를 여성에 대한 폭력과 성적착취라는 개념으로 바라보면서 이에 공모하거나 가담하는 사람들을 처벌하는 책임을 국가가 져야 한다고 못 박은 것이다.

이러한 착취구조의 강조는 성매매를 인권과 비인권의 양극단 문제로 바꾸어 놓았다. 그러면서 성매매특별법 제정에 반대하는 입장은 '여성들을 구금한 상태에서 성매매를 강요하는 비인권적 상황을 묵인, 방조하는 행위'로 간주됐다. 실제 김충환 한나라당 의원은 2004년 국감 과정에서 '경찰이 대안 없이 성매매 근절을 위한 단속을 할 경우, 30살 전후의 성인 남성들이 장기간 성관계를 가질 기회를 차단하는 것이기 때문에 사려 깊은 단속을 해야 한다'고 발언했다가 저급한 인권의식을 가진 '성매매 옹호의원'이라는 낙인에 시달려야 했다.

류정순 한국빈곤문제연구소장은 2005년 1월 월간 〈말〉 인터뷰를 통해 '시민단체들이 성매매 처벌법에 100% 힘을 실어줬다. 안

그러면 악의 축이 되기 때문이다. 상식이 있는 남성들은 성매매 문제에 대해 원초적 약점이 있어서 끽소리도 못 했다. 그 결과 성매매특별법은 성매매 여성들에 대한 어떤 사회적 배려나 준비도 없이 졸속으로 이뤄졌다'고 비판했다.

성매매특별법은 시행 3년이 지나면서 그 성과에 대한 논란을 일으키고 있다. 성과로서는 무엇보다 초기 특별법의 강력한 조치로 남성의 성 구매 행태 관습에 대한 반성을 일으켰다는 점이 꼽힌다. 그리고 성매매특별법으로 인해 그동안 집창촌에서의 성매매 등에 관심 없던 일반 국민들도 성매매의 문제점 등에 대해서 고민하게 됐다. 법률명도 윤락이라는 부정적 어휘를 빼고 '성매매', '성매매 여성'이라는 가치중립적인 용어를 사용하면서 윤락이 갖고 있는 사회적 낙인을 제거하려 했다. 물론 '성매매 여성'라는 용어에 대한 불만족스런 목소리도 있다. 여성운동가 정희진은 '성매매라는 말은 명백한 남성권력을 은폐시키는 용어다. 여성의 입장에서는 성을 매매하는 것이 아닌 파는 것이기 때문에 성매매 여성보다는 성 판매 여성 혹은 성산업 종사 여성이라는 표현이 적합하다'고 주장했다.

이러한 성과에도 불구하고 성매매특별법이 성 판매와 성 구매 전체를 단속하는 것이 아니라 집창촌만을 집중 단속하면서 '집창촌특별법'으로 전락했다는 지적이 많다. 성매매특별법 발효 이후 집창촌은 점차 쇠락의 길을 걷고 있으나 안마시술소나 모텔, 유흥주점 등에서의 성매매는 오히려 호황을 누리고 있는 것이다.

성매매특별법은 결과적으로 성 구매의 빈익빈부익부 현상을 낳고 있다. 룸살롱이나 안마시술소 등 산업형 성매매 업소에서 비싼 양주를 마시거나 안마를 받을 수 있는 경제적 부유층들에게는 성 구매의 길이 여전히 열려 있기 때문이다. 반면 집창촌을 이용하던 중하층의 남성들은 단속의 대상이 되었다.

표19 성매매특별법 시행 당시 집결지 현황

지역	집결지	집결지 명칭	업소 수	종사자 수
서울	5곳	청량리 588, 미아리 텍사스 영등포역 앞, 천호동, 용산역 앞	524명	1,674명
부산	3곳	완월동, 해운대 609, 범전동300번지	133명	630명
대구	1곳	도원동 자갈마당	59명	350명
인천	3곳	옐로우하우스, 학익동, 주안2동 텍사스	95명	243명
경기도	6곳	수원역, 성남 중동, 동두천 칠리, 평택 삼리, 파주 용주골, 파주 20포	432명	1,556명
강원도	6곳	춘천 장미촌, 춘천 난초촌, 동해 부산가, 원주 희매촌, 태백 대밭촌, 속초 금호실업	123명	286명
대전/충남	2곳	대전 유천동, 대전역 앞	84명	323명
전북	3곳	전주 선미촌, 전주 선화촌, 익산 창인동	118명	244명
광주/전남	2곳	광주 구 버스터미널, 여수 광화동	43명	91명
경북	3곳	경주 황오동, 포항 역전, 안동 운흥동	80명	186명
경남	1곳	마산 신포동	47명	210명
계	35곳		1,783명	5,793명

※출처 : 여성부 국감자료(1), 2004

성매매특별법이 과연 여성을 위한 법률이었는지에 대한 근본적인 의문도 제기되고 있다. 특히, 2000년과 2002년 군산화재 이후 급물살을 탄 성매매에 대한 논의들은 성매매 여성들은 배제된 채 일부 여성단체와 여성학계를 중심으로 이뤄졌기 때문이다. 성매매 여성들의 단체인 민주성노동자연대는 '여성부 등 여성권력이 성매매 여성을 희생시켜 여성단체의 일자리 창출 등 여성단체의 배만 불려주고 있다'고 주장하는 상황이다. 즉, 성매매특별법이 피해 여성의 규정, 보호해야 할 대상으로 여겨졌던 여성들이 성매매특별법을 가장 반대하는 현상이 빚어지고 있다.

■─── 성매매 여성들의 조직화와 한계

성매매특별법이 발효된 뒤 '한터전국연합회'와 '민주성노동자연맹'이라는 단체가 갑작스레 언론의 주목을 받기 시작했다. 전국 집창촌 모임인 한터전국연합회는 서울 여의도 국회의사당 앞 등에서 잇따라 집회를 가지면서 정부의 단속이 생존권에 대한 위협이라고 주장했다. 또 민주성노동자연맹 등은 자신들을 성노동자라고 부르면서 업주들과 단체협약을 통해 자신들의 목소리를 내고 권리를 찾기 시작했다.

사실 성매매 여성들의 조직은 이미 100년 전에도 있었다. 일제가 1908년 기생단속령과 창기단속령을 발표하면서 임질, 매독 등

■ **성매매 여성의 집단 시위**
2004년 9월 13일 성매매특별법이 시행되자, 이에 반발하는 부산 완월동 성매매 여성과 업주 600여 명이 2004년 10월 18일 부산 충무동 도로로 몰려나와 성매매특별법 폐지를 요구하며 시위를 벌이고 있다.

의 확산을 막기 위해 유녀조합 구성을 지시하면서 '경성유녀조합'이 탄생한 것이 그 단적인 예다. 물론 경성유녀조합의 성격은 자율적이라기보다는 일제와 업주들의 지시에 따른 타율적, 어용 조직이었다.

창기들의 모임인 경성유녀조합은 한성창기조합으로 발전한 뒤 기생들도 조합결성에 참가하여 평양출신 기생들은 다동조합을, 관기출신들은 광교기생조합을 결성했다. 시동에 살던 삼패기생들도 신창조합을 결성하여 성매매 활동에 나섰으며, 이러한 조합은 1920년대 권번(券番)으로 발전했다.

한국전쟁 직후인 1953년도 기지촌 여성들은 '크로바친우회'를 조직해서 미국의 휴전 움직임에 반대하면서 집회를 가졌다. 크로바친우회는 또 이승만 대통령과 아이젠하워 미 대통령에게 보내는 메시지를 낭독한 뒤 '몸은 비록 웃음을 팔지만 민족의 피는 우리도 띈다'며 만세삼창을 외쳤다. 또 이들은 푼푼이 모은 100만 환의 성금을 대한상이용사회에 기증하기도 했다.

성매매 여성들이 직접 자신들의 권익 보호를 위해서 모임을 만들기 시작한 것은 기지촌에서부터였다. 그 대표적인 것이 1961년 동두천 기지촌 여성들이 자신들의 인권을 보호하기 위해 만든 '민들레회'다. 민들레회는 당시 성매매 여성들에 대한 살인과 구타 등 비인권적인 폭력이 난무하는 상황에서 외국 군인들로부터 성매매 여성들의 권익을 보호하기 위해 만들어졌다. 이 시기 이태원에서는 장미회가, 경기도 송탄에선 꿀벌회가 조직됐다. 하지만 이런 자치회는 성매매 여성들을 관리하고 교육하는 역할을 하면서 성매매 여성들과 현지 관료 사이에서 중재역할을 담당했다. 그렇기 때문에 성매매 여성의 이익을 반영하기보다는 포주 및 상인이라는 한국인들과 미국 당국의 이해를 전달하는 기능을 하였다. 이는 성매매 여성들의 자치회는 본인 요구가 아니라 외부적인 필요에 의해서 만들어졌고, 여성들이 자율이 아닌 타율을 통해서 운영됐기 때문이다.

물론 업주들의 이해관계만 대변한 건 아니었다. 가령 1972년 송탄 자치회에서는 미군들이 롱타임 10달러, 숏타임 5달러로 성매매 가격인하를 요구하자 당시 신발이 10달러, 가방이 5달러였다는 점을 들어 '어떻게 사람의 가격이 신발값하고 같냐'며 미군 성토대회를 열고 미군기지 앞에서 농성을 벌이기도 했다.

사창가 여성들도 나름의 단체를 조직했다. 하지만 대부분 국가 공권력 등 외부의 충격이 있을 때마다 조직되는 한시적인 성격이 짙었다. 실제로 1980년대 5공화국 출범과 함께 대대적인 사회정화운동이 벌어지면서 윤락가와 성매매 여성에 대한 부정적인 인식이 높아지자 용산역 사창가에서 일하던 여성 250명은 1981년 '개나리회'가 조직했다. 이들은 자체 정화, 회원의 권익주장, 회원 간 친목도모, 빠른 자립, 건강관리 등을 주 활동목표로 삼았다. 자치회에서는 한발 더 나아가 여름철에 역 광장에서 피서객들에게 냉차를 제공하기도 했으며, 조기청소, 불우이웃돕기, 불우동료돕기 사업도 펼쳤다. 이러한 활동은 경찰의 반짝 단속이 약해지면서 사라지기 시작했다. 결국 개나리회가 없어지고 회원 몇 사람이 친목계를 조직해 경조사를 챙기거나 함께 여행을 하는 정도가 됐다. 개나리회가 성공하지 못한 이유는 업주들의 반대가 심한데다가 성매매 여성들이 다른 곳으로 이동하면서 서로 마음을 모으기가 쉽지 않았기 때문이다.

그동안 성매매 여성들의 조직이 외부 충격에 대한 반작용으로 만들어졌기 때문에 외부단속이 뜸해지면 활동도 약해지는 구조를 갖고 있었다. 현재의 한터나 민주성노동자연맹의 활동에 지속성을 의심하는 것도 마찬가지 이유다. 한 조직이 운영되기 위해서는 자금 관리와 명분이 함께 하여야 한다. 그런 면에서 볼 때 이들 단체가 얼마만큼 깨끗하게 회비를 관리하고, 정당하게 사용할지, 또 지속적으로 성매매 금지의 부당성에 대한 논리를 만들어갈 수 있을지 등은 미지수로 남아 있다. 특히, 성매매폐지를 주장하는 여성학계는 오랫동안 이론을 축적해온 반면 이들 단체들은 이론적 무장이나 로비력이 상당히 부족하다. 결국 성매매 여성들의 진정한 단체로 성장하기 위해서는 나름 설득력 있는 이론과 명분을 축적하고, 여성부, 노동부, 경찰청, 언론 등에 대한 협상력 등을 키워가야 할 것이다. 하지만 이는 쉬운 일이 아니다. 성매매가 불법인 상황에서 여성부나 노동부, 경찰 어느 누구도 이들 단체에 교섭권을 부여하지도 인정하지도 않을 것이기 때문이다. 성매매 여성들은 대화의 상대가 아니라 어디까지나 단속의 대상일 뿐이다. 그렇기에 성매매 여성들은 정부와 맞서기 위해 자신들을 억압하고 착취하는 집단인 성매매 업소 주인, 포주들과 연대를 하는 이상한 상황이 벌어지고 있는 것이다.

■── 집창촌의 국제화

'지구촌 시대'라는 전 세계적 슬로건에 걸맞게 한국의 성산업도 국제화를 겪고 있다. 집창촌의 국제화는 크게 두 가지 축을 중심으로 전개되고 있다. 먼저 외국 여성들의 국내 집창촌 유입과 외국 남성들의 성 구매가 한 축이다. 그리고 한국 여성들의 해외진출 성매매와 한국 남성들의 해외 원정 성 구매가 다른 축을 형성하고 있다.

개항기나 일제시대 일본인 성매매 여성들을 논외로 치더라도 1920년대 공창에서는 러시아 여성들을 성매매 여성으로 고용하여 손님들의 호기심을 끌었다. 또 1930년대 서울 서소문 근방에는 중국인 여성들로 운영되는 유곽이 있었다. 다나카 히데미츠(田中英光)는 그의 소설 「취한 배」에서 '신정의 일본인 유곽과 마치아이(待合)는 위생적인 인상을 주고, 조선인의 갈보집은 빈약한 느낌을 준다. 그런데 중국인 마굴만은 과연 마굴다운 분위기가 있어서 재미있는데, 그것은 위생적인 일본인 관헌이 그것을 서소문에 고립시켰기 때문이다'라고 적고 있다.

1948년 공창제폐지 후 지난 40여 년간 외국 성매매 여성들의 유입은 거의 없었다. 그러다가 1990년대 초 구 소련연방 해체와 동구권 경제위기 등으로 러시아 등지에서 성매매 여성들의 유입이 시작됐다. 특히, 1992년대 윤금이 살해사건 이후 한국 성매매 여성들이 기지촌을 꺼리면서 기지촌 클럽 업주들은 관광진흥이라는 명목으로 외국 성매매 여성 수입에 나섰다. 필리핀과 우즈베키스탄, 카자흐스탄, 러시아, 베트남, 중국, 볼리비아, 페루, 인도네시아 등에서 성매매 여성들이 본격 유입된 것은 한국만의 문제가 아니라 국가 간 빈부격차에 따른 여성 노동력의 국제적 이동현상이다.

지난 2004년 10월 경기도가 국회에 제출한 국정감사 자료에 따르면 경기도 내 의정부와 동두천, 파주, 송판, 평택 등 5개 기지촌에 있는 성매매 여성은 모두 899명이다. 이중 한국인은 88명(9.8%)이었으며, 나머지 811명(90.2%)이 외국인이었다. 다시 811명 중 90%에 해당되는 730명이 필리핀인이었고, 나머지 81명은 러시아인이었다.

기지촌뿐 아니라 서울 이태원과 을지로6가, 역삼역 주변 등지에서 외국인 성매매 여성들이 암암리에 성매매를 하기도 했다. 특히, 미군을 상대로 하는 기지촌이던 부산 초량동의 경우 수십 명의 러시아 성매매 여성들이 러시아 선원과 한국 남성을 상대로 성매매를 하는 곳으로 꼽힌다. 지난 2004년 태국 방콕에서 열린 국제 에이즈 컨퍼런스에서는 '한국에서는 성매매가 불법이지만 여행비자나 E-6라고 불리는 연예비자(Entertainment Visa)를 갖고 입국할 수 있다'는 소책자를 나눠주기도 했다. 이 책자에는 '미성년자 고용이나 성매매 업소 내 폭력사건 등이 발생하지 않으면 경찰의 조사는 거의 없다. 설사 체포되더라도 3~9일 정도의 구류형에 처해지며, 벌금형은 좀처럼 내리지 않는다'는 친절한 설명도 덧붙여져 있다.

외국인 성매매 여성들은 대부분 기지촌 중심으로 활동하고 있으며, 부산 초량동 등 일부 집창촌에만 그 모습을 보이고 있다. 성매매가 불법인 상황에서 외국인 성매매 여성 고용으로 인한 사회적 주목은 단속으로 이어지지 때문에 집창촌 업주들이 이들 외국인 여성 고용을 꺼리기 때문이다. 더구나 국내 남성들이 태국이나 필리핀, 베트남, 중국, 몽골, 러시아 등지로 원정 성매매에 나서기 때문에 그 수요가 많지 않은 탓도 있다.

남성들은 경찰단속 등의 염려 없이 한국보다 저렴한 가격으로 여성을 구매할 수 있기 때문에 해외원정 섹스관광길에 오르기도 한다. 해외 골프여행을 떠나서 현지 여성을 구매하는 행태는 더욱 늘어나고 있다. 이러한 실정을 반영하듯 2006년 9월 여성가족부가 1,573명을 대상으로 한 성매매 설문조사 결과 남성들의 해외 성매매는 2005년 0.2%에서 2006년에는 14.1%로 급상승했다.

한국 성매매 여성들의 해외진출도 두드러지게 늘고 있다. 특히, 성매매특별법 등으로 집창촌이 집중 단속의 표적이 되자 성매매 여성 일부는 해외에 진출하는 원정 성매매를 하면서 국제적인 문제를 야기하고 있다. 그러자 여성가족부에서는 지난 2006년 9월 외국에서 성매매 행위로 국위를 손상시킨 성매매 범죄자의 여권반납과 여권재발급 금지를 검토하는 상황마저 벌어졌다. 외국에서의 성매매 행위가 발각되면 속인주의에 따라 해당 국가에서 처벌됨에도 이를 근거로 국내에서도 여권몰수 등 이중처벌을 하겠다고 나선 것은 그만큼 해외성매매가 심각하기 때문이다.

물론 성매매 여성들의 해외진출이 2004년 성매매특별법 발효 이후 갑작스럽게 생겨난 현상은 아니다. 독립신문은 이미 1898년 기생서방이 서울의 약방기생을 상해에 데리고 가서 돈벌이를 했다고 보도하기도 했다. 또 일제시대 오사카 등에서 열린 박람회나 연극장에 기생들이 고용되기도 했으며, 오사카요리점에 취직해 성매매를 하기도 했다. 또 1910년 미국인 2명이 기생 20명과 창부 30명의 도미 희망자를 모집 중이라는 보도도 있었다.

1970년대에는 기생수출이라는 용어가 공공연하게 사용됐으며, '수출의 바람을 타고 아리랑 드레스의 여인들이 어느덧 5대양 6대주에 진출해 달러 획득의 일익을 담당하고 있다'는 평가마저 있었다. 당시 대학생들은 이들을 수출기생으로 부르며 이들을 알선하는 사람들은 '정조수출 오퍼상'이라고까지 불렀다. 정조수출 오퍼상은 서울 중심가에 버젓한 사무실을 마련해두고 조직적으로 수출기생을 알선했다.

1970~1980년대 한국 여성들은 일본 동경과 오사카, 미국 LA, 라스베이거스, 하와이, 남태평양 괌, 사모아, 홍콩 등에 편법적인 국제결혼과 연예인 해외초청공연 등의 형식으로 몸을 팔았다. 일본 도쿄의 환락가 아카사카에는 한때 한국인 술집이 100업소, 한국 여성이 1,000명을 넘기도 했다. 그렇기에 성매매 여성들의 해외진출은 그리 충격적이거나 놀라운 것은 아니다. 그러나 자금이나 기술의 이동과는 달리 성매매 여성들의 이동은 '노동'의 이동이고 자국 내 성매매 여성들의 반발 등으로 인해 두드러지게 강조되는 측면도 있다.

■── 과거를 묻지 마세요─ 집창촌 재개발

최근 전국의 집창촌이 재개발 붐에 휩싸여 있다. 서울 용산과 청량리는 물론 대전 중동 10번지와 유천동 텍사스, 군산 창성동 500고지, 부산진구 300번지, 인천 남구 학익동과 숭의동 옐로우하우스, 춘천 장미촌, 태백 대밭촌 수원 고등동 등 전국의 윤락가들에서는 이미 대수술이 계획 중이다. 통영의 야마골은 재개발로 인해 역사 속으로 사라졌고, 서울 미아리 텍사스의 일부 지역과 군산 500고지, 춘천 장미촌도 이미 재개발에 들어갔다.

    서울의 홍등가인 용산과 청량리, 천호동 일대도 도시 및 주거환경정비법 기본계획에 따라 도시환경정비사업구역으로 지정됐거나 지정될 예정이다. 이 계획이 진행되면 유리방 형태를 갖춘 성매매 여성 집결 지역은 서울 지역에서 사라질 것으로 보인다. 미아리 텍사스가 위치한 성북구 하월곡동 88번지 일대는 집창촌을 철거하고 지하6층, 지상47층, 7개 동 초고층 주상복합단지를 건설하기로 한 상태다.

    천호동 423번지 일대 천호동 텍사스 역시 천호뉴타운 계획에 발맞춰 30층 규모의 고층 빌딩 군으로 바뀔 예정이다. 청량리균형발전촉진지구에 포함된 청량리 588 일대도 3개 구역으로 나뉘어 도시환경정비사업이 진행 중이다. 인천의 숭의동 옐로우하우스는 현대건설이, '끽동'으로 불렸던 학익동 텍사스는 풍림건설이 맡아서 재개발을 추진하고 있다.

    집창촌들이 이렇게 집단 재개발에 들어가는 것은 집창촌 지역

■ **학익동**
2006년 여름, 끽동으로 불리는 인천 남구 학익동 사창가 골목의 모습. 행인이 짧은 반바지를 입은 성매매 여성과 대화를 나누고 있다.

이 지난 50여 년 동안 이렇다 할 지역개발 없이 개별 주택의 보수 및 확장에 그쳐왔기 때문이다. 또한 노후한 시설로 인해 각종 화재 등의 위험에 노출되어 있기 때문에 시나 구청에서는 서둘러 재개발을 추진 중이다. 그러나 재개발이 급물살을 타는 데는 무엇보다도 금전의 논리가 우선적으로 숨어 있다. 나름대로 그 지역의 가장 좋은 상권에 위치했지만 집창촌 이외의 영업을 하지 못한 땅주인들의 이해가 맞물리면서 재개발이 추진되고 있는 것이다.

사실 집창촌이 위치한 곳만큼 좋은 상권을 차지하고 있는 곳을 찾기 힘들다. 서울의 집창촌을 살펴보더라도 청량리역, 용산역, 영등포역 건너편 등 3곳이 기차역과 시장 주변에 형성되어 있고, 미아리 텍사스와 천호동 텍사스는 지하철역과 시장 주변에 형성되어 있다. 유동인구가 많다 보니 인근 백화점 등이 속속 건설되고 있는 상황이다. 서울역 주변과 청량리 588 주변, 신촌역 주변, 미아리 텍사스 인근, 천호동 텍사스, 수원역, 전주 선미촌 옆, 광주 대인동 앞에는 대형 할인매장이나 백화점이 들어서 있다. 그동안 백화점의 사각지대였던 용산역에도 백화점과 대형 할인매장이 들어섰다.

　　2004년 9월 발효된 성매매특별법은 이러한 집창촌 재개발 추진에 강한 힘을 실어줬다. 그동안 토지소유주들은 개발을 시도했으나 현 상태에서 최대한 이익을 챙기고자 했던 건물 임차인인 포주의 이해관계가 첨예하게 대립되면서 재개발에 어려움을 겪어왔다. 하지만 성매매특별법 이후에는 구청 등 지방자치단체에서 토지 소유주들의 손을 들어주는데다 지역 주민들이 아이들의 교육여건과 땅값상승 등을 내세워 적극 동조하고 있는 것이다. 물론 포주들은 권리금 등 손해가 막심하다며 떠날 수 없다고 강변하지만 '불법적인 성매매를 하고 있다'고 비난받는 입장에서 강하게 주장을 내세울 수만도 없는 상황이다.

　　성매매특별법 발효 등 외부요인만의 문제는 아니다. 집창촌 시설의 노후화로 인해 성 구매자들로부터 외면을 받고 있는 것도 집창촌 재개발의 한 원인이다. 사실 성매매 업소들은 그동안 임시방편적인 재건축만을 통해 단기이익을 추구해왔다. 건물 자체가 불법, 무허가인 상황이기에 재개발은 꿈도 못 꾸었고, 경찰의 단속을 염려하는 상황에서 시설투자도 제대로 하지 못했다. 그러다 보니 화재위험이 높은 것은 물론, 시설도 낙후한 상태다.

넓은 방음 방에, 프라이빗 엘리베이터, 월풀 욕조와 비데, 대형 PDP 스크린 등 최신식 시설을 갖춘 산업형 성매매 업소 시설과 비교했을 때 경쟁력이 너무 떨어지기 때문에 성 구매자들의 외면은 가속화되고 있다. 과거 집창촌에서 기생하던 조직 폭력집단은 수입이 좋고 경찰의 단속이 적은 산업형 성매매 업소로 발 빠르게 옮겨간 지 오래다. 국민소득이 2만 불에 다가가면서 중산층 남성들은 여전히 1970~1980년 시설에 머물고 있는 집창촌을 떠나 룸살롱과 안마시술소, 해외여행지 등에서 여성을 구입하고 있다.

그럼에도 현재 각 구청이 추진하는 재개발이 청사진처럼 순탄하게 진행되지는 않을 것으로 여겨진다. 재개발을 위해서는 무엇보다 건물을 점유한 포주와 성매매로 생활을 꾸려가는 여성들의 이주가 전제되기 때문이다. 이는 단순한 이주나 밥그릇 크기 다툼이 아니라 생존권의 싸움인 것이다. 그렇다고 1960~1970년대 종삼이나 옐로우하우스처럼 교외 지역으로 옮기는 것도 불가능하다. 이전 예상 지역 주민들의 집단 반발이 예상되기 때문이다. 실제로 전주시 서노송동에 위치한 선미촌의 경우 전주시에서 몇 번이나 이전을 추진했으나 해당 지역민의 반대에 부딪혀 번번이 무산됐다.

정부가 강력한 의지를 갖고 집창촌을 강제 폐쇄한다고 하더라도 성매매를 근절할 수 있을지 역시 회의적이다. 벌써부터 '풍선효과'라는 이름으로 곳곳에서는 새로운 성매매 유형들이 나타나고 있다. 정부의 강제폐쇄 추진은 과거처럼 불법적인 공간을 점유해서 불법행위를 했던 윤락업소들이 안마시술소나 모텔, 룸살롱 등의 합법화된 공간에서 편법, 탈법영업으로 이전을 촉진할 뿐이다. 지방의 경우에도 '방석집'과 '티켓다방' 등의 형태로 발전해가고 있다. 평택 쌈리에 대한 단속이 강화되자 성매매 업주들과 여성들이 통복시장 주변의 방석집으로 몰려들고 있는 것이 그 예다.

■── 외국의 성매매 규제와 집창촌

한 국가의 성매매에 규제 여부는 그 나라를 이해하는 중요한 코드다. 각 국가의 역사적 체험, 문화적 특수성 등에 따라 성매매에 대해 상이한 입장을 취하고 있기 때문이다. 국가의 성매매 규제는 크게 금지주의, 비범죄주의, 합법적 규제주의 등으로 나뉜다. 이중 가장 많은 국가가 채택하는 것은 성매매 행위를 불법으로 간주하고 이를 위배하면 처벌하는 금지주의(Penalization)다. 한국을 비롯해서 일본, 대만, 필리핀, 중국, 태국, 스웨덴이 그 경우에 해당되고, 미국은 네바다의 일부 카운티를 제외한 대부분의 주와 도시들이 금지주의를 채택하고 있다. 하지만 성매매가 불법이라고 해서 미국에서 성매매가 근절된 것은 아니다. 미 연방수사국(FBI)의 기록에 따르면 지난 1975

년부터 1989년까지 연간 8만 8,819명의 여성들이 성매매와 관련돼 검거돼 재판을 받았다. 최근의 기록도 이와 비슷하다. 지난 2004년에는 8만 7,872명이, 또 2005년에는 8만 4,891명이 성매매 관련 범죄로 검거됐다.

표[20] 성매매에 관한 각국 정책 분류

분류	주요특징	세부사항	해당국가
금지주의	모든 종류의 성매매 행위 금지	성매매 행위만 금지	스웨덴
		성 판매 행위만 금지	일본, 대만, 필리핀
		구매 및 판매행위	한국, 중국, 태국, 미국 뉴욕, 샌프란시스코, 워싱턴
비범죄 주의	성매매 행위 자체를 처벌하는 규정은 없음	주로 호객행위, 광고 등을 불법으로 간주	프랑스, 영국, 노르웨이, 브라질, 스페인, 이탈리아, 호주 퀸스랜드주
합법적 규제주의	일정한 형태의 성매매를 법적으로 인정하고 이에 대한 세금 징수	합법적인 직업으로 인정	네덜란드
		특정지역에서만 인정-등록증, 허가증, 건강검진, 세금징수	독일, 스위스, 헝가리, 터키, 캐나다, 미국과 호주의 일부 주(미-네바다, 호주-빅토리아)

※출처 : 여성부, 「성매매 방지를 위한 국외대안사례연구」, 2002

성매매 행위 자체를 규제하지 않거나 금지하지 않는 국가들도 있다. 과거 성매매를 합법화하고 이를 일정한 형식으로 규제했던 유럽 국가들도 규제를 철폐했기 때문에 '철폐(Abolition)'라는 용어를 사용한다. 예를 들어 프랑스의 경우 1949년 공창을 폐지한 뒤 더 이상 성매매 자체를 법규로 규제하고 있지 않다. 하지만 '철폐주의'가 던져주는 강한 뉘앙스를 고려할 때 '비범죄주의'로 보는 것이 더 적합하다.

일정한 성매매를 합법적으로 인정하는 국가들이 있는데 네덜란드, 독일, 스위스, 헝가리, 멕시코, 미국 네바다주 일부, 호주 빅토리아주 등이 이에 해당된다. 이들 국가에서는 일정 지역을 성매매 여성 집결지인 집창촌으로 인정하고 집창촌 내 여성들에게 등록증과 의료증 등을 교부해서 관리하고 있다. 이렇듯 소득이 있는 곳에 세금을 낸다는 원칙에 따르면서 경찰의 보호 등 권리를 요구하고 있다.

특정 국가나 특정 도시가 성매매를 합법 혹은 불법으로 여기느냐와 상관없이 각국마다 예외 없이 성매매가 존재한다. 그리고 이들 성매매 여성들이 집단 거주하는 집창촌이 형성되어 있다. 다만 규모와 정도의 차이가 있을 뿐이다.

유럽의 경우 영국과 프랑스, 독일, 네덜란드, 벨기에, 스위스 등의 집창촌이 유명하다. 특히, 네덜란드 암스테르담의 드 발렌(De Wallen) 지역은 아예 관광코스로 개발되어 있다. 드 발렌 지역의 홍등가는 13세기 항구의 선술집에서 출발하여 상업도시로 명성을 떨치던 16세기에는 경찰관이나 법원 직원들이 전업형 성매매 업소를 소유하면서 부족한 월급을 벌충했다. 17세기에는 이미 현재의 유리방 형태의 윤락업소가 등장했다.

1911년 유럽의 공창폐지 분위기에서 매춘이 금지되고, 윤락업소 소유가 금지됐으나 당국에서는 영업을 묵인하고 인신매매나 소란 등 특별한 경우에만 개입을 했다. 그러다 20세기 후반부터 각 지방 정부에서 성매매를 용인하고 중앙 정부에 합법화를 요구했다. 네덜란드 정부는 1983년부터 금지조항 삭제를 검토해 2000년 10월 합법화시켰다.

암스테르담의 홍등가는 많은 관광객을 끌어들이면서 중요한 관광자원이 됐다. 이곳은 물질적인 도움을 줄 뿐만 아니라 네덜란드 사람들의 관용, 합리성을 상징하는 장소로서의 역할도 했다. 1970년 이전에는 주로 네덜란드와 벨기에, 프랑스, 북부 독일의 가난한 여성들이 주로 성을 판매했으나 1970년대에는 태국이나 인도네시아 등 아시아 남부 지역 여인들이 왔으며, 1980년도에는 주로 남미에서 유입됐다. 그리고 1990년대 소련의 붕괴 이후에는 동구권 여성들이 성매매를 하고 있다.

유럽에서 암스테르담이 대표적 집창촌으로 꼽힌다면 미국에서는 네바다주가 유명하다. 네바다주는 서부개척시대의 남성위주의 가치관이 잔존하고 있는 곳이다. 또한 이곳에서는 합법적인 성매매가 오히려 불법 성매매보다 성매매를 효율적으로 규제한다는 믿음을 갖고 있어 합법적인 성매매를 통한 이익추구 등으로 이미 1870년대부터 성매매를 합법화하고 있다. 네바다주의 경우 10개 카운티에 35개의 허가받은 윤락업소들(brothels)이 성업 중이다. 그중 가장 큰 것은 주도(州都)인 레노와 가까운 무스탕랜치(Mustang Ranch)로 성매매 여성이 한때 80여 명에 달했다.

아시아에서는 태국의 팟퐁(Patpong)거리가 유명하다. 팟퐁거리는 1968년 베트남전쟁 당시 태국에 주둔한 미군들의 휴식과 오락의 장소로 출발했다. 팟퐁은 1946년 이 지역 일대의 상가를 소유하고 있던 중국인 팟퐁 파니쉬의 이름에서 따온 것으로 당시만 해도 주로 기념품 상가들이 있었다. 그러다가 1968년 미군들을 위한 나이트클럽이 생기면서 1970년대부터 태국의 성매매 심장부로 발전했다. 팟퐁은 관광객들이 몰리면서 2004년에 정부로부터 관광특구로 지정을 받았다. 이들 업소는 유리방 형태가 아니라 미국식 스트립바(go go bar)로 운영된다. 즉, 여성이 무대 위 철봉기둥에서 춤을 추면서 남성들을 유혹해 2차를 나가는 방식이다.

인근 소이카우보이(Soi cowboy) 역시 미군들을 상대로 하다가 관광업소로 전환했다. 당초 1973년 미 공군에서 퇴역한 'T.G 에드워드'라는 흑인이 처음 업소를 열면서 이 일대가 스트립바 밀집지대로 바뀌었는데 현재는 약 40개 업소가 성업 중이다. 업소 주인인 에드워드가 늘 카우보이모자를 쓰고 다녀 주변인들이 그의 업소를 카우보이로 부른 것이 지역 명칭으로 자리 잡았다. 이곳에는 태국인들은 출입할 수 없는 외국인 전용 업소들이 자리하고 있다. 또 수쿰빗 소이 4가에 위치한 3층짜리 나나플라자(Nana Plaza)는 1970년대 레스토랑으로 출발해 미군들이 많이 몰리면서 1980년대 스트립바로 탈바꿈했다. 팟퐁과 소이 카우보이, 나나플라자는 방콕의 3대 윤락가로 불리고 있다.

인도 뭄바이의 카마티프라의 새장윤락가(Cage Brothel)는 영국 식민지시대부터 시작됐다. 19세기에는 영국 주둔군을 위한 위안지대로 설정됐으나 영국군이 떠난 뒤 인도 포주들이 경영권을 넘겨받아 운영하고 있다. 1호, 2호, 3호 등 번호가 매겨져 있는 집마다 10~30여 명의 성매매 여성들이 생활하고 있다. 모두 1만5천~2만여 명의 성매매 여성이 있는 것으로 추정된다. 그래서 규모면으로 보자면 아시아에서 가장 큰 윤락업소라고 평가받는다. 인도는 물론 네팔, 방글라데시 등에서 팔려온 여성들이 새장(Cage)라고 불리는 철창 안에서 거의 평생 동안 성매매를 하면서 생활하고 있다.

표[21] 세계의 유명 성매매 지역

대륙	국가	집창촌 이름
유럽	벨기에 앤트워프	스키페르스크와티어(Schipperskwartier)
	벨기에 브루셀	Rue d'Aerschot
	체코 프라하	페르로브카(Perlovka)
	덴마크 코펜하겐	이스테드게이드(Istedgade)
	프랑스 리옹	Quartier Mermoz
	프랑스 파리	Rue Saint Denis, Rue de la Gaite, Boulevard de Clichy
	독일 함부르크	세인트 파울리(St. Pauli)
	독일 누렘베르크	프라우엔터 마우어(Frauentor Mauer)
	네덜란드 암스테르담	디 발렌(De Wallen)
	네덜란드 알크마르	아크테르담(Achterdam)
	노르웨이 오슬로	톨부가타(Tollbugata), 스키페르가타(Skippergata)
	포르투갈 리스본	카이스 도 소드레(Cais do sodre)

유럽	스페인 마드리드	카사 데 캄포(Casa de Campo)
	영국 런던	소호(Soho), 킹스 크로스(King's Corss)
	영국 셔필드	브로드 레인(Broad Lane)
	영국 플라이마우스	밀베이(Millbay)
	영국 스윈든	맨체스터로드(Manchester Road)
	영국 벨파스트	리넨홀 스트릿(Linenhall Street)
북미	캐나다 뱅쿠버	다운타운 이스트사이드(Downdown Eastside)
	캐나다	몬트리올 세인트 캐더린 스트릿(St. Catherine Street)
	멕시코 멕시코시티	조나 로사(Zona Rosa)
	미국 샌프란시스코	덴더로인(Tendeloin)
	미국 덴버	이스트 콜팩스 애버뉴(East Colfax Avenue)
	미국 볼티모어	더 블록(The Block)
	미국 레노(네바다주)	4번가(Fourth Street)
	미국 뉴욕	헌트스 포인트(Hunts Point)
남미	브라질 리오데자이로	프라카 마우아(Praca Maua), 코파카바나(Copacabana)
	브라질 상파울로	캠피나스(Campinas)
오스트레일리아	호주 브리스번	더 밸리(The Valley)
	호주 멜버른	세인트 킬다(Saint Kilda)
	호주 시드니	킹스 크로스(King's Cross), 달링허스트(Darlinghurst)
	뉴질랜드 오크랜드	카랑가하페 로드(Karangahape Road)
	뉴질랜드 웰링턴	비비안 스트릿(Vivian Street)
아시아	태국 방콕	팟퐁, 소이카우보이, 나나플라자
	태국 푸켓	파통비취(Patong Beach)
	태국 파타야	파타야 비치(Pattaya Beach)
	싱가포르	겔랑(Geylang)
	필리핀 앙겔레스	발리바고(Balibago)
	파키스탄 카라치	나피어 로드(Napier Road)

아시아	파키스탄 하이데라바드	세레이 그하트(Serey Ghat)
	말레이시아 쿠알라룸푸르	차우 키트(Chow Kit)
	일본 오사카	쿠조(Kujo), 토비타(Tobita)
	일본 도쿄	요시와라, 가부키초, 롯폰기
	인도 델리	지비 로드(GB Road) 차우리(Chawri)
	인도 하이데라바드	메호부브 키 메흔디(Mehboob Ki Mehndi)
	인도 캘커타	소나가치(Sonagachi)
	인도 뭄바이	카마티프라(Kamathipura)
	중국 상하이	시마루(Simaulu)
	중국 홍콩	포트랜드 스트릿(Portland Street)
아프리카	케냐 나이로비	코이낭게 스트릿(Koinange Street)

※출처 : 레퍼런스닷컴(http://www.reference.com/browse/wiki/List_of_red-light_districts)

  이외에도 남아프리카 공화국에도 포인트 로드, 영국 런던의 소호, 미국 볼티모어의 더 블록, 호주 시드니의 킹스 크로스 등 세계 각국의 주요도시에는 저마다 도시의 역사적 체험을 담은 집창촌이 있다. 심지어 세계에서 가장 깨끗한 도시인 싱가포르에도 겔랑(Geylang)과 오차드 로드(Orchard Road)라는 홍등가가 있다. 겔랑이 길거리 여성들이 있는 지역이라면 호텔이 많은 오차드 로드는 소위 에스코트 걸(Escort girl)이라고 불리는 여성들의 출장 성매매 장소다.

  이들 집창촌들은 인권유린과 부패, 비리의 온상으로 인식되고 있지만 어느 국가도 명확한 해결책을 제시하지 못하고 있다. 기존 집창촌을 폐쇄하더라도 그 인근에 새로운 업소가 생겨 근본적인 해결책이 되지는 못하는데다 체계적인 성병관리가 불가능하게 되는 등 어려움이 더욱 늘어나기 때문이다. 최근에는 인터넷을 통한 성매매나 국제 성매매가 전 세계적인 현상으로 자리 잡고 있다. 설사 성매매를 합법으로 인정하는 나름의 합리성을 갖춘다 하더라도 해외 인신매매, 불법 이민자들의 노동문제 등으로 골머리를 앓을 수밖에 없다.

■── **집창촌의 미래**

앞으로 집창촌은 사라질 것인가. 이 물음에 대한 답변은 집창촌의 단순한 존폐 문제가 아니라 성매매가 한국사회에서 없어질 것인가, 아니면 지속적으로 번성할 것인가의 문제와 직접 연관된다. 결론부터 얘기하자면 한국사회에서 성매매는 사라지지 않을 것으로 보인다. 그렇기 때문에 성매매 업소는 물론 집창촌 역시 존속할 것이다. 다만 특정 공간을 일방적으로 점유하고 있는 현재의 윤락업소들은 필연적으로 공간 재배치 과정을 겪게 될 것으로 예상된다.

성매매 역시 수요와 공급이라는 매우 간단한 경제원칙에 지배를 받는다. 한국사회에서 성매매 수요가 없어지지 않는 이유는 무엇보다 남성들의 수요가 끊이지 않는다는 점에 있다. 경제가 성장하면 할수록 쾌락추구의 욕망도 지속적으로 늘어나게 된다. 물론 이론상으로는 미혼 남성의 경우, 교제하는 이성친구와의 관계를 통해 쾌락 욕구를 충족시킬 수 있다. 하지만 모든 젊은이들이 이성을 사귈 수 있는 것은 아니다. 특히, 대부분의 남성이 군대를 가서 2~3년간 격리된 생활을 해야 하는 현실에서 이성교제를 통한 성적욕구 해결은 한계에 부딪힌다. 그렇다고 이들에게 금욕과 절제만을 강요하기도 힘든 실정이다.

성매매를 당연하게 여겼던 지난 100여 년간의 사회적 풍조와 접대문화는 기혼 남성들의 성매매를 부추긴다. 특히, 결혼한 배우자가 아닌 이성과의 성관계는 간통죄로 금지하고 있으면서도 사랑 없는 금전거래에 바탕을 둔 성매매에 대해서는 비교적 관대한 사회분위기도 성매매 근절에 어려움을 더한다. 여기에다 이혼 남성이나 별거 중인 남성, 기러기 남편, 증가하는 외국인 노동자 등에게 일방적인 금욕을 강조하는 것도 한계가 있다.

성매매 시장의 여성 공급도 매우 활발한 양상을 띠는 상황이다. 과거에는 가출 소녀, 도시에 갓 온 시골 여성, 무직 여성, 이혼 여성 등이 성매매를 했다면 지금은 아예 재수생, 대학생, 직장인 등 일반적인 여성들이 성매매에 나서고 있다. 더구나 이들 여성들은 집창촌이 아니라 룸살롱이나 단란주점 등 겸업형 성매매 업소들 통해 입문해서 나중에는 다방과 집창촌으로 자리를 옮긴다. 젊은 여성들이 안정적인 취업을 하기 어렵다는 점과 고졸 여성들이 상대적으로 낮은 임금을 받는다는 점 등은 이러한 성매매 업소로의 일탈을 부추기고 있다.

국민들이 갖고 있는 성에 대한 이중적인 시각도 성매매 근절에 장애가 된다. 내 아들의 성적 자유는 존중되지만 내 며느리의 성적 자유는 용납하지 않는 분위기가 개선되지 않으면 결국 순결한 '마돈나'를 위한 희생양으로서 몸을 파는 '창녀'가 존재할 수밖에 없다. 여기에다 일본인들을 상대로 한 호텔 성매매가 그대로 존속되고, 3만여 명의 미군을 상대로 하는 기지촌이 유지되는 상황에서 획일적인 성매매 근절은 도저히 달성할 수 없는 이상론에 불과한 셈이다.

성매매 근절이 불가능하다면 집창촌은 어떻게 변할 것인가. 사실 집창촌 성매매 여성이 전체 성매매 여성에서 차지하는 비중은 전체의 0.6%~1.7%도 안 되는 미미한 수준이다. 그럼에도 우리는 성매매를 이야기하면서 늘 집창촌을 먼저 떠올리고, 집창촌에 문제가 없으면 문제가 없다는 식으로 말한다. 그것은 집창촌이 한 눈에 들어오는 원색적인 성 판매구조를 갖고 있기 때문이다.

원색적 성 판매구조에서는 고객인 남성과 성 판매자인 여성이 단도직입적으로 단순 거래를 한다. 하지만 이 원색적인 구조에 아무런 변화가 없는 것은 아니다. 특히, 전통적으로 집창촌을 찾던 남성의 감소 추세는 확연히 드러나고 있다. 감소의 원인은 구태여 타인의 이목이 집중되는 집창촌을 찾지 않아도 성적 욕구를 해결할 수 있는 길이 많기 때문이다. 게다가 성매매의 계층별 분화가 일어나면서 집창촌을 찾는 사람들은 대부분 돈 없는 일용직 노동자나 외박 나온 군인, 일부 대학생들과 직장인들로 한정된다. 자금이 있는 남성 구매자들이 약간의 금전 여유만 있어도 집창촌 대신 단란주점이나 방석집, 한정식집, 룸살롱, 안마시술소 등에서 여성들을 구매하는 구조로 바뀌었기 때문이다.

반면 여성들의 공급은 매우 탄력적이다. 오히려 나이가 들면 들수록 룸살롱이나 단란주점 등에서 집창촌으로 옮긴다. 그렇기에 수요는 겸업형 성매매가 늘어나면서 감소하지만 공급은 언제든지 겸업형 성매매 업소에서 동원이 가능하고 지속적으로 유입되는 포화공급 상태다. 이에 따라 성 구매 비용인 화대는 1990년대 초나 2000년대 초나 별 차이가 없이 숏타임 6~7만 원을 유지하고 있다. 성매매 여성들의 포화공급은 사회적으로도 성매매에 대한 근절의지를 무색하게 만든다.

집창촌의 변화는 경제행위 주체인 성 구매자와 성 판매자의 단순 함수관계가 아닌 공간의 가치가 주도하고 있다. 특히, 공간의 가치는 경찰 단속과 같은 공권력이 아닌 자본의 논리가 결정적인 힘으로 작용한다. 현 집창촌은 대부분 유동인구가 많은 역이나 시장 근처에 형성된 A급 상권이기 때문에 자본은 집창촌보다 더 많은 이익이 나는 다른 상업용도를 도모하게 되기 때문이다.

현 집창촌 지역은 단순 A급 상권이 아니라 특A급이라고 분류될 정도로 유동인구가 많은 곳에 위치하고 있다. 서울 지역의 경우 기차역과 인접한 청량리 588이나 용산역 앞, 영등포역 건너편이 있고, 미아리 텍사스와 천호동 텍사스는 지하철역 주변이다. 춘천의 난초촌, 원주 희매촌, 수원 고등동, 평택 쌈리, 전주 선미촌,

포항 중앙대학, 대전 중동과 정동, 부산 초량동 등은 기차역 인근에 자리 잡고 있다. 또 동두천 칠리, 인천 옐로우하우스, 광주 대인동, 대전 유천동, 마산 신포동 등은 과거 버스터미널 인근에 형성되어 있다. 그리고 속초 금호실업과 동해 발한동 장미아파트, 태백 태밭촌 옆, 전주 선화촌 옆, 포항 중앙대학 옆에는 시장들이 발달해 있다.

앞에서 언급했던 것처럼 이러한 대도시 집창촌을 윤락업소로 운영하기보다는 다른 용도로 개발하는 것이 토지소유주나 건물주에 이익이 되기 때문에 재개발의 흐름을 거스를 수 없는 추세다. 실제로 서울 청량리 588과 용산역, 영등포역, 미아리 텍사스, 광주 대인동, 전주 선미촌, 수원 고등동, 인천 학익동 등과 같은 대도시 유리방 집창촌은 이미 재개발에 들어갔거나 개발계획단계에 있다. 물론 성매매특별법 이후의 장기적이며 구조적인 불황도 한 원인이겠지만 이보다는 집창촌 지역 공간의 용도 변경으로 인한 이익이 더 크기 때문에 개발이 진행되고 있는 것이다. 게다가 대부분 단층 혹은 2층구조로 되어 있는 노후한 건물은 재개발 필요성을 더욱 강하게 인식시키고 있다. 인천 옐로우하우스나 대전 중동 10번지 등과 같은 여관형 집창촌도 도시의 한가운데 있는 금싸라기 땅에 대한 재개발의 필요성이 높아지면서 이전이나 폐쇄냐의 갈림길에 놓여 있다. 물론 여전히 집창촌을 통해 생계를 유지하는 사람들이 많기 때문에 어느 날 갑자기 집창촌이 폐쇄되거나 이전되는 것은 아니다. 그러나 그 대세를 번복하기란 쉽지 않아 보인다.

그렇다고 집창촌의 재개발이 윤락업소 전면 폐쇄를 의미하는 것도 아니다. 이는 단지 윤락업소 이전과 축소, 현대화를 의미하는 것에 지나지 않는다. 말하자면 현 집창촌과 같은 대규모 윤락업소 밀집지대가 사라지는 대신 안마시술소나 여관, 티켓다방 등을 통한 겸업형 성매매와 변두리 지역에 소규모 윤락 골목이 형성되는 것이다. 가령 현재 논의가 한창인 서울 용산역 앞 집창촌이 재개발된다면 윤락업소 주인과 종사자들은 서울 근교 집창촌들인 파주 용주골과 성남 중동, 평택 쌈리 등으로 옮겨갈 것이다. 또 일부는 개발에 저항하면서 소규모 윤락업을 지속할 것이며, 일부는 강남이나 송파 등의 안마시술소나 룸살롱 등으로 자리를 옮길 것이다.

물론 개발이익보다 현 윤락업소를 통한 성매매가 더 높은 가치를 창출한다고 여겨지는 곳에서는 경찰 단속과는 상관없이 지속적으로 성매매가 기승을 부릴 것이다. 예를 들어 전통적인 여관 형태의 성매매 업소인 부산 완월동이나 대구 자갈마당 등의 경우 재개발로 인한 효과보다는 현재 여관업의 가치가 높다고 판단되기 때문에 재개발에 시간이 많이 소요될 것으로 보인다. 특히, 완월동 일대 여관촌은 건물이 그리 노후하지 않은데다 다른 용도로 활용될 가능성도 적어 재개발의 바람이 미치기는 쉽지 않다.

집창촌의 재개발 여부는 자본이 주도하지만 성매매 축소를 위해서 국가가 해야 할 몫도 크다. 지금처럼 집창촌 성매매를 집중단속하거나 하나의 이벤트처럼 일부 겸업형 성매매를 단속하는 것으로 국가가 책무를 다했다고 여겨서는 안 된다. 특히, 집창촌 성매매 여성에게 콘돔을 나눠주고 성매매 여성 몇 명을 귀가조치하거나 이들에게 기술을 가르친다는 식의 정부 대책은 사실 손바닥으로 하늘을 가리는 시늉에 불과하다. 현재의 '성매매 완전근절'이라는 달성할 수 없는 목표는 오히려 국가가 성매매를 어느 정도 묵인하겠다는 속내를 드러낸 것과 마찬가지다.

국가가 진정으로 성매매 근절이나 축소를 의도한다면 집창촌 여성들을 어떻게 '선도'할 것인가를 고민할 것이 아니라 젊은 여성들이 겸업형 성매매 업소에 유입되지 않도록 근본적인 대책을 마련해야 한다. 고졸 여사원의 월급은 100~120만 원밖에 안 되는 반면 단란주점이나 룸살롱에서는 하루 50~100만 원의 수입을 올리는 것이 오늘의 현실인데, 도덕심이나 노동의욕을 고취시키는 것만으로 젊은 여성들의 단란주점 유입을 차단시킬 수 있을까.

한국이 지난 1950~1970년대 경험했듯, 일자리가 없고 생활이 곤궁해지면 여성들은 속수무책으로 향락산업의 포로가 된다. 태국이나 필리핀처럼 이렇다 할 산업이 없는 국가에서 수많은 젊은 여성들이 단지 돈만을 위해서 길거리에 나서서 외국인들을 유혹하는 것은 우리에게도 많은 점들을 시사해준다. 향락문화의 번성을 탓할 것이 아니라 건전한 노동의 공급을 얼마나 늘릴 것인가가 더욱 중요한 문제이기 때문이다.

사실 집창촌만큼 우리 조상들이 살아온 지난 한 세기 격세의 시간을 잘 반영하는 것도 없을 것이다. 집창촌은 이미 일본 제국주의 당시 씨앗이 뿌려지고 배양됐으며, 한국전쟁을 통해 폭발했다. 그리고 미군과 군사정권, 그 이후 세대들도 즐겨 향유하는 문화가 되었다. 집창촌 문제는 우리 모두 힘을 합쳐 풀어야 하는 매듭인 만큼, 일방적으로 바람직하다, 혹은 바람직하지 않다는 절대선과 절대악의 대결을 하기보다는 우리의 지혜를 모아야 한다. 그것을 위해서는 먼저 집창촌이 우리가 부인할 수 없는 우리 삶의 한 터전이었으며, 문화의 소비 공간이었음을 당당하게 인정할 필요가 있다.

집창촌의 존재와 역할을 인정하고, 그 위에서 5년이 걸리든 10년이 걸리든 집창촌을 포함한 성매매 문제를 어떻게 해결할 것인가 진지하게 논의해야 한다. 성매매가 도덕적으로 나쁘기 때문에 없어져야 한다는 주장이나 성매매의 근절이 불가능하기에 성매매를 완전 합법화하자는 논리 역시 바람직하지 않아 보인다. 네덜란드에서 성매매가 합법화되기까지 18년의 논의가 있었다는 사실은 우리에게 시사하는 바가 크다. 일부 정치인이나 목소리 큰 시민단체의 여론에 휘둘릴 게 아니라, 철저한 조사와 연구를 먼저 진행하고, 이를 바탕으로 국민 전체의 의견을 수렴하여 결정할 필요가 있다.

최종 논의가 내려지기까지 현 단계에서는 성매매 자체를 합법으로 간주하지는 않되 단속하지도 않는 방식이 그나마 합리적인 대안으로 보인다. 그러나 동시에 성매매와 관련해 벌어지는 각종 불법행위에 대해서만큼은 철저한 법적용을 해야 할 것이다. 가령 미성년자의 성매매나 성매매 업소에서 일어나는 폭력과 착취구조, 세금 탈세, 불법건축물과 소방법 위반 행위 등에 대해서는 국가 공권력이 확실히 개입해야 한다. 또 집창촌을 비롯한 성매매 업소의 여성들에 대한 직업교육과 질병치료 등에 대해서도 국가가 적극적으로 나서야 한다.

참고문헌

| 참고문헌 |

- Dougherty N, 「Prostitution in Contemporary China」, Master Thesis of Lund University, Sweden, 2006
- Hershatter G, 「The Hierarchy of Shanghai Prostitution, Modern China」, Sage Publication, Vol 15, No.4, 1989
- Ronald Weitzer, 『Sex for Sale』, New York: Routledge, 1999
- Z기자, 「대경성반야 엽기탐방-부란(腐爛)하는 인육가의 광조곡」, 『중앙』2권 11호, 조선중앙일보사, 1934
- 가와무라 미나토, 『漢陽, 京城, 서울을 걷다』, 요시카와 나기 역, 다인아트, 2004
- 강선미, 야마시다 영애, 「천황제 국가와 성폭력」, 한국여성학회, 1993
- 강영수, 「한국사회의 매매춘에 관한 연구」, 이화여자대학교 석사학위논문, 1989
- 강정숙, 「대한제국·일제초기 서울의 매춘업과 공창제도의 도입」, 『서울학연구』11, 1998
- 강준만, 『한국 논쟁 100』, 인물과사상사, 2005
- 강준만, 오두진, 『고종 스타벅스에 가다』, 인물과사상사, 2005
- 경기도 편, 『경기여성발전사』, 경기도, 2002
- 경기도사편찬위원회, 『경기도사』2, 경기도, 1982
- 경기도지편찬위원회, 『경기도지』中, 경기도, 1955
- 경인일보 특별취재팀, 『격동 한세기 인천이야기』下, 다인아트, 2001
- 고석규, 『근대도시 목포의 역사·공간·문화』, 서울대학교 출판부, 2004
- 고정갑희 외, 『성매매의 정치학』, 한울아카데미, 2006
- 占川支道, 『인천의 긴요문제』, 김락기 이지영 공역, 인천대학교 인천학연구소, 1932
- 광주광역시립민속박물관 편, 『일제강점기 광주문헌집』, 광주광역시립민속박물관, 2004
- 기창덕, 「조선시대말의 급만성전염병과 의료기관」, 『의사학』 4권 1호, 1995
- 길밖세상, 『20세기 여성 사건사』, 여성신문사, 2001
- 김경애 외, 『성과 사랑의 시대』, 학지사, 2004
- 김기빈, 『국토와 지명2』, 한국토지공사 토지박물관, 2003~2006
- 김삼웅, 『일제잔재 19가지』, 가람기획, 2005
- 김성천, 「도시지역사회해체에 관한 일연구」, 『사회정책연구』, 한국복지정책연구소, 1985
- 김승권 외, 『성산업 구조 및 성매매 실태에 관한 연구』, 여성부, 2002
- 김용숙, 『한국여속사』, 민음사, 1989

- 김운성, 『경기의 메아리』, 교육신문사출판국, 1988
- 김일영, 조성렬, 『주한미군 : 역사, 쟁점, 전망』, 한울, 2003
- 김재수, 「기지촌에 관한 사회지리학적 연구」, 고려대학교 석사학위논문, 1979
- 김정옥, 「윤락여성의 윤락 요인에 관한 연구」, 효성여자대학교부설 한국여성문제연구소, 1979
- 김종근, 「서울 중심부의 일본인 시가지 확산」, 『서울학연구』20호, 서울학연구소, 2003
- 김종만, 「특수직업 여성의 언어사용」, 숭실대학교 석사학위논문, 1995
- 김현선, 『기지촌 매매춘과 여성인권』, 여성평화아카데미강좌, 2001
- 김현종, 「시골다방-차를 팔까, 여자를 팔까」, 『샘이깊은물』20, 뿌리깊은나무, 1986년
- 김형윤, 「우리누이의 때 묻은 담요위에 선 환락의 도시」, 뿌리깊은나무, 1980
- 다카사키 소지, 『식민지 조선의 일본인들』, 이규수 역, 역사비평, 2006
- 다큐인포, 『부끄러운 미군문화답사기』, 북이즈, 2004
- 대전중구문화원 편, 『대전근대사 자료집-향토자료』11, 대전중구문화원, 2001
- 道家齊一郞, 『賣春婦論考』, 史誌出版社, 1928
- 無是室主人, 「도색노예의 도시」, 『호남평론』8월호, 호남평론사, 1936
- 박선숙, 「여성의 성성을 중심으로 본 매매춘정책에 관한 연구」, 이화여자대학교 석사학위논문, 1990
- 박원표, 『개항 90년』, 태화출판사, 1966
- 박원표, 『부산의 고금』, 현대출판사, 1965
- 박종성, 『권력과 매춘』, 인간사랑, 1996
- 박천홍, 『매혹의 질주, 근대의 횡단』, 산처럼, 2003
- 보건사회부 편, 『부녀행정 40년사』, 보건사회부, 1987
- 부경역사연구소, 『시민을 위한 부산의 역사』, 선인, 2003
- 부산광역시동구향토지편찬위원회, 『부산동구향토지』, 부산광역시 동구, 1987
- 부산시사 편찬위원회, 『부산시사』, 부산시청, 1989
- 뿌리깊은나무 편, 『한국의 발견 경상북도』, 뿌리깊은나무, 1983
- 뿌리깊은나무 편, 『한국의 발견 부산』, 뿌리깊은나무, 1983
- 산드라 스터드반트, 브렌다 스톨츠퍼스, 『그들만의 세상』, 김윤아 역, 잉걸, 2003
- 山中雄三郞, 中濱完, 『大邱案內』, 麗朗社, 1934
- 서울신문사, 『주한미군 30년사』, 행림출판사, 1979
- 서울특별시 동대문구청 구지편찬위원회, 『동대문구지』, 서울특별시 동대문구, 1994
- 서울특별시 성북구 구지편찬위원회, 『성북구지』, 서울특별시 성북구, 1993

- 서울특별시 종로구청 구지편찬위원회, 『종로구지』, 서울특별시 종로구, 1994
- 서울특별시 중구청 구지편찬위원회, 『중구지』, 서울특별시 중구, 2004
- 서울특별시사편찬위원회, 『서울육백년사 제4권』, 서울특별시, 1981
- 서현섭, 『일본인과 에로스』, 고려원, 1995
- 雪友學人, 「카페걸의 생활나면(生活裸面)」, 『실생활』1권 1호, 장산사, 1931
- 손정목, 「개항기 한국거류 일본인의 매춘업·고리대금업」, 『한국학보』18, 1980
- 손정목, 「나비작전-종삼소탕기」, 『도시문제』410, 대한지방행정공제회, 2003
- 손정목, 「일제하 매춘업-공창과 사창」, 『도시행정연구』3, 서울시립대학교, 1988
- 손정목, 『서울 도시계획이야기2』, 한울, 2003
- 손정목, 『한국도시 60년의 이야기』, 한울, 2005
- 송연옥, 「대한제국기의 기상단속령·창기단속령」, 『한국사론』40, 서울대학교, 1998
- 수원시 편, 『수원 근·현대사 증언 자료집2』, 수원시, 2002
- 수원시사 편찬위원회 편, 『수원시사』, 1986
- 스티븐 아노트, 『사용설명서 섹스』, 이민아 역, 뿌리와이파리, 2002
- 신태범, 『인천 한세기』, 홍성사, 1983
- 안재성, 『타오르는 광산-80년대 광산노동운동사』, 돌베개, 1988
- 야마시다 영애, 「한국근대 공창제도 실시에 관한 연구」, 이화여자대학교 석사학위논문, 1991
- 양동숙, 「해방후 공창제 폐지과정에 대한 연구」, 한양대학교 석사학위논문, 1999
- 여성부 편, 『국정감사자료집』1, 여성부, 2004
- 여성의 전화, 「공개토론회 보고서 : 인신매매와 매춘여성」, 여성의 전화, 1985
- 오기영, 「매음제도론」, 『동광』4권 1호, 동광사, 1932
- 원융희, 『술·멋·맛』, 기문사, 1997
- 윤일웅, 『매춘』, 동광출판사, 1987
- 이능화, 『조선해어화사』, 이재곤 역, 동문선, 1992
- 이미경, 『매춘문제와 여성운동』, 한국교회여성협의회, 1987
- 이상백, 『지하촌에 꿈틀대는 인간산맥』, 세대, 1964
- 이상훈, 「21세기 한반도 안보환경과 주한미군의 역할」, 세종연구소, 2001
- 이세영, 「윤락실태에 관한 연구」, 경희대학교 석사학위논문, 1975
- 이임하, 『여성, 전쟁을 넘어 일어서다』, 서해문집, 2004
- 이재인 편, 『성매매의 정치학』, 한울, 2006
- 이종만, 「특수직업 여성의 언어사용」, 숭실대학교 석사학위논문, 1995
- 이종민, 「1910년 경성주민들의 죄와 벌」, 『서울학연구』17, 서울시립대 서울학연구소, 2001

- 이창식, 『수원 사람들은 어떻게 살았을까』, 수원문화원, 2003
- 일기자, 「쏘(소비에트) 동맹에 있어서의 매음제도」, 『신계단』1권 5호, 조선지광사, 1933
- 日本遊覽社, 『全國 遊廓案內』, 日本遊覽社, 1930
- 임종국, 『밤의 일제 침략사』, 한빛문화사, 2004
- 장필화, 『여성, 몸, 성』, 또하나의문화, 1999
- 전주백년사편찬위원회, 『이야기로 듣는 전주사람들』, 전주시, 2001
- 정은경, 「일제시대 권번 예기의 교육과 활동」, 실천 민속학회 전국학술발표대회, 2005
- 정은숙, 『韓國の'昭和'を步く』, 祥?社, 2005
- 정희진, 『페미니즘의 도전』, 교양인, 2005
- 조르주 뒤비, 미셸 페로 공편, 『여성의 역사3』, 조형준 역, 새물결, 1999
- 주한미군범죄근절운동본부, 『끝나지 않은 아픔의 역사 미군범죄』, 개마서원, 1999
- 진양교, 「청량리의 공간과 일상」, 서울시립대학부설 서울학연구소, 1998
- 진재교, 박의경 외, 『동아시아와 근대, 여성의 발견』, 청어람미디어, 2004
- 최선화, 『부산지역 매춘 및 향락산업을 통해서 본 여성정책』, 부산대 여성문제연구소, 1996
- 추미영, 「제국주의와 매춘」, 『석순』6, 고려대학교 교지편찬위원회, 1988
- 카와이 아사오, 『대구이야기』, 손필원 역, 대구중구문화원, 1998
- 캐서린 H.S. 문, 『동맹속의 섹스』, 이정주 역, 삼인, 2002
- 캐슬린 배리, 『섹슈얼리티의 매춘화』, 정금나, 김은정 공역, 삼인, 2002
- 평택군지편찬위원회, 『평택군지』, 평택군, 1984
- 평택시사편찬위원회, 『평택시사 下』, 평택시, 2001
- 한국교회여성연합회 편, 『기생관광』, 한국교회여성연합회, 1983
- 한국교회여성연합회 편, 『매춘문제와 여성운동』, 한국교회여성연합회, 1987
- 한국여성개발원 편, 『산업형 매매춘에 관한 연구』, 한국여성개발원, 1998
- 한국역사연구회, 『우리는 지난 100년 동안 어떻게 살았을까』2, 역사비평사, 1998
- 한국형사정책연구원 편, 『성매매 실태 및 경제규모에 관한 전국조사』, 한국형사정책연구원, 2002
- 한국형사정책연구원 편, 『윤락행위등방지법에 관한 연구』, 한국형사정책연구원, 1996
- 한승순, 「일제하 일본인군위안부의 강제동원과 생활상 연구」, 성신여자대학교 석사학위논문, 1997
- 허정도, 『전통도시의 식민지적 근대화』, 신서원, 2005
- 홍춘봉, 『탄광촌 공화국』, 노동일보, 2002
- 후지메 유키, 『성의 역사학』, 김경자, 윤경원 공역, 삼인, 2004